D1928632

CAROLA STERN

IN DEN NETZEN DER ERINNERUNG

LEBENSGESCHICHTEN ZWEIER MENSCHEN

ROWOHLT

Redaktion Ingke Brodersen
Schutzumschlag- und Einbandgestaltung
Christian Diener

1. Auflage März 1986
Copyright © 1986 by Rowohlt Verlag GmbH,
Reinbek bei Hamburg
Alle Rechte vorbehalten
Schrift Bembo-Antiqua Linotron 202
Gesamtherstellung Clausen & Bosse, Leck
Printed in Germany
ISBN 3 498 06191 7

INHALT

KASBACH – EIN PROLOG

Am rechten Ufer des Rheins, zwischen dem mittelalterlichen Städtchen Linz und der Erpeler Ley, zwischen der nach Bonn führenden B 10 und verfallenen Weinbergen, überwachsen von Weißdornhecken, Brombeeren und Haselnußgestrüpp, liegt Kasbach, ein auf Landkarten kaum vermerktes kleines Dorf. Hierhin will der Mann, der an einem Novembertag des Jahres 1959 in Linz den Zug verläßt und mit seinem Koffer den Bahndamm entlang auf den Ort zuwandert.

Immer wieder bleibt er stehen, setzt den Koffer ab und ruht sich aus. Er sieht krank aus und müde. Vor ein paar Wochen erst ist er als Flüchtling aus der DDR gekommen, wo er, verurteilt als «Partei- und Staatsfeind», jahrelang in Einzelhaft Druckknöpfe in Kartons gepreßt hat. Ein paar Tage später wird er in den Bogen für das Meldeamt eintragen: Zöger, Heinz, geb. 19. November 1915, letzter Wohnort: Berlin-Johannisthal. Vor seiner Verhaftung ist er Chefredakteur des *Sonntag* gewesen, der kulturpolitischen Wochenzeitung in der DDR.

Sein körperlicher Zustand wird sich langsam bessern. Aber wie soll er psychisch weiterleben? Seit seiner Jugend war er überzeugter Kommunist und kam am Ende in ein kommunistisches Zuchthaus. Man sagt von solchen Leuten, sie stünden vor den Trümmern ihres Lebens, und so ist es auch bei ihm.

Ihn quälen Selbstvorwürfe, und er spürt den heftigen Schmerz von Menschen, die sich betrogen sehen. Von der Welt, in die er aus der DDR geflüchtet ist, weiß er so gut wie nichts.

Jahrzehntelang geborgen in der kommunistischen Genossenwelt, fühlt er sich in unbekannte Finsternis entlassen. Ohne Grund unter seinen Füßen sucht er neuen Halt.

Wolfgang Leonhard hat ihm gesagt, in Kasbach wird er Menschen finden, denen es so ähnlich wie ihm ergangen ist. «Geh zu Jo, dem Arzt, das ist auch ein früherer Genosse, der lange in Workuta war und im Dorf zu Hause ist. Und da sind auch noch zwei, drei andere aus der DDR, die, angezogen von Jo, der Landschaft und dem billigen Leben, in Kasbach ein Refugium fanden.»

So kam Heinz Zöger an den Rhein.

Ein paar Monate später, zu Pfingsten 1960, kommt Eka Assmus zum erstenmal ins Dorf. Seit Beginn des Jahres lebt sie in Köln als Redakteurin, kennt kaum jemanden, fühlt sich einsam und ist froh, daß ihre Freunde, die Zwerenzens, Bloch-Schüler aus Leipzig und mit knapper Not dem SSD entkommen, neuerdings nicht weit entfernt in Kasbach wohnen.

So wie sie sind auch andere Freunde der Kasbacher Kolonie über die Feiertage auf Besuch gekommen. Tagsüber spazieren sie am Fluß entlang, blicken hinüber auf die schwarzen Türme der einstigen Brücke von Remagen oder steigen zum Ockenfels hinauf. Abends treffen sie sich an Jos Stammtisch in der Wittschen Waldgaststätte wieder, um bei «Stehler Berg» und «Auf dem Dall» vom Jahrgang '59 ihre Gespräche fortzusetzen; wenn sie diskutieren, analysieren, spekulieren, sind sie in ihrem Element.

Unter den Dörflern an den Nebentischen – in dieser wie in anderen katholischen Gemeinden wählen die meisten Leute Adenauer und die CDU – argwöhnt mancher, der rote Doktor, der Jo Scholmer, habe «die Kommune» in das Kasbachtal geholt. Diese wiederum, verdächtigt, bei Witt die Revolution zu planen, neigt dazu, schoppentrinkende Biedermänner mit SSD-Agenten zu verwechseln, die Entführungen und Morde planen. So beargwöhnt man sich gegenseitig nach den Gebräuchen jener Zeit.

Eka, zum erstenmal an Scholmers Stammtisch, reagiert auf diese Runde mit zwiespältigen Gefühlen. Das Spekulieren liegt ihr nicht, und auch großartige politische Strategien, entworfen von Generälen ohne Truppen beim Jahrhundertwein in Waldgaststätten, sind nicht ihre Sache. Gleichzeitig beeindruckt sie: da sitzen Menschen beieinander, die Zeugen des Jahrhunderts sind und wie Romanfiguren wirken.

Neben ihr, aus München angereist, Wanda Bronska-Pampuch, die Unverwüstliche, die Unnachahmliche: Tochter eines alten Bolschewiken und Sowjetbotschafters in Wien, Hitler entkommen, Stalin nicht, acht Jahre Sibirien hat sie hinter sich. Wanda: eine Mischung aus Liselotte von der Pfalz, Golda Meir und Zirkusdirektorin, neugierig auf Menschen und auf Freundschaften versessen, Vertraute gläubiger alter Juden, schöner junger Männer, polnischer Aristokraten, bayerischer Halbwelt – und auch richtiger Damen –, doch vor allem Patriotin: Polin.

Ein paar Stühle weiter: Schröder, der aus Köln gebürtige «General», ein Polyhistor mit gallischem Esprit, wie Wanda ein abgefallener Kommunist und gleichzeitig ein Individualist mit jenem Schuß von Anarchismus, wie ihn kölsche Jungen haben. Der kennt seinen Wert. Der «General» kann hinreißend erzählen: von den Emigrationsjahren in Paris, von Märschen durch die Wüste als Fremdenlegionär und der Zersetzung in Indochina kämpfender französischer Truppen durch Einheiten des Vietminh, die er befehligt hat. Später Moskau, Ost-Berlin und Dresden ... «Geht mir los mit diesen Tröpfen!» Doch bevor der «General», gestützt von seiner jungen Frau, mit schwerem Kopf wieder in seine Kasbacher Mansarde steigt, setzt er noch einmal zum Erzählen an: «Also, Freunde, wir lagen im Dschungel. Feuerpause. Ein paar Tage Ruhe. Da kamen ein paar Kameraden, Offiziere des Vietminh, Absolventen der Sorbonne, und baten mich um ein Kolleg und sagten, sie wollten von der deutschen Frühromantik hören, und ich dozierte da im Busch über Novalis, Tieck und die Gebrüder Schlegel.»

Wie andere über die Verwandtschaft, über ihre Väter und Vettern räsonieren, so räsonieren die in Kasbach über Wladimir Iljitsch, der Wanda, als sie in den Windeln lag, zärtlich den Popo gestreichelt hatte. Ernest Salter hat Radek gut gekannt, und wenn der «General» von Ho Tschi Minh spricht, könnte einer meinen, da berichte jemand über seinen Lieblingsonkel. Irgendein anderer aus der Runde war erst kürzlich nah dem Broadway in New York mit Kosta Zetkin, Klaras Jüngstem, den einst Rosa liebte, zusammengetroffen und erzählt, daß Kosta hartnäckig darauf bestehe, von Frau Dr. Luxemburg zu sprechen, wo sie doch alle Welt nur Rosa nannte.

Wie die schwarzen Gäste des Lokals hassen auch die roten kaum jemanden mehr als Walter Ulbricht; nur, sie kannten ihn persönlich, jedenfalls gilt das für mehrere am Tisch, und sie überlegen, wie er von Kasbach aus zu stürzen sei. Wolfgang war mit ihm in den letzten Kriegstagen aus Moskau nach Berlin zurückgekehrt, Heinz Zöger hat seine scharfe Rüge für den *Sonntag* noch im Ohr, und Lippmann steht vor Augen, wie befangen sie gewesen waren, er und sein Freund Erich, als Ulbricht unangemeldet zur Geburtstagsfete des Freundes, zu den Honeckers, gekommen war.

Ulbricht und Ho Tschi Minh, Bloch und Tito, Honecker, Lukács, die Generäle des Vietminh, des späteren Vietcong – sie alle sind so etwas wie Familienangehörige, vorbildliche Väter und verhaßte Vettern oder umgekehrt, schwarze Schafe, verlorene Söhne, Patriarchen, verbrecherische Anverwandte aus dem stalinschen Familienzweig.

So unterschiedlich ihre Meinungen sonst auch sind – im Stalinismus sehen sie eine Verfälschung des Marxismus und in dem nach Stalins Tod entstandenen Revisionismus *den* Ausweg und *die* Chance. Und während an ihnen schon Zweifel an der Weisheit des Marxismus nagen, klammern sie sich besessen an die Hoffnung auf die Reformierbarkeit des Kommunismus und seine Umwandlung in einen Sozialismus mit menschlichem Gesicht.

Auf die Reformierbarkeit des Kommunismus hoffend, war Wolfgang Leonhard von Ost-Berlin nach Jugoslawien geflüchtet. Heinz Zöger hatte sich der oppositionellen Harich-Gruppe angeschlossen, und Hermann Weber hatte die bundesdeutsche KPD verlassen. Wenn ihr Widerstand gegen den Stalinismus, Opfer, die hinter ihnen lagen, nicht umsonst gewesen sein sollten, sagen sie, dann müßten in der Sowjetunion und überall in Osteuropa Sozialismus und Demokratie verbunden werden.

Als Eka das nächste Mal nach Kasbach kommt, bleiben sie und Zöger beim Spaziergang hinter den anderen zurück, setzen sich oben auf der Erpeler Ley zusammen auf einen Stein, halten sich wie Achtzehnjährige bei der Hand und blicken auf die Landschaft und den Strom: nördlich bis Unkel und nach Königswinter, südlich über das Rheinische Schiefergebirge, den Hang des Westerwaldes bis zur Ahrmündung hinüber, und er erzählt ihr, wie die Amerikaner 1945 über die Brücke von Remagen setzten, und auch, wie sehr er diese Landschaft liebt.

Doch weiß sie wohl, daß solche Augenblicke der Beschaulichkeit nur Atempausen für ihn sind. Bald wird er sich wieder in die Vergangenheit eingraben und fragen, wie alles kam und warum er erst so spät begriff.

Eka versteht ihn. Bis sie fünfundzwanzig wurde, hatte sie nur die Hitler- und Stalin-Welt erlebt. Was politische Verführbarkeit, unbedingte Gläubigkeit bedeuten, hatte sie an sich selbst in der Nazizeit erfahren. Auch sie gehört zu den Kindern des 20. Jahrhunderts, die, aufgewachsen inmitten der totalitären Bewegungen seiner ersten Hälfte, verführt durch Ideologien und Ideologen, glaubenssüchtig wurden, des eigenen Denkens entwöhnt, andere für sich denken und entscheiden ließen. «Kinder» – mitgerissen von schrecklichen und schönen Weltveränderungsplänen, sich einer Elite zugehörig fühlend und zugleich fasziniert davon, Teil einer Gemeinschaft, Mitglied eines Kollektivs zu sein. Menschen in Gehäusen; des Geflechts aus Dogmen und festen Ordnungen beraubt, zynisch oder hilflos und verzweifelt. Den Rest ihres Lebens brauchen solche Kinder des Jahrhunderts, um ihre «Kindheit» zu verarbeiten.

So will Heinz nicht verstanden werden! In all seiner Verwirrung ist ihm doch die Sicherheit eines Menschen aus dem Widerstand gegen den Hitler-Staat geblieben, und der Gedanke, es könnte irgendwelche Ähnlichkeiten zwischen Nazis und ihm, den sie verfolgten, geben, ist für Heinz absurd. Hat er recht? Ist jeder Vergleich hier fehl am Platz? Oder nur auf jene «Durchführer» in den beiden Verfolgungsapparaten anzuwenden, die den gegen seine Feinde, später gegen seine Freunde rebellierenden Heinz Zöger zweimal ins Gefängnis warfen? Oder sollte auch in diesem Fall nicht von anderen verglichen werden, obwohl der Betroffene die Haftbedingungen vergleicht? ...

Fremdbestimmt, so sagt er, sei sein Leben nicht gewesen. Bei aller Bindung an Überzeugungen sei er doch an Wendepunkten stets seinem Willen gefolgt. «Was ich war und bin, verantworte ich allein. *Ich*, nicht irgendein anderer hat für mich entschieden, Kommunist zu werden. *Ich* bin es gewesen, der sich 1933 aus freien Stücken zum Widerstand entschloß. *Ich* habe mich für die Opposition in der SED entschieden, als mir das der einzig richtige Weg erschien. Ich fühlte mich nicht als Rädchen eines übermächtigen Apparats, sondern meinte, zusammen mit anderen ‹die Partei› zu sein.»

Für einen Marxisten, denkt Eka, läßt dieser erstaunlich wenig Umstände und Einflüsse von außen gelten. Doch verletzt es wohl auch den Stolz eines handelnden Menschen, sich als Opfer von Verhältnissen und ihrer Zwangsläufigkeit zu sehen.

Er möchte ihr begreiflich machen, daß gerade hier das Zentrum seines Schmerzes liegt. Wenn einer Entlastungsgründe außerhalb des eigenen Ich nicht akzeptiert und seine freie Denk- und Handlungsfähigkeit betont, dann liegen auch Irrtum und Schuld bei ihm allein. «Ich bin so selbstsicher gewesen», sagt er leise, «und war doch blind. Ich habe den Charakter dieses Systems zu spät durchschaut. Wie konnte mir das nur geschehen?»

Auf andere Weise und aus nicht den gleichen Gründen wie Heinz versucht auch Eka, mit ihrer Vergangenheit zurechtzukommen. Als sie Zöger trifft, hat sie die Welt des Kommunismus, seine Ursprünge, Ideen, Methoden, schon doppelt so lange studiert, wie sie darin lebte, wissenschaftliche Arbeiten verfaßt, Bücher zur Politik der SED geschrieben; Kenntnisse gesammelt, Abstand gefunden, Sachlichkeit. Für sie kam die Flucht aus der DDR einem neuen Anfang gleich, ihm erscheint sie als ein Endpunkt.

Doch wie die meisten Bundesbürger, wenngleich auch hier nicht aus den gleichen Gründen, verdrängt Eka ihre NS-Vergangenheit. Sie könnte doch für sich in Anspruch nehmen, sehr jung gewesen zu sein und unter Generalamnestien in West und Ost zu fallen. Warum schweigt sie so beharrlich und vermeidet jede Bemerkung über diese Zeit?

Beeindruckt von alten Sozialisten aus dem Widerstand, auf die sie in der DDR traf, während der Studentenjahre beeinflußt von Linken an der Universität, opponierend gegen Adenauers Politik der Wiederbewaffnung und der Restauration, möchte sie gern eine überzeugende demokratische Sozialistin, eine Linke sein. Deshalb schämt sie sich, mit den Nazis etwas zu tun gehabt zu haben. Auch sie fragt: «Wie konnte mir das nur geschehen?» Spätestens seit dem Auschwitz-Prozeß weiß sie, daß das Offenlegen von Verstrickung ja nur ein Anfang ist. Dann erst beginnt die Selbstbefragung.

Nichts ist unerklärlicher als eine verschwundene Begeisterung – das gilt für Eka und für Heinz. Unfähig, sich seinen verlorenen Enthusiasmus wieder zu vergegenwärtigen, erinnert sich Heinz an alles in der DDR, was ihn schon früh bedrückt hat: an das In-die-eigene-Tasche-Wirtschaften von Funktionären, die absolute Nachahmung des sowjetischen Modells, die stalinistischen Methoden, die Degradierung von Widerstandskämpfern zu Parteisoldaten, die parieren sollten. Doch hatte er auch immer wieder Rechtfertigungen gefunden: Kinderkrankheiten, Übergangserscheinungen, die besondere Lage ...

«Nach dem 17. Juni ging das nicht mehr. Die Arbeiter hatten sich gegen uns erhoben. Mich und meine Freunde quälten Selbstvorwürfe, zu oft geschwiegen und zu oft gehorcht zu haben. Wir schworen uns, so dürfe es nicht weitergehen. Aber die Sicherheit, mit der ich bis dahin an den SED-Staat glaubte, ging mit diesem Tag dahin.»

«Du hättest damals fortgehen können.»

«Dramatische und schmerzliche Ereignisse wie der Juniaufstand und später die Abrechnung Nikita Chruschtschows mit Stalin lösten jedesmal ja auch neue Hoffnung auf positive Veränderungen aus. Ich hatte das Gefühl, gar nicht weggehen zu dürfen, dabeibleiben zu müssen, um mit zu reformieren und den Neuanfang zu wagen. Und – ich hatte alle meine Toten da.»

Dies ist das erste Mal, daß er von seinen Toten spricht. Mit jedem seiner im Widerstand ermordeten Gefährten war ein

Stück von ihm hinweggestorben, denn jeder hatte einen Teil seiner Welt verkörpert. Eka begreift, daß jeder künftige Versuch, das Leben in zwei verschiedenen Gehäusen zu vergleichen, Gemeinsamkeiten zwischen seiner und ihrer früheren Gläubigkeit zu finden, hier an seine Grenze stößt.

Niemand in der Wohlstandsgesellschaft kann Zöger die Genossenwelt ersetzen, in der er ein halbes Lebensalter heimisch war. Die meisten Bundesbürger seines Alters planen für die Zukunft: Eigenheimbauten, Geschäftserweiterungen, Urlaubsreisen. Und inmitten dieser zukunftsorientierten optimistischen Gesellschaft will er rückwärts schauen, mit sich und anderen rechten, die Vergangenheit ergründen?

Und «drüben»? Die Freunde und Genossen, mit denen er die Nazijahre überstand, wo waren sie denn geblieben, als er dort ins Zuchthaus kam? Und wer, wenn nicht Genossen, brachte ihn dorthin? Spricht er deshalb nur von seinen Toten?

War es oben auf der Erpeler Ley oder bei einem seiner späteren Köln-Besuche? Während sie sich unterhalten, fällt Eka auf, daß seine Stimme mitten im Erzählen wechselt, höher, zugleich durchdringender wird – gerade so, als ob ein anderer aus ihm spräche – und dann wieder den gewohnten Tonfall findet. Sie möchte wissen, was das zu bedeuten hat.

Zögernd erzählt er von dem «alten Freund», zuletzt in der Bautzner Einzelhaft mit ihm – ein Freund, der immer kam, wenn er ihn rief, der ihn getröstet hat, wenn er verzweifeln wollte, mit dem er über alles reden konnte, weil der Freund das Leben kannte, verläßlich, klug und weise war.

«Manchmal kommt er, ohne daß ich es bemerke.»

Noch bevor sie Zöger liebt, liebt Eka diesen Freund, und erst spät erkennt sie, wer er ist: Zögers jetzt ihr zugewandtes, anderes Ich.

Ein Jahr nach ihrer ersten Begegnung zieht auch er nach Köln. Später mieten sie zusammen eine Wohnung und gehen zum Standesamt.

Als Eka anfängt alt zu werden, fragt sie sich, ob es ihr gelungen sei, ihr Ich zu finden, eine eigene Haut und einen eigenen Lebensort, eigene Urteile und Wertmaßstäbe, etwas Unverwechselbares, nach dem der Mensch sich sehnt. Zu lange ist sie anderen nachgelaufen. Dann wiederum, allein, haben Unsicherheit und Zweifel sie am Selbstausdruck gehindert. Wie schafft sie es, Identität zu finden?

Mit der Zeit begreift sie, daß ein Weg über die Erinnerung führt. Solange sie sich nicht daran erinnern will, eine gläubige Hitlerjugendführerin gewesen zu sein, wird sie sich nicht selber finden. Sie beschließt, diesen Teil ihres Lebens aufzuschreiben und, nach weiterem Nachdenken darüber, zugleich die Jugend ihres Mannes zu schildern.

Wie konnte es geschehen? will sie fragen. Wie kam der eine dazu, Hitler anzubeten, und der andere Stalin? Wieweit wurden ihre Werdegänge von der Umwelt, den Verhältnissen bestimmt? Was haben sie selber beigetragen? Welche Folgen hatte es, 1933, als achtzehnjähriger Lehrling Widerstand zu leisten oder als achtjährige Schülerin das Hakenkreuz zu tragen? Gibt es Ähnlichkeiten in ihren Geschichten oder nur die schroffen Gegensätze? Einzelne Daten und Erlebnisse leuchten wie Signale auf. Eka will ihnen folgen. Werden Heinz und sie nicht leichter und befreiter leben, wenn sie den Mut gefunden haben, sich zu erinnern?

Andere mögen dabei erkennen, wieweit Ekas und Heinz' Geschichten exemplarisch für Menschen ihres Alters sind.

Nur zögernd geht Heinz auf das Unternehmen ein. Mit der von Goldfasanen, SS und Hitlerjugend bevölkerten NS-Welt eines pommerschen Dorfes, Ekas Heimat, will er nichts zu tun haben. Das Leben der Hethiter interessiert ihn mehr als das der Nazis, Göring ist ihm so fern wie Etzel.

Auch die Offenlegung seiner Geschichte ist ihm unbehaglich. Er beruft sich auf Johann Gottfried Seume: «Wer sagt gern, ich war ein Tor, um durch sein Beispiel einige längst bekannte Wahrheiten vielleicht etwas eindringlicher zu machen?» Gewiß will er nicht an dem Teil seines Lebens deuteln lassen, in dem seine Welt inmitten von Zerstörung noch heil gewesen ist. Sie soll nicht nachträglich beschädigt werden. Eka ahnt, daß Sich-nicht-Erinnern auch ein Hilfsmittel des Überlebens ist. Auch weiß sie sehr genau, daß ihr Mann sich unvergleichlich weniger als sie mit sich selbst beschäftigen mag. Ihn interessieren Ideen, Theorien, sie interessieren Menschen. Ihre Selbstbezogenheit, Voraussetzung der Selbstbeschreibung, bleibt ihm fremd.

Sie wagt die doppelte Beschreibung; und beide, Eka und ihr Mann, so eng verbunden im Alter, erfahren, «daß die Menschen durch die Art ihres Erinnerns ebenso voneinander geschieden sind wie durch ihre Charakteranlagen. Die Tiefen sind verschieden tief, die Netze sind nicht gleich, und auch die Fänge sind es nicht» (André Malraux).

DIE SIPPE DES KÖNIGLICHEN KOLONISTEN

Als Kind war Eka sehr oft krank. Sie blieb von keiner der üblichen Kinderkrankheiten verschont, ließ Mumps und Masern über sich ergehen, dann entzündeten sich Rippenfell und Nierenbecken. Und so beginnt denn die Erzählung an jenem Sommertag des Jahres 1930, an dem das Mädchen mit dem roten Pony und den Sommersprossen wieder mal nicht aufstehen darf und im Bett auf seine Mutter wartet, die zum Einkaufen ins Dorf gegangen ist.

«Rate mal, was ich für dich habe!» – Die Mutter schüttelt fürsorglich die Kissen glatt und schiebt dem Kind irgend etwas Festes in den Rücken, damit es aufrecht sitzen kann. Dann holt Frau Assmus aus der Einkaufstasche Kaisers feinen Pfefferminzbruch und bringt vom Bücherbord Ekas Lieblingsbuch. Es heißt *‹Der alte Fritz in fünfzig Bildern›* und ist von dem Soldatenmaler Richard Knötel und seinem Texter Röchling «in tiefster Ehrfurcht» Wilhelm II. zugeeignet worden.

Da die chronologische Reihenfolge der bunten Farbtafeln über das Leben des Preußenkönigs dem Kind nur wenig sagt, hat es so etwas wie seine eigene Dramaturgie für diesen Band entworfen, an deren Anfang ein Kapitel steht, das man «Fritz als Augenweide» nennen könnte. Die Betrachterin weidet ihre Blicke an dem die Trommel schlagenden kleinen Prinzen im malerischen, bis unten zugeknöpften preußischblauen Samtkostüm, weiterblätternd an dem flötespielenden Kavalier, der, von Schwänen und von seiner Frau begleitet, in einer Prunkbarke vor Schloß Rheinsberg schwimmt, und sie erfreut sich an dem eleganten König, der in reich bestickter seidener Uniform auf seinem prächtigen Schimmel sitzt. Wenn sie sich satt gesehen hat, speist die kranke Eka ihr Gemüt: «Fritz, der Gefühlserwekker» erheischt Mitleid angesichts des strengen Vaters, erregt Angst und Sorge, wenn ihm im Schlachtgetümmel Pferde unterm Hintern weggeschossen werden, und weckt Liebe und Bewunderung, weil er sich zugleich königlich und menschlich, empfindsam und von feurigem Geist beseelt zu geben weiß, weil er schelten, weinen und befehlen kann.

Nun erscheint von nebenan Vetter Hänschen zu Besuch.

Geistesgegenwärtig wie der König ergreift Eka ihre Chance, der dramatischen Geschichte vom großen Alten Fritz die einzig angemessene Form, die theatralische, zu geben. Hänschen hat sich gerade an ihr Fußende gesetzt, da reißt sie sich den Wickel ab: «Du bist verwundet, mein Sohn. Verbinde dich damit!» – Bei Burkersdorf gesprochene Königsworte.

Und während er sich den feuchten Fetzen um sein Köpfchen windet, erhebt sie sich im Bett, stellt sich auf und kreuzt die Arme, setzt den rechten Fuß vor, beugt, wie auf einen Stock gestützt, den Oberkörper vor und fragt feierlich: «Gibt es denn keine verwünschte Kugel, die mich treffen kann?» – Bei Kunersdorf gehauchter Königsseufzer.

Es war ihr Sinn für das Heroische, der ihr später so den Kopf verwirrte.

Am Ende ihres geliebten König-Spiels sehen sich die Kinder jedesmal Bild zwölf an, auf dem Eka ihren Urahn Christow Stöwhase ausgemacht haben will. Vorne, in der ersten Reihe, rückt er bei Mollwitz in geschlossener Schützenkette gegen die Truppen des Grafen Neipperg vor. «Auf den Leib des Feindes!» lautet die Losung General Schwerins. *‹Der alte Fritz in fünfzig Bildern›* gilt den Kindern als Familienstammbuch.

Urahn Christow mit seinem braungebrannten grob-gutmütigen Gesicht – manchem Betrachter mag er etwas tölpelhaft erscheinen – sieht darin aus wie einer, der gern Schnurren und Schwänke hört, auch gern lacht, doch stets zur Stelle ist, wenn man ihn braucht. Stöwhase ist einer, auf den sein Hauptmann sich verlassen kann. Und so soll er denn, so will es Eka, nach zehn Jahren im Dienst des Königs zum Unteroffizier befördert werden.

In seiner durch Knötels Kunst heftig bewegten Phantasie sieht ihn das kranke Mädchen beteiligt an Attacken von unglaublicher Bravour in den Schlachten aller Schlesischen Kriege. Da ficht er wie ein Held, haut zu, siegt, sticht zu, siegt, säbelt und siegt wieder, sinkt auf dem Schlachtfeld nieder, mit friderizianischen Regimentern den Choral von Leuthen singend. Bei Liegnitz blickt er in das Adlerauge seines Königs.

Am Ende seiner Dienstzeit wird der tüchtige Stöwhase einer königlichen Kommission vorgeschlagen, die unter verdienten Soldaten Kolonisten sucht. Und so wird er eines Tages auf gnädige Verfügung des Herrn Geheimen Ober-Finanzrats und Pommerschen Siedlungskommissars von Brenckenhoff zusammen mit anderen Kameraden auf einer der beiden Inseln in der Odermündung angesiedelt, auf Usedom, der westlichen, begrenzt im Osten von der Swine, an der das gerade erst gegründete Städtchen Swinemünde liegt, und im Westen von der Peene, dem Grenzfluß zum schwedischen Vorpommern. Christow Stöwhase und einige andere Kolonisten werden zu den ersten Bewohnern jenes Dorfes Ahlbeck, in dem gut hundertfünfzig Jahre später Eka dem Leben ihres Stammvaters nachspürt.

Und zweihundert Jahre später findet sie in der Dorfchronik des Ahlbecker Buchhändlers Karl Ernst eine Abschrift jenes Vertrages zwischen Christow Stöwhase und seinem König – von dem Kolonisten «mit geführter Hand gezeichnet» –, in dem der Alte Fritz Stöwhase Wohnung und Gartenplatz verschreibt, Land in Erbpacht überläßt und andere Vergünstigungen gewährt. Beim König von Preußen unter Vertrag zu stehen, als Nachfahren des Stöwhase zugleich auch Friedrichs Nachfahren zu sein – diese Vorstellung prägte sich der Sippe des königlichen Kolonisten tief in das Bewußtsein ein.

Von den Kindern Stöwhases und seiner Ehefrau Catharina taucht nur der Name einer Tochter in den Kirchenbüchern auf: Emerentia, die «Verdienstvolle». Wo hat das Mädchen bloß den

Namen her? Doch eben wegen dieses Namens soll sie die Urmutter der Sippe sein, die Patronin ihrer Frauen, die Begründerin eines Matriarchats in dieser Großfamilie, das Könige und Kaiser, Hitler und Stalin überlebt hat und bis heute fortbesteht.

Fünf Urenkelinnen der Emerentia und von ihrem Schlage, die Töchter des Fischers Johann Will, stellen sich hundert Jahre nach Emerentias Tod zum Gruppenbild. Der Fotograf, das sieht man, hat darauf geachtet, die jungen Frauen so ins Bild zu bringen, wie damals junge Frauen sein sollten: bescheiden, gottesfürchtig und dem Mann ergeben. Man sieht sie sorgsam arrangiert auf Sitzen aus Plüsch mit langen Troddeln, demütig Hände faltend, im Schoß die Bibel, zwischen Fingerspitzen einen Rosenzweig. Stattliche Frauenzimmer, die in ihrer Haltung und in ihrer Kleidung, in den langen, hochgeschlossenen dunklen Gewändern mit den weit gepufften Ärmeln und den weißen Rüschen an den eng geschnittenen Bündchen Gediegenheit vermitteln. Doch in den Gesichtern, bei Bertha um den Mund, bei Marie in den Augen und bei Dorothea in den Backenknochen, zeigt sich der Wille, steckt die Kraft, mit der sie Fisch in Gold verwandelten, Männer das Fürchten lehrten und die Herrschaft der Heesters in ihrem Dorf begründet haben. «Sie ist eine richtige Heester», das ist ein Zauberwort für Eka, mit dem sie die Vorstellung von harten, willensstarken Frauen verbindet.

Die Herrschaft der Heesters wurde nicht an Herden, nicht in Küchen, sondern an der See, am Strand, durch die Arbeitsteilung bei der Fischerei begründet.

Furchtlos und robust mußten die Männer sein, die gegen zwei Uhr morgens aus dem Dorf zum Strand aufbrachen, um vor Sonnenaufgang ihre Boote klarzumachen. Jeweils zu viert im Boot segelten sie hinauf zur Oderbank, ostwärts auf die Swinemünder Höhe oder westwärts an der Insel Oie vorbei bis Rügen, zogen auf hoher See die geteerten Segel ein und warfen ihre Netze aus.

«Dat süht nich jaud ut. Bliv to hus», sagten manchmal alte Fischer, die nicht mehr mit rausfahren konnten, aber immer noch nachts aufstanden, um mit an den Strand zu gehen, denn sie waren es so gewohnt. Die Alten sahen nicht nur früher als die

Jungen Sturm aufziehen, sie spürten ihn auch früher. Der gefährliche Nordost riß an ihren Knochen, wühlte in den Knien, in den Schultern und im Kreuz, noch bevor er die See hochgehen ließ. In Stürmen und Sturmfluten sind viele Fischer aus dem Dorf ertrunken.

Kamen die Männer mit dem Fang zurück, standen die Frauen und Kinder schon wartend auf den Dünen, um beim Netzepellen zu helfen, die Fische aus dem Netz herauszulösen, auszunehmen, zu sortieren. Die meisten kamen in Kisten, wurden eingesalzen, in Räucherkammern auf langen Spießen über glimmendem Eichenholz in den Rauch gehängt. Aber die größten Fische, Flundern, Heringe, Dorsch und Zander, packten die Frauen in ihre Körbe, schwangen sich diese auf den Rücken und machten sich mit ihren zentnerschweren Lasten im Eilschritt auf nach Swinemünde, um sie auf dem Fischmarkt am Bollwerk zu verkaufen.

Die Männer brauchten Körperkraft, brauchten ihre schweren Hände, mit denen sie das Wasser aus den Booten schöpften, nach dem Fang die vollen Netze über ihre Schultern warfen und ihre Boote mit «Hol up, ho-ho-hool up» an die Strände, in die Dünen zogen. Fischerfrauen brauchten Grips, einen viven Kopf und eine flinke Zunge, mußten ausrufen, anbieten, überreden, feilschen, rechnen können; Fische zu verkaufen war schwerer als das Fischefangen. Und während ihre Männer von der harten Arbeit und den einsamen Stunden auf der See wortkarg, ja schweigsam wurden, gefiel es den Frauen, mit Menschen umzugehen und ihre Fähigkeiten in Verbindung mit der großen Welt des kleinen Städtchens im Geschäft zu messen. So kam es, daß an Winterabenden in Wohnstuben beim Netzeflicken immer häufiger ein Satz fiel, der die Männer zuerst nur verwirrte, dann erzürnte und später resignieren ließ: «Vadder, wat redst denn du? Wat weißt du denn von de annern Lüd?» Die auf Fischmärkten und beim Fischverkauf an Wohnungstüren angebahnte Verbindung zu «de anner Lüd» sollte sich als unschätzbares Kapital der Töchter Will erweisen und zusammen mit dem Ersparten ihres Vaters die Grundlage für ihren späteren Wohlstand bilden.

Freilich wäre der Aufstieg der königstreuen Kolonistensippe

nicht denkbar ohne die Französische Revolution. Erst nach 1789 entdeckten unerschrockene, wagemutige Bürger, was für eine Lust es ist, im Meer zu baden. Von seinem Militärdienst in Stettin brachte der Sohn von Fischer Gamradt, genannt Kugelschlucker, eines Tages eine Zeitung mit, in der berichtet wurde, daß sich in Frankreich Kinder, Jungfrauen und Witwen, Prinzen sowie Pferdeknechte ohne Unterschied der Jahre, des Ranges und Geschlechts im offenen Meere tummelten, bekleidet mit einer Art «Gladiatorenhabit», wie es Kunstreiter und Gaukler tragen. Die Ahlbecker hielten das für einen schlechten Scherz, bis eines Tages Schießer Reimer außer Atem in den Dorfkrug kam und aufgeregt hervorstieß, er habe soeben unterhalb des Langen Berges bei Bansin mit eigenen Augen halbnackte Kirls und Wiever in Fummeln wie vom Zirkus kreischend in die Ostsee laufen und sich in die Wellen schmeißen sehen. «Min Gott, Schießer, is dat wohr?»

Wenig später berichteten die Fischerfrauen vom Swinemünder Hafen, mit den Dampfschiffen aus Stettin seien Leute angekommen, die man Badegäste nenne und die in den Hotels der Stadt, doch auch in anderen Häusern nach Quartieren suchten. Mit den Kaleschen, die am Bollwerk standen, machten die Badegäste Ausflüge in die nahen Fischerdörfer und fragten auch hier bald nach Quartier.

Die Ahlbecker erkannten ihre Chance. Allein vom Fischen konnte niemand leben. Mal kam der Hering zwar in Schwärmen, dann wieder konnte man die Fische in den Netzen zählen. Hier war die Gelegenheit, an Geld zu kommen. Wie andere im Dorf zogen auch die Wills, der Fischer, seine Frau und die fünf Töchter, nun in den Sommermonaten aus ihrem kleinen rohrgedeckten Haus in den Stall um, kalkten die Stuben frisch, kauften in Swinemünde Waschgeschirr aus Porzellan, stellten es auf die Kommode, daneben einen Eimer und boten Stube, Kammer, Küche Feriengästen für fünf Taler in der Woche an. Bettzeug war mitzubringen.

Und siehe da, es kamen Leute, hauptsächlich aus Berlin, Rentiers, Kaufleute, Pastoren, Lehrer mit Familie; Fontanesche Romangestalten wie Professor Willibald Schmidt samt Tochter, während Frau Jenny Treibel wohl das viel feinere Swinemünde oder später das vornehme Bansin vorgezogen hätte. Die fashionable Welt kam nicht; Ahlbeck blieb ein Familienbad, eine Sommerfrische für den Mittelstand.

Am Tag, an dem die Gäste kamen, mußten die Willschen Kinder an der Tür eine Girlande aus Eichenlaub anbringen. Auf den Hof stellte der Vater ein Leinwandzelt, in dem die Gäste essen und sich aufhalten konnten, wenn sie nicht im Wald zwischen Dorf und Strand spazierten oder, nach Geschlechtern getrennt, in die Damen- und Herren-Badeanstalt gingen, die der Gemeinderat im Abstand von ein, zwei Kilometern (um die «Decenz» nicht zu verletzen) eilig hatte bauen lassen.

Besonders den Männern fiel es schwer, sich an das für ihre Begriffe hochgestochene Gebaren der Badegäste und an ihre schwärmerische Ausdrucksweise zu gewöhnen. Lehrer Hampel aus Stargard sprach von dem «brausenden Spiel der Wogen», dem «berauschenden Naturereignis», und Elise Polko, die Frau des Rentiers aus Neukölln, schwärmte von der «gischenden Flut», die «erregend, unermeßlich» sei. «Dwatsche Olsche», murmelte dann Johann Will, «de See jeiht hoch.» Zwar schärften die Frauen ihren Männern wie auch den Kindern ständig ein, daß jeder Gast ein König sei, aber die Fischer hielten den Gästen gegenüber auf freundliche Distanz. Schließlich verstanden die Fremden nichts von der Fischerei, versuchten plattdeutsch zu radebrechen, daß es schwerfiel, ernst zu bleiben, und standen in aller Herrgottsfrühe auf, nicht etwa, weil sie mußten, sondern weil sie auf den Dünen überm Meer die Sonne aufgehen sehen wollten.

«Johann, dat jeiht di jor nichts an», pflegte Wilhelmine Will ihren Mann zurechtzuweisen, wenn dieser kopfschüttelnd nach Hause kam, und mit einemmal ins Hochdeutsche fallend, fügte seine Frau nachdrücklich hinzu: «Die Leute bringen Geld!» Das stimmte. Sie brachten sogar so viel Geld, daß Wills Töchter eine ansehnliche Mitgift bekommen konnten – wenigstens die jüngsten: Ida, Bertha, Dorothea.

Um die drei Fischertöchter bemühten sich im Dorf drei Fischersöhne: Um Dorothea warb der junge Meissner, um Bertha warb Carl Priem und um die neunzehnjährige Ida der wenig ältere Jacob Schwandt, Ekas Großvater, auch er ein Kolonistensprößling.

Zur selben Zeit, da dieser mit einem Nähkasten aus Ebenholz und mit Perlmuttintarsien in das Willsche Haus kam, um um Ida anzuhalten, liefen im Dorf mehrere Sparkassenvertreter aus Swinemünde und Usedom herum, die aus ihren Aktentaschen Grundrisse moderner Fremdenheime zogen und in Fischerstuben ausrollten. Sie schrieben Zahlenkolonnen aufs Papier, entwarfen Kostenvoranschläge und trugen Namen in Hypothekenbriefe ein. Im Kiefernsand der Dünen baute ein Dorfbewohner nach dem anderen Pensionen und Fremdenheime mit Balkonen oder Veranden sowie kleinen Küchen, denn die Familien, die zum Badeurlaub kamen, brachten oft auch Dienst- und Kindermädchen mit. Überall an den Stränden der Insel, in Ahlbeck, Heringsdorf, Bansin, in Koserow und Zinnowitz, entstanden Badeorte.

«Nur nicht den Anschluß verpassen», warnten die Herren von den Sparkassen, die das Geld, die Hypotheken, gaben. Ida, Bertha, Dorothea drängten ihre jungen Ehemänner, sie wollten auch ein Haus am Strand. Und als sie endlich ihren Willen hatten, richteten die drei Frauen ihre neuen Häuser ein, lernten, Gästezimmer und Ferienwohnungen zu vermieten sowie Zimmermädchen anzuleiten, und brachten auch noch ihre Kinder auf die Welt. Während sie den Männern beim Netzepellen und -flicken halfen, dachten sie über Hypothekenzinsen und Steuerstundung nach.

Ihr Kummer blieb, daß sie nicht richtig Hochdeutsch konnten. In der Bibel lesen, Singen mit Gesangbuch, das hatte der Kantor sie gelehrt. Sonntags, beim Waldgottesdienst am Lehmberg, sangen sie «Ach, bleib mit deiner Gnade» und «Harre, meine Seele» so ausdrucksvoll, daß manchem Badegast die Tränen kamen. Aber sie konnten nicht «Frühstück mit Confiture» auf die Gästerechnung schreiben, und die Korrespondenz mit zimmersuchenden Berlinern oder Sachsen blieb eine immerwährende Qual. Die Heesters nahmen sich vor, Kind und Kindeskinder auf die höhere Schule zu schicken, damit sie mit Badegästen richtig reden und Rechnungen schreiben lernten.

In den Jahren vor dem Ersten Weltkrieg kamen sie zu bescheidenem Wohlstand. Ida Schwandt, geplagt von Gicht und Rheuma, konnte sich nun leisten, nach Teplitz und Bad Schmiedeberg zur Kur zu fahren. Bertha Priem erfüllte sich den langgehegten Wunsch, ein Kaffeeservice mit lachsfarbenen Rosen und den Bildern der Dichterfürsten Goethe und Schiller zu besitzen. Zu den Einsegnungen ihrer Kinder und anderen besonderen Feiertagen rührten die Schwestern in großen Zinnwannen Hefeteig und buken in braunen Formen Napfkuchen. Dann luden sie die ganze Verwandtschaft, dreißig, vierzig Gäste ein. Und wieder drängten die Frauen ihre Männer, nun Seiten-, Hof- und Hinterhäuser auf die Grundstücke zu setzen, anzubauen, auszubauen und an den Rand der Vorgärten Verkaufsbuden für Strandartikel oder Eis zu stellen.

«Wiev, hest du noch nicht jenauch?» stöhnte Priem und fragte hilfesuchend seinen Schwager: «Jacob, nun segg mi eins, wat du seggst!» – «Corl, ick segg jor nichts. Dat Seggen hett min Fru.»

Die Männer stöhnten zuweilen über den unstillbaren Unternehmungsgeist und das Herrische an ihren Frauen, aber sie begehrten niemals ernsthaft auf, denn sie waren gutmütig und klug genug zu wissen, daß ihr Wohlstand hauptsächlich dem Durchsetzungsvermögen der Heesters zu verdanken war. Auch besaßen sie genügend Phantasie, sich vorzustellen, wie ein Aufstand enden würde.

Nachzugeben fiel den Männern auch deshalb leicht, weil sie sich den Frauen überlegen und trotz allem als die Stärkeren fühlten. Die Welt der Heesters endete am Rand des Badeorts; über Bad Schmiedeberg, Stettin und den Besuch bei Badegästen in Berlin war keine je hinausgekommen. Wie es jenseits dieses Horizonts aussah, wußten nur die Männer, denn sie hatten Erdteile umschifft und hielten sich für welterfahren. Carl Priem war während seiner Dienstzeit bei der Kaiserlichen Marine auf der «Olga» mit Prinz Heinrich bis nach Amerika gekommen. Und Jacob Schwandt konnte erzählen, wie er mit der «S.M.S. Elisabeth» an den Küsten Afrikas entlanggesegelt und in Deutsch-Ostafrika die deutsche Flagge hochgezogen hatte. Fragte einer später seine Töchter Ella und Lenchen, wo denn Jacob

Schwandt überall gewesen sei, zählten sie sämtliche ehemaligen deutschen Kolonien, samt Tsingtau und Samoa, auf und nannten als Mitglieder der Schiffsbesatzung die Afrika-Eroberer Lüderitz und Peters sowie Lettow-Vorbeck als Schiffsjungen-Prominenz.

Jedenfalls, die männlichen Nachkommen der königlichen Kolonisten fühlten sich wie diese der Hohenzollerndynastie besonders eng verbunden und lebten in der Vorstellung, «zu etwas bestimmt» zu sein, an etwas Großem teilzuhaben. Die Stöwhases hatten ihrem König die Herrschaft über eine österreichische Provinz gesichert, die Schwandts für ihren Kaiser Kolonien in Afrika und Asien erobert. Die Herrschaft der Heesters endete an den Zäunen der Fremdenheime. Ihre Männer hatten preußisch-deutsche Geschichte mitgemacht.

Deshalb erschien es ihnen auch selbstverständlich, daß die Frauen zu entscheidenden Bereichen des Lebens keinen Zutritt hatten: Die Welt der Politik blieb ihnen verschlossen. Wer im Ahlbecker Gemeinderat, im preußischen Landtag und im deutschen Reichstag was zu sagen hatte, darüber stimmte Jacob Schwandt mit ab, und seine Ida blieb am Wahltag in der Küche, denn sie durfte ja nicht wählen. Damit wiederum fanden sich die Frauen ab, und wenn die Männer miteinander politische Gespräche führten, schwiegen sie.

Die gottgewollte Ordnung hatten Männer ausgedacht und verwalteten sie auch – Männer wie der Kaiser und der Kanzler, Generale, Admirale, Pastor, Kantor, Landrat und als Untermänner dieser Männer-Pyramide Carl Priem und Jacob Schwandt.

Wie alle Untermänner hielten auch diese die von Obermännern erdachten Prinzipien der gottgewollten Ordnung hoch und legten Wert darauf, daß dies auch ihre Frauen und Kinder taten. Sie nannten das «die rechte Gesinnung haben». Ob beim Gottesdienst am Lehmberg oder den Stiftungsfesten der Vereine, zu Kaisers Geburtstag und natürlich in der Schule – überall sprachen Nachkommen der königlichen Kolonisten Worte nach wie Hingabe und Gehorsam, Redlichkeit und Treue, Pflicht und Fleiß. Sie legten die Hände an die Mützen, sie gelobten, Thron und Altar zu dienen, und sie verachteten alle, die nicht in Reih und Glied stehen mochten.

Gottesfürchtigkeit, ein rührseliger Patriotismus und kühler Geschäftssinn gingen bei den Heesters eine seltsame, doch typische Verbindung ein. Bei den Männern wiederum stand das Martialische im schroffen Gegensatz zu ihrer Nachgiebigkeit und Güte.

Höhepunkte im Leben der Männer waren die Flottenparaden und Kaisermanöver. 1905, als die britische Kanalflotte mit zwölf Linienschiffen, neun Kreuzern und drei Torpedobootflottillen auf der Swinemünder Reede vor Anker ging, schmückten sie ihre Boote mit der Reichskriegsflagge und bunten Wimpeln, fuhren so nah wie möglich an die Kriegsschiffe heran und beobachteten fachmännisch, was auf den Decks geschah. Zwei Jahre später, als Zar Nikolaus auf der schwarzen «Standart», umkreist von russischen Torpedobooten, und Wilhelm II., begleitet von dem größten Teil der deutschen Flotte, sich in Swinemünde trafen, bestellten Schwandt, Priem und Meissner drei Droschken, um mit ihren Familien auf dem Bansiner Langen Berg das große Feuerwerk auf See zu sehen, an dessen Ende zu Ehren der Majestäten ein verschlungenes W und N am Himmel glänzten.

In ihrer Haltung und den Gesten drückten die Frauen in den Droschken so etwas wie leichte Ehrerbietung gegenüber ihren Männern aus, und niemand konnte unterscheiden, ob sie verspielt war oder ernst gemeint. Die Männer waren an diesem Tag besonders stolz auf ihre Frauen. Diese trugen über mit Fischbeinstäben gesteiften Miedern weiße Seidenblusen mit Stehkragen, verziert mit Biesen und Bändern, Stickerei und Spitze sowie lange Röcke aus den allerfeinsten Stoffen, in feinen Läden der Provinzhauptstadt Stettin erworben und den Modellen der Berliner *Damenzeitung* nachgeschneidert. Auf ihren hochgetürmten ondulierten Haaren standen Riesenräder von Hüten, geschmückt mit Blütenbündeln oder Straußenfedern – Pleureusen, die die Enkelkinder später eingemottet in Ecken alter Schränke auf dem Boden fanden und sich zu Fastnacht an die Mützen nähten.

Können Heesters zärtlich sein, selbstvergessen und verschwenderisch lieben? Wer das bezweifelt, weiß nichts von den Gefühlen, die sie für ihre Abgötter, die Söhne, hegten. Min Karl, min Fritz und Wilhelm bekamen alles, was sie wünschten: überreichlich Liebe, reichlich Geld, zuerst zu ihrem Vergnügen, später Wechselunterschriften, Bürgschaften, heimliche Transaktionen auf die Konten. Für min Karl, min Fritz und Wilhelm war nichts und niemand gut genug. Eifersüchtig stoben die Mütter hinter ihren poussierenden Söhnen in den Dünen, auf den Promenaden her: «Jehn Sie nach Hause, Fräulein, un stoppen sich de Strümp! – Und du, Karl, kommst mit mir!»

Damit ihm um Gottes willen nichts passierte, kaufte Bertha Priem ihr Einundalles, ihren Karl, für sehr viel Geld von den Soldaten los und schenkte ihm in Westpreußen ein kleines Gut. Doch Karl wird krank. Karl wird sterben. Hilf, Emerentia, hilf! Niemand kann mehr helfen. Bertha Priem läßt ihren toten Sohn nach Hause überführen und in einer teuren Gruft beisetzen. In die gute Stube hängt sie sein lebensgroßes Bild und trauert um ihn, schwarz gekleidet dreißig Jahre, bis sie stirbt.

Im Unterschied zu ihren Brüdern hatten es die Töchter nicht leicht mit ihren Müttern, und manchmal schien es, als wollten diese sich an ihren Mädchen für eigene Entbehrungen rächen. Schroff wiesen sie den Glücksanspruch der Jüngeren ab. Einhalten, um sich auszuruhen und vom Leben was zu haben? Die Mütter wußten gar nicht, wovon die Mädchen eigentlich sprachen. Aber ihre Väter in den Plüschsesseln hinterm Ofen mit den Kamelhaarpantoffeln an den alten Füßen – ihre Väter, die verstanden sie.

Eka hat die Heesters als alte Frauen erlebt, in einem Lebensalter, das für ihre starken Charaktere vielleicht das angemessenste gewesen ist. Ihre Stärke hatte sich erhalten, aber die Besessenheit, das Nicht-Ruhe-geben-Wollen war von ihnen abgefallen. Es war geschafft, was sie sich vorgenommen hatten, und da die Männer nicht mehr lebten, war ihr Unternehmungsgeist erloschen.

Eka mochte gern bei ihnen sein. Mit Tante Meissner sang sie «Aus der Jugendzeit» und andere alte Lieder. Bei Tante Priem klopfte sie im Winter in der Dämmerstunde an und ließ sich von der «guten alten Zeit» erzählen. Großmutter Schwandt hat sie nur im Krankenbett gekannt. Oma trug das dünne Haar glatt gekämmt nach hinten, zusammengedreht zu einem kleinen Dutt, den sie mit groben Haarnadeln am unteren Ende ihres Hinterkopfes befestigt hatte. Aus dem Kinn in dem verrunzelten Gesicht sprossen ein paar lange weiße Haare. Um den gekrümmten Rücken hatten ihr die Töchter einen schwarzen Häkelschal gelegt. Mit ihren dürren, gichtsteifen Händen griff sie manchmal unters Kissen, wo sie ihre Handtasche verwahrte. Da Ida Schwandt gelähmt war und sich kaum bewegen konnte, regierte sie das Haus vom Bett aus.

Neben ihr in seinem Kissen lag Hänschen, der gerade erst geboren worden war. Und vor dem Bett, auf einer Rutsche, saß Eka, um gemeinsam mit der Oma den Sonntagsgottesdienst aus dem Berliner Dom zu hören. An seinem Ende versprachen sich die beiden und besiegelten es jeden Sonntag neu, daß Großmutter später nicht mehr fremde Männer, sondern ihre Enkeltochter aus dem Radio predigen hören sollte.

Heute ist die Enkeltochter bald so alt wie damals Ida Schwandt. Manchmal sitzt sie vor dem Spiegel, streicht ihr Haar nach hinten, so daß der weiße Ansatz zum Vorschein kommt, und versucht, sich einen Dutt zu drehen. «Laß das», sagt ihr Mann, «das steht dir nicht.» Er träumte von der ewigen Jugend, leidet darunter, alt zu sein. Sie mag die weißen Haare an der Stirn, mag selbst ihre Falten. Eine alte Frau zu werden bedeutet, den Heesters ähnlicher zu sein. Schlägt das Wetter um, spürt sie das gleiche Reißen in den Knochen, über das die alten Frauen so oft stöhnten. Wenn es niemand sieht, stakt sie, die Rechte auf den Stock gestützt, die Linke schützend auf dem Ischiasnerv, schwerfällig ächzend, eine Heester mimend, durch den Volkspark. Nicht mehr lange, dann wird sie wie die Heesters gehen.

Von Emerentia, der Urmutter, und deren Urenkelinnen, den Heesters, hat sie ihre mit Rührseligkeit durchsetzte Härte und ihre Altweibermilitanz, ihre Großzügigkeit und ihren Geiz, ihren Sinn fürs Vernünftige, Reale, den viel zu engen Nützlichkeitsbegriff und die Illusionslosigkeit den Männern gegenüber.

Mögen die Töchter den Vätern nah gewesen sein, sie hält es mit den Müttern und möchte eine Heester sein.

Doch bestimmend für ihre Jugend wurden jene «preußisch-deutschen Tugenden», die die Männer aus der Kolonistensippe auf Kind und Kindeskinder übertrugen: glauben statt zu fragen, gehorchen statt zu widersprechen ... Von Christow Stöwhase und Jacob Schwandt erbte Eka den Respekt vor Uniformen, ihre Begeisterung für den Großen Zapfenstreich und die Sehnsucht nach Batavia.

DER SOHN DES WOHLFAHRTS-POLIZISTEN

Heinz will seine Vorgeschichte nicht erzählen. Eka redet auf ihn ein, erst freundlich, dann beschwörend, heftig. Doch er bleibt bei seinem Nein. Und so beginnt denn die Erzählung an jenem Sommertag des Jahres 1920, an dem der kleine Junge mit der großen Brille auf der Nase und den Holzpantoffeln an den nackten Füßen an der Hand von Minna Zöger auf dem Leipziger Bahnhofsvorplatz steht. Die beiden, Mutter und Sohn seit diesem Morgen, warten auf die Linie 2 der Straßenbahn, die in Richtung Osten über Reudnitz und Volkmarsdorf nach Sellerhausen führt, einem Vorort fernab der prächtigen alten Handelshäuser und der Villenviertel, fernab auch von der Garnison des sächsischen Armeekorps, dem Wichs der Korporationen, bekannt vielmehr durch seinen Küchensand in Tüten. In den Mietshäusern von Sellerhausen wohnen Angestellte, mittelständische Beamte, und in den ruhigen Straßen spielen Vorstadtkinder Himmel-Huppe.

In der Bülowstraße 13 steigen Minna Zöger und das abgeholte, mitgebrachte Kind zum ersten Stock hinauf. Noch bevor die Frau den Schlüsselbund aus ihrer Tasche fingern kann, wird die Wohnungstür geöffnet: Der neue Vater tritt heraus.

Hat er am Fenster, hinter der Gardine ungeduldig die Ankunft seines Sohnes erwartet, oder kommt das Kind nur zufällig in jenem Augenblick die Treppe hoch, da Otto Zöger sich anschickt, ins Revier, zum Dienst zu gehen? Der Junge sieht zuerst die goldenen Knöpfe auf dem Uniformrock, bemerkt die Gravität: ein Mannsbild in Montur, hochgereckt, breitschultrig, kahlgeschoren, im Arm den Tschako, imponierend in dem blauen Rock – vielleicht ein General? Allemal ein Hauptwachtmeister, der Respekt erwartet und erhält; einer, der bewundert werden will und von dem Knirps, der goldenen Knöpfe angesichtig, auch bewundert wird: «Nun mach mal deinen Diener, Heinz, und sag dem Vater guten Tag», mahnt die Mutter.

Der Vater, in der Rechten die kleine Hand des Jungen, mustert ihn vom Scheitel bis zur Sohle und erblickt die Holzpantoffeln. «Geh und kauf dem Jungen ordentliche Schuhe», befiehlt er seiner Frau.

Und nun?

Der Vater muß zum Dienst, die Mutter in die Küche. «Nun komm mal rein, Heinz.»

Seitdem Eka, die spätere Schwiegertochter der Minna und des Otto Zöger, diese Szene da im Hausflur kennt, träumt sie zuweilen mit offenen Augen, den Wohlfahrtspolizisten samt der Ehefrau schroff in die Flurecke zu drängen, um den Jungen selber zu empfangen. Kost das Kind und herzt es, wirft es in die Luft und drückt es an sich, streichelt seine Bäckchen, tanzt im Hausflur mit dem Bübchen. Hallihallo, der Heinz ist da! Sieh mal die Geschenke! Ein weißes Wollschaf rollt heran, hölzerne Hühnchen, bewegt durch Fäden – Spielzeug aus ihrer eigenen Kinderzeit wird zum Willkommen in der Bülowstraße abgeladen. Stärker als jeden anderen Menschen liebt sie dieses Kind vor Otto Zögers Wohnungstür.

Der Wohlfahrtspolizei-Hauptwachtmeister Otto Zöger wird allerorts in Sellerhausen und in Volkmarsdorf und Reudnitz geachtet und gefürchtet. Er prüft, ob in der Molkerei niemand Wasser in die Milch geschüttet hat, und läßt, kommt er dahinter, das Gepanschte aus den Kannen in den Rinnstein gießen. Er inspiziert die Kolonialwarenläden der Gegend und sieht nach den Eichzeichen der Waagen. Er kontrolliert, ob in den Gastwirtschaften die Polizeistunde eingehalten und kein Alkohol an Minderjährige ausgeschenkt wird. Sich mit ihm anzulegen gilt als unvorsichtig; die Milchfrau an der Ecke füllt die Milchkanne des kleinen Heinz genau bis an den Strich. Viele, auch unter den

Kollegen, suchen seinen Rat. «Ja, Otto, wenn du meinst ...» Er gilt als ein zuverlässiger Mann, und das bedeutet für den Jungen viel. Der Fünfjährige hofft auf Verläßlichkeit.

Schon über vierzig sind die Zögers, als sie den Jungen adoptieren. Otto Zöger, unehelich geboren, vaterlos aufgewachsen, will diesem elternlosen Jungen ein guter Vater werden. Im Winter kauft er einen Schlitten und geht mit Heinz zum Rodeln. Er bastelt einen Radioapparat, als noch fast niemand so ein Ding besitzt, damit das Kind die Kinderstunde und er selbst Konzerte hören kann. Abends, wenn die Petroleumlampe brennt, liest er dem Jungen vor dem Zubettgehen Wilhelm-Busch-Geschichten vor.

Sobald Heinz lesen kann, schenkt ihm der Vater ‹*Hauffs Märchen*›, ‹*Münchhausens Abenteuer*› und andere Kinderbücher. Es freut ihn, wenn der Kleine auf dem Balkon mit dem von ihm gebauten Rollwagen spielt und dabei «Blaue Luft, Frühlingsduft» und «Goldne Abendsonne» in die Gegend schmettert. Die Nachbarn öffnen ihre Fenster: «Der Junge singt zu schön, Herr Zöger!» Wohlgefällig blickt der Vater auf den Sohn herunter. Augenblicke der Ruhe, der Geborgenheit.

Der Sohn wird eingekleidet. Mutter sorgt für Schuhe, Unterwäsche, die Matrosenbluse, Bleyle-Hosen. Vater läßt ihm vom Schneider einen braunen knielangen Sonntagsanzug machen. Für sich selbst bestellt er ein sandfarbenes Manchesterjackett, das er an dienstfreien Tagen zu den schwarzen Ausgehhosen seiner Uniform trägt. So ausstaffiert, nehmen beide an der feierlichen Einweihung der neuen Glocke der Emmaus-Kirche teil und marschieren Hand in Hand und rechts zwo, drei, vier im Festzug des MTV, des Männer-Turnvereins Neu-Schönefeld. Spät, mit sechzig, erfüllt sich Heinz den Herzenswunsch, auch so ein Jackett aus Rippensamt, so eine Kombination in Sandfarben und Schwarz zu tragen, um so stattlich auszusehen wie der Vater.

Der Sohn lernt Ordnung, Gehorchen, Anstand – die Manieren. Seinen Wertekatalog hatte der Vater in einem Königlich-Sächsischen Jägerregiment erhalten und das moralische Lebensreglement zwölf Jahre, die ganze Dienstzeit über, buchstabiert. Und so wie der Vater damals in der sächsischen Kaserne manch

Vernünftig-Praktisches, aber noch viel mehr Übertriebenes bis hin zum Drill, Nützliches und längst Überholtes, inhaltsleere Anstandsregeln in sich aufgenommen hatte, so soll das nun der Sohn. Wie viele andere Soldaten hatte auch Otto Zöger nicht gelernt, zwischen Wichtigem und Unwichtigem zu unterscheiden, ordnete auch so etwas wie Händewaschen vor dem Essen, das Mützeziehen beim Gruß, das Ausbürsten der Kleider in ein moralisches Reglement ein, und das Leben schied er in «Das tut man» und «Das tut man nicht».

Mitleid, Güte, Toleranz – die hatte Otto Zöger nie erfahren. Wie sollte er sie lehren können?

Vaters Ordnungssinn erwies sich leichter übertragbar auf den Sohn als seine Vorstellungen von Fleiß, Gehorsam, Disziplin und Pünktlichkeit. Den einmal aufgestellten Verhaltenskodex mußte der Schwächere der beiden ohne Nachdenken befolgen, zum Beispiel das Tischzeremoniell: Hände auf den Tisch, Mund halten und Teller leeren, sei es auch mit Würgebissen. Doch Heinz, stärker als andere Kinder auf Sicherheit bedacht, war bereit, Autorität, trat sie nur halbwegs überzeugend auf, zu akzeptieren. Noch der Siebzigjährige ahmt in Worten und Gebärden die Autoritätsperson des Otto Zöger nach, fragt ähnlich streng (doch hier vergeblich), wann die Unordnung im Haus beseitigt, wann Eka endlich lernen werde, Bücher nicht mehr auf der Treppe abzulegen und Schuhe abzustellen, wo sie hingehören. Er hat seinem Sohn imponiert, der alte Zöger, denn er war der erste Mann, dem das Kind begegnet ist.

Als der Hauptwachtmeister meint, erste Erfolge bei der Erziehung seines Sohnes zu bemerken, treibt es ihn, den Knaben vorzuführen: bei Kollegen von der 4. Polizeiwache in Reudnitz, bei Nachbarn wie dem Landgerichtsrat Graf. Von dem Kind wird bei solchen Vorführungen erwartet, erfolgreich zu agieren, die Mütze abzunehmen, laut zu grüßen, auf Weisung hin zu singen, etwas aufzusagen, hingegen zu schweigen, wenn Erwachsene reden. Sie reden nicht mit dem Vorzeigekind des Otto Zöger, sondern über dieses: herablassend, wohlwollend, gönnerhaft. Unbeachtet steht das Kind dabei. Wie am ersten Morgen vor der Wohnungstür, als der Vater mißbilligend auf die Füße seines Sohnes blickte, steigt in dem Jungen der Argwohn auf, daß sich Elternliebe an Bedingungen knüpft, daran, daß «man sich mit dem Jungen sehen lassen kann» und daß er «was taugt».

«Nicht tauglich» lautet der Befund inmitten der Idylle des Schrebergartens, Otto Zögers Einundalles. Fast alles ist sein Werk dort, selbstgezimmert, selbstgepolstert sind die Möbel in der großen Laube, selbstgestrichen die Wände und der Boden. Selbstgeteert wird jedes Jahr das Dach. Für die vordere Außenwand der Laube hat er ein Ölbild malen lassen: im Wasser eines Sees schwimmen seltsam-schöne Fische. Davor, im Garten, Goldfische inmitten eines kleinen Teiches, auf den das Wasser eines Springbrunnens plätschert – selbstangelegt, versteht sich.

Zentnerweise erntet Otto Zöger Jahr für Jahr aus seinem Garten Gellerts saftige Butterbirnen. Zieht er im Herbst mit Frau und Kind die Birnenernte auf dem Handwagen nach Hause, bleiben die Leute staunend stehen: «Ihre Birnen sind zu schön, Herr Zöger!» Aber niemand anders in der Kolonie okuliert und pflegt seine Obstbäume auch so sorgsam wie Herr Zöger. Nach getaner Arbeit führt er manchmal andere Schrebergärtner durch den Garten, heimst Bewunderung für die prallen Pflaumen, für sein köstliches Gemüse, die Anlagen der Busch- und Stangenbohnen ein. Anschließend beim Umtrunk in der Laube kredenzt er den selbstangesetzten Obstwein aus selbstgezüchteten Johannisbeeren, erteilt jovialen Rat: «Gladiolenzwiebeln gut zehn Zentimeter tief ins Pflanzloch legen, dann stehen die Blütenstengel später ganz allein.» Otto Zöger war in der Schrebergärtnerei (wie übrigens auch beim Stollenbacken) auf Ansehen durch außergewöhnliche Erfolge, auf öffentliche Anerkennung aus.

Auch der Junge liebt den Garten. Im Sommer, wenn die Sonne scheint, wandert er von der Schule gleich hinaus zur Kolonie an der großen Ausfallstraße nach Eilenburg. Mutter kocht in der Laube Mittag, und während sie draußen beim Essen sitzen, schlagen die Finken in den Kirschbäumen. Von der Laube und vom Zaun her duften Heckenrosen. Es blühen Levkojen, Reseda und der Rittersporn. Zum Nachtisch gibt es duftende süße Erdbeeren aus dem Garten.

Das Essen ist beendet. «Auf zur Arbeit!» Während die Eltern schon in den Gemüsebeeten jäten, lehnt ihr Heinz-guck-in-die-Luft am Gartenzaun und sieht verträumt den Hummeln zu, die den Jasmin umschwirren. «Heinz, zur Arbeit!» – «Psst!» Heinz hat ein Grasmückennest entdeckt, in dem die Jungen gefüttert werden. «Zum letztenmal! Zur Arbeit, Heinz!» Der schleicht sich jetzt ans Gartenende, hinein in eine Wildnis aus Haselnußsträuchern, Brombeeren und Pfefferminze und erzählt sich dort in seiner Höhle die Geschichte von Hatschi Bratschis Luftballon. Hier, inmitten der Stille und des Schrebergartengrüns, ahnt er, was Glücklichsein für ihn bedeutet.

«Ich werde dich gehorchen lehren!» Der wütende Otto Zöger zieht seinen Sohn aus dem Gestrüpp hervor und schlägt ihn mit einem Harkenstiel. «Wer nicht arbeiten will, soll machen, daß er fortkommt!» Weinend läuft der Sechsjährige zum Gartentor hinaus, irrt Stunden durch die Stadt, findet zu Tante Lehmann, die ihn früher einmal, bevor er ins Waisenhaus gekommen ist, bei sich aufgenommen hat. «Tante Lehmann, bitte, darf ich bei dir bleiben? ... Wenigstens für eine Nacht?»

Otto Zögers Liebe war nur um den Preis der Fügsamkeit zu haben.

Der Junge ist erst zwei Jahre bei den neuen Eltern, da bricht beim Vater eine von seiner Mutter vererbte Krankheit aus. Die Krankheit, die Verzweiflung darüber und der Charakter dieses Mannes gehen eine furchterregende Verbindung ein. Der bisher zwar Strenge, aber Selbstbeherrschte wird nun von Wutanfällen geschüttelt. Den Hund, den er so liebt, schlägt er halb tot. Den Jungen brüllt er bei den Schularbeiten an, weil er das Malnehmen nicht begreift, straft mit Ohrfeigen, entzieht das Essen und erteilt Verbote. Zuerst für Wochen, dann für Monate muß er ins Krankenhaus. Der Sohn ist froh, wenn der Vater nicht zu Hause ist. Bevor Otto Zöger in eine psychiatrische Klinik eingewiesen wird, in der er nach fast drei Jahren Krankheit stirbt, besuchen ihn Frau und Sohn nachmittags oft im Krankenhaus. Wollen die Eltern miteinander sprechen, schicken sie das Kind zum Spielen in den Klinikgarten. Da sitzt es am liebsten allein an einem Teich mit Wasserrosen und horcht auf die Stille. Noch einmal die

Glücksahnung – abgekehrt von Menschen und durch sie erschöpft.

Otto Zöger wird so beerdigt, wie er es sich gewünscht haben muß: als angesehener Bürger. Vor dem offenen Sarg halten Beamte der Wohlfahrtspolizei Ehrenwache. Der Vorsitzende des Schrebergartenvereins hat einen Kranz mit den schönsten Blumen aus der Kolonie gebracht. Die Gitarrengruppe, der er angehörte, spielt ihm ein Abschiedslied. Ein Polizeioberst rühmt den Toten als einen Mann der Pflicht.

Zu Hause schneidet Minna Zöger die Todesanzeige der Wohlfahrtspolizei behutsam aus der Zeitung und verwahrt sie zusammen mit der Feuerversicherungspolice, dem Sparkassenbuch und der Adoptionsurkunde in der feuersicheren Stahlblechkassette.

Minna Zöger ist fünfzig, als ihr Mann stirbt. Was hat sie von ihrem Leben gehabt? Weißnähen lernen und die Wiener Küche. Eine schickliche Verlobungszeit mit dem schmucken Jäger Otto. Einen Ausflug nach Bitterfeld mit einer Freundin – sonst ist sie aus der Leipziger Vorstadt nicht herausgekommen. Eine Ehe, in der sie nichts zu sagen hatte. Arbeiten, sich fügen. «Ja, Otto, ist schon recht.» Zwei Kinder, tot. Zuletzt viel Angst. Wie andere zur Arbeit fuhr sie ins Krankenhaus.

Sie stellt die Stahlkassette in das Vertiko zurück und das Bild des Toten neben das Brautbild zu den anderen Familienfotos. Dann nimmt sie aus der Porzellanschale auf dem Vertiko die Beileidsbriefe und bindet um das Päckchen eine seidene Schleife. Finanziell wird es schon gehen. Otto hat vorgesorgt, sie hat sich einschränken gelernt. Heinz wird vorläufig bei ihr schlafen, in sein Zimmer kann man einen Untermieter nehmen. Das bringt im Monat zehn Mark zusätzlich zur Pension.

Mittags gibt es jetzt öfter geräucherte Blutwurst und Stampfkartoffeln. Das mag sie gern, und es ist nicht teuer. Vorsichtig versucht die Witwe, sich ab und zu etwas zu gönnen. Sonntags wird Tante Frieda eingeladen. Die muntert die Schwester und den Jungen auf. «Na siehste, Minna, siehste, Heinz, wieder mal gegessen und keine Haue gekriegt!» – Tante Friedas Standardwitz. Nach dem Essen gehen die beiden Schwestern mit dem Jungen auf den Friedhof, und wenn sie nach Hause kommen, wird zu dritt «Mensch ärgere dich nicht» gespielt.

So gemütlich war es lange nicht. Wie befreiend ist es, keine Angst zu haben! Die Schwester einladen zu können! Und endlich, endlich kann Frau Zöger, solange sie Lust hat, im Hausflur, auf der Straße mit den Nachbarn und mit sonstwem reden. «Haben Sie schon gehört, Fräulein Köfler? Der Sohn von Kröckels will eine Hühnerfarm aufmachen.» – «Wo hat denn der das Geld her?» Minna Zöger gewinnt wieder Lust am Leben. Und ich habe ja meinen Jungen, denkt sie.

Der Junge, nun wieder unter Frauen ohne Mann im Haus, hält sich an das Bild, das der Vater ihm vermittelt hat: Mütter sind Mägde, die für die anderen im Haus unentgeltlich Dienste leisten. Die Mutter kann nicht einmal auf den Respekt des Sohnes, geschweige denn auf seine Liebe hoffen. Seine Mutter, hatte er beschlossen, sei Frau Discher, bei der er als Dreijähriger manchmal abgegeben worden war und die sich tagsüber um ihn gekümmert hatte. Heinz blieben vage Erinnerungen an Dämmerstunden hinterm Ofen, auf dem Schoß der Frau, die ihn leise summend wiegte. Auf eine andere Mutter als diese läßt sich der Junge nicht mehr ein. Minna Zöger bleibt mit ihrer Zärtlichkeit allein.

Neben ihr im Ehebett liegt ein Bengel in den Flegeljahren, den die Nachbarn den größten Rüpel in der Bülowstraße nennen. Schluß mit den Pfänderspielen! Von den christlichen Pfadfindern hat er sich abgemeldet. Schluß mit den Jesukind-Geschichten! Zum Kindergottesdienst geht er auch nicht mehr. Befreit vom Vater, wird der Junge wild, anmaßend und aufsässig gegen die Mutter, und er tut sich als Anführer zehn-, zwölfjähriger Jungen hervor, die sich gegenseitig über Waschhäuser, Hühner- und Kaninchenställe jagen. Mit Schnippgummis werden zarte Blüten in Balkonkästen zerstört, mit Lehmklümpchen Haustürklingeln in rasselnde Alarmanlagen verwandelt. Zwischen den Bretterstapeln eines Bauhofes liefern sich die Jungen Schlachten, bis die Polizei kommt.

Zu Hause wartet Minna Zöger mit dem Essen, während sich ihr Sohn zur Stärkung für den nächsten Streich für fünf Pfennig eine Tüte Kuchenränder, möglichst die von Eierschecken, kauft oder Bruchbücklinge, oder einen Zacken warme Knoblauchwurst.

Der Junge beginnt, sich vom Zuhause abzusetzen. Eine Zeitlang fühlt er sich heimisch bei den Bernschneiders, der Familie seines Klassenkameraden Gerhard, mit dem er Schach spielt und Sportbilder aus den schwarzweißen Zigarettenschachteln der Marke Greiling tauscht. Frau Bernschneider wandert im Sommer mit den Jungen zum «Arbeiter-Lido», einem breiten Sandstrand an einem künstlichen Gewässer, dem Flutkanal im Leipziger Westen. Hin und zurück laufen sie zwei Stunden, zu dritt die Straßenbahn zu nehmen ist zu teuer. Das gilt auch für die öffentlichen Toiletten. «Verdrück es, Heinz, bis wir zu Hause sind!»

Bewundernd blicken die Jungen zu Gerhards beiden schönen blonden Schwestern auf, die als Sekretärinnen in Leipziger Verlagen tätig sind. Johanna, die Ältere, hat zum Ärger ihrer Mutter ein Verhältnis mit einem arbeitslosen Schauspieler angefangen, der die Besuche bei der Braut so einzurichten weiß, daß von Bernschneiders Bratkartoffeln auch für ihn noch etwas abfällt. Für das kostenlose Abendessen revanchiert sich der Bräutigam mit dem Vortrag von Ringelnatz-Gedichten oder einer Parodie auf Schillers ‹*Glocke*›.

Es ist lustig, bei Bernschneiders zu sein; es ist aufregend, sich in ihrer Wunderwohnung aufzuhalten. Seit ihr Mann gestorben ist, arbeitet Frau Bernschneider als Sortiererin in einer Altpapierhandlung und schleppt aus dem angehäuften Altpapier Bücherschätze nach Hause. Johanna, die bei Goldmann Schreibmaschine schreibt, bringt fast alle neuen Goldmann-Titel mit. Jeder Winkel ist vollgestopft mit Büchern. Oben auf dem Küchenschrank liegt neben Anzengruber ein Bildband mit Kostümen für russische Dramen. Aus der Badewanne werden sonnabends, wenn gebadet wird, Rinaldo Rinaldini, der Räuberhauptmann der Abruzzen, Cäsar Flaischlen und Chamisso rausgeräumt. Seume, Eugène Sue, Sir John Redcliffe und die Marlitt kommen auf dem Flur, Friedrich Gerstäcker, Schlossers *‹Weltgeschichte›* und ein Lehrbuch für Japanisch im Schlafzimmer Ulrikes unter. In den Regalen der Speisekammer, über sich eingemachte Erdbeermarmelade und Stachelbeerkompott, unter sich Haferflokken und Paniermehl, warten Bellamys *‹Rückblick aus dem Jahre 2000›*, Tagore, Ludwig Ganghofer und Thackeray auf angemessene Plätze. In der Mitte aufgeschlagen und dann auf den Kopf gestellt, dient Murgers *‹Bohème›* Gerhard als Tunnel seiner Märklin-Eisenbahn. Seine Mutter schiebt abends *‹Alice im Wunderland›* oder *‹Krieg und Frieden›* unter ihre Stehlampe. Ulrike hat *‹Die Kameliendame›* unter ihrer Leibwäsche versteckt, damit Gerhards Freund nicht darankommt, bis sie den Schmöker ausgelesen hat.

Vor dem Jungen ist nicht die älteste Scharteke sicher. Der kommt, sagt «Guten Tag», steigt vorsichtig über Bücherstapel, die bei Berührung Staubzeichen aussenden, schlängelt sich zur gläsernen Veranda durch. Er liest rundweg alles, was ihm in die Hände fällt. In einer Woche nacheinander des Freiherrn von Omptedas *‹Excelsior›*, Dahns *‹Kampf um Rom›* und *‹Die drei Musketiere›*, in der nächsten Kostproben aus den Flurregalen. Vergeblich versucht er, seinen in die Märklin-Eisenbahn vernarrten Klassenkameraden für das Schicksal des ritterlichen Quentin Durwald einzunehmen oder des unglücklichen Edgar, Herr von Ravenswood. Während Gerhards Eisenbahn in der *‹Bohème›* steckenbleibt, erlebt Heinz Zöger jenen unvergessenen Augenblick, in dem Jacob V., versöhnt mit Douglas, die Hände von Douglas' Tochter Ellen in die des tapferen Malcolm Graeme legt.

«Frau Bernschneider, gibt es noch mehr von Walter Scott unterm Altpapier?»

«Ich guck mal, Heinz.» Der versinkt nun in so harmlose Vergnügen, wie man sie mit *Daheim*-Jahrgängen erleben kann, bis seine Ohren eines Tages einen auffällig roten Glanz bekommen. «Mutti», ruft Johanna, «nimm dem Heinz doch mal den Sacher-Masoch weg!»

Sonnabends begegnen die Bewohner der Bülowstraße 13 dem Sohn der Witwe Zöger, zwei schwere Ledertaschen vollgestopft mit Büchern schleppend, Lesefutter für die nächste Woche. ‹*Die Flußpiraten des Mississippi*› hat er zwischen Hemd und Gürtel aus einem Antiquariat herausgetragen; alle anderen Bücher bei Bekannten und der Zögerschen Verwandtschaft ausgeliehen. In der zweiten Reihe, hinter den Klassikerausgaben, das hat er bald herausgefunden, steht bei manchen Leuten Halbseidenes, Schlüpfriges und Wüstes, das er verstohlen in die Tasche gleiten läßt. «Ich habe mir fünf Bücher mitgenommen. Nächsten Sonnabend komm ich wieder.» Nischt wie weg.

In der Schule glänzt er mit Kenntnissen über das Leben am Hof der Pharaonen. Sein Informant heißt Georg Ebers, ein Vielschreiber, ein Erfolgsautor, der Erzeuger von Nitetis, einer ägyptischen Königstochter, die nach über tausend Seiten Liebesleben und allerlei Intrigen auf Befehl des eifersüchtigen Perserkönigs Kambyses ermordet wird. «Oberflächl. Historizismus, der Menschen mod. Prägung e. hist. Kostüm umhängt», urteilt Wilperts ‹*Lexikon der Weltliteratur*› über Heinz Zögers Lieblingsautor. Bei Zögers gibt es zwar eine Besuchskartenschale, doch kein Lexikon.

Kaum ist der Junge mit den Schularbeiten fertig, wirft er sich in den Korbsessel am Fenster, legt die Füße über eine Lehne, nimmt ein Buch und liest. Wird es dunkel, liest er im Licht der Gaslaterne. Knipst Mutter im Wohnzimmer das Licht aus, liest er in der Küche. Vertreibt sie ihn von dort, liest er im Bett mit einer Taschenlampe.

Um Mitternacht sprengt um die Ecke Bülowstraße vorbei an Fleischer Nehrlich und der modernen Autowerkstatt der verwegene Gascogner d'Artagnan heran, wirbelt Mutters Wäsche, die zum Flicken auf der Nähmaschine liegt, mit seinem Degen durch die Luft, ob sich kein Feind darin verbirgt, und eilt nach hinten in die Küche, wo ihn, hereingeschleust von Heinz, Ben Hur und der Pfeifer von Hardt, der tapfere Mann aus Lichtenstein, erwarten. Zu viert löffeln sie Minna Zögers Sternchensuppe und beraten lange, wie sie jenes Oberschurken habhaft werden können, der Unkas, Coopers Flinken Hirsch, getötet hat. Man kann nicht flüchten? Doch man kann.

Du mußt jetzt vernünftig werden, Heinz! Laß deine Helden

allein ziehen, den Flinken Hirsch zu rächen. Es ist zu weit bis zu den großen Seen und Wäldern! Weinend winkt der Junge den kühnen Freunden seiner Kindheit nach. Leb wohl, Ben Hur, geliebter d'Artagnan, Pfeiffer von Hardt, leb wohl.

In der Bülowstraße kauft sich Landgerichtsrat Graf einen offenen Mercedes und das nötige Zubehör: Leinenkappe und Lederbrille, Pelzdecke und Kaschmirschal.

Vor dem Reichsgericht schwört der Führer der NSDAP, Adolf Hitler, die Weimarer Verfassung einzuhalten.

In Sellerhausen wird die Kanalisation gelegt.

Heftige Kursstürze an der New Yorker Börse haben eine Weltwirtschaftskrise ausgelöst.

Leo Trotzki wird aus der UdSSR ausgewiesen; das Luftschiff «Graf Zeppelin» umkreist die Erde; in den Friseursalons setzt sich die Dauerwelle durch.

Und an dem Tag, an dem die regelmäßige Funksprechverkehrsverbindung Berlin–Buenos Aires aufgenommen wird, findet der Junge in einem neuen Lieblingsbuch endlich den Freund, nach dem er sich schon lange sehnt. Gemeinsam wandern sie bei Mondschein am Bodensee entlang – nicht gar so weit entfernt von Leipzig wie die großen Seen Nordamerikas –, bleiben stehen und blicken sich schweigend in die Augen. Dann legt Manfred den Arm um seine Schulter, und sie gehen weiter. Heinz ist nun Vincent, genannt der Argentinier, ein vaterloser, fremder Knabe, einsam, bis er Manfred fand. Gemeinsam besuchen die beiden Jungen das Internat Schloß Heiligenstadt, idyllisch am Bodensee gelegen, ein «fröhliches, fürstliches Haus», das «sanft an den Hang des Berges gelehnt» und inmitten eines verwilderten Gartens «frohgemut auf Baum und Strauch und See schaut ... von Efeu und wildem Wein umschlossen». Die beiden «Freunde» sitzen gerade plaudernd in der großen Halle mit den vielen Büchern, nah dem Flügel und dem brennenden Kamin, als Minna Zöger in das Schloß stürzt. «Heinz, bei Bär & Hermann ist eine Stelle als Schriftsetzerlehrling frei.»

Traurig legt der Junge Peter de Mendelssohns ‹*Schmerzliches*

Arkadien› zur Seite, um sich bei Bär & Hermann zu bewerben. Man kann doch nicht flüchten.

1930 ist es schwer, eine Lehrstelle zu finden. Heinz hat Glück gehabt. Tante Lehmann, Auslegerin in einem Druckereibetrieb, kennt einen Meister; ein Personalchef zeigt sich beeindruckt vom Abgangszeugnis des Bewerbers – der Junge bekommt eine Lehrstelle in der Druckerei Bär & Hermann. Im ersten Lehrjahr erhält er 5 oder 6 Reichsmark wöchentlich. Die Hälfte gibt er zu Hause ab, den Rest kann er als Taschengeld verbrauchen. Auch Vierzehnjährige arbeiten 48 Stunden in der Woche. Schriftsetzer verdienen gut, ihr Berufsstand ist hoch angesehen in Leipzig – Minna Zöger ist zufrieden. Der Sohn weiß nichts Besseres zu werden. Immerhin hat Schriftsetzen zu tun mit Lesen.

Schon am ersten Arbeitstag fragen die Kollegen, ob er auch bei der Gewerkschaftsjugend angemeldet sei, und nur wenige Tage später, ob er schon zur Büchergilde Gutenberg gehöre und welchen Auswahlband er im nächsten Quartal bestellen wolle. Sie empfehlen Traven. Fast alle Setzer gehören der Sozialdemokratischen Partei an.

Hätte der Junge ihnen prophezeit, daß der Setzkasten, an den sie ihn jetzt führen – das Arbeitspult des Schriftsetzers seit fünfhundert Jahren – im Jahr 2000 im Museum stehen werde, daneben ein Kunststoffmensch, bekleidet mit ihrer blau-weißen Zunftstracht und zwischen den Kunststoffingern ein Schildchen «Handsetzer aus dem vorigen Jahrhundert – ein ausgestorbener Beruf» – die selbstbewußten Männer hätten ihn ausgelacht. Er lernt, gebrauchten Satz, die Buchstaben aus Hartmetall, in ihre Fächer abzulegen, die komplizierte Anordnung des Setzkastens zu begreifen: in der oberen Hälfte die Großbuchstaben und die Zahlen, zur Mitte hin die Spatien für die Zwischenräume, die Satzzeichen verstreut. Er muß, um die oberen Reihen zu erreichen, auf ein dickes Holzbrett steigen.

Heinz macht Botengänge in die Druckerei, die Stereotypie, das Magazin, bringt die Druckfahnen zur Drogisten-Zeitung. («Es geht bergauf / Nimm zur Begleitung / Sie hilft Dir, / Die

Drogisten-Zeitung.») In den Redaktionsräumen gegenüber vom Gewandhaus stehen die Redakteure vor Stehpulten, reden von Redigieren, In-den-Fahnen-Zusammenstreichen, von Korrekturen und Imprimatur. Aufgeregt steht er dabei, sperrt die Augen auf, damit ihm nichts entgeht, und weiß vom ersten Augenblick in diesen Räumen: Hierhin gehörst du! Redakteur – das ist es, was du werden willst!

Rechtzeitig zur nun erst getroffenen Berufsentscheidung seines Leipziger Verehrers hat Peter de Mendelssohn 1930 bei Philipp Reclam, ebenfalls in Leipzig, eine Fortsetzung von *‹Schmerzliches Arkadien›*, nämlich *‹Fertig mit Berlin?›* abgeliefert, in der der jugendliche Held aus dem Internat im Schloß zum hoffnungsvollen Volontär im Feuilleton einer Berliner Zeitungsredaktion aufgestiegen ist. Und dort geht es ungleich aufregender zu als in der Redaktion der Leipziger Drogisten-Zeitung: Es herrscht «pulsierendes Leben»; Türen werden geschmissen, Schreibmaschinen klappern, Klingeln rasseln, Botenjungen springen auf, laufen hier- und dorthin, sitzen in der Ecke. «Los, Kinder, Umbruch!» Die Redakteure hasten in die Setzerei. Ein großer Blonder brüllt: «Ich dulde nicht, daß soviel Übersatz weggeschmissen wird!»

Die Redakteure der Drogisten-Zeitung mögen abends geradewegs zu Frau und Kindern, in ihr gemütliches Zuhause eilen. Nicht so Oswald, unser Volontär. Aus der Redaktion eilt er zum Jour fixe, parliert im «Romanischen Café» über ein französisches Theaterstück, um schließlich in den Armen einer Diva, mit der er eine Aventure hat, einen Vers zu dichten und dann einzuschlafen. Heinz, der faszinierte Leser, ist mitten in der Pubertät, Mendelssohn, der Autor, kommt nicht wieder raus.

Zwar fehlt dem jüngsten Lehrling bei Bär & Hermann das Lässige, das Nonchalante seines Vorbilds in Berlin, zwar geht ihm das Weltmännische noch ab – doch nicht nur Oswald Laengfeldt, auch Heinz Zöger dichtet! Noch nicht in den Armen einer Diva, aber immerhin für Honorar: Delzer, der einzige Nazi in der Setzerei, zahlt für Zögersche Naturlyrik 50 Pfennig das Stück, um sie bei Familienfeiern als eigene vorzutragen.

Was Minna Zöger ihr Lebtag nicht gelingt, ihr Sohn hat es geschafft: Er ist über die Vorstadt Sellerhausen hinausgekommen in ein anderes Leipzig, in das weltbekannte Druckerviertel zwischen der Dresdner Straße und dem Täubchenweg. Wenn er morgens mit dem Rad zur Arbeit fährt, hört er schon von weitem das dumpfe Rollen der Flachdruckpressen, das Klirren der Setzmaschinen. Der Geruch von Papier und Druckerschwärze steigt ihm in die Nase. Dann radelt er vorbei an Schriftgießereien, an Klischee- und an Gravieranstalten, Buchdruckereien mit ihren verschiedenen Arten der Stein-, Kupfer- und Farbendruckerei, Papierballen, groß wie Findlinge, werden ausgeliefert, Druckbogen, hochgestapelt auf den Karren, von einem Haus zum anderen transportiert. Wertpapiere, Noten, Lehrbücher und Lexika, Landkarten und Briefmarken, medizinische Standardwerke – Bücher, Millionen von Büchern werden hier hergestellt, deren Manuskripte aus den alteingesessenen Leipziger Verlagen mit den großen Namen kommen: aus dem Bibliographischen Institut, von Brockhaus, Baedeker und Insel, Reclam, Rowohlt, Thieme ...

Im Bombenhagel des Zweiten Weltkriegs stürzt das Druckerviertel in einer Nacht zusammen. Die Stadt des graphischen Gewerbes, des Buches – dieses Leipzig wird, solange er lebt, seinem Herzen nahe bleiben.

DIE TOCHTER DES KREISAUSSCHUSS-SEKRETÄRS

Eka ist ohne Vater aufgewachsen. Drei Monate bevor sie auf die Welt kam, war der Kreisausschußsekretär Otto Assmus an einer verschleppten Rippenfellentzündung gestorben. Er wurde nur 42 Jahre alt.

Zu den ersten Wahrnehmungen des Kindes gehört das schwarze Kleid der Mutter. Es grapscht in ihr Gesicht, und in seinen Fingern fangen sich die nassen Tropfen, die der Mutter aus den Augen fallen. Wie andere Kinder Lachen, ahmt dieses Schluchzen nach. Aus dem Trauerjahr wird ein Jahrzehnt mit Gedenktagen und Zeremonien, die alljährlich ihren Höhepunkt am 14. August erreichen: Vaters Todestag. An diesem Tag darf nicht gearbeitet werden. Das Fremdenheim, das Schwandtsche Erbe, das Mutter nun verwaltet, wird für zwölf Stunden Lenchen, Ellas Schwester, übergeben. Die Witwe Assmus, schwarz gekleidet, zieht der Tochter das Weiße an, mit bunten Streublümchen bestickt, oder das Zartrosa mit den vielen Volants, setzt ihr eine weiße Leinenkappe mit hochgeschlagener Krempe auf und wandert mit Eka hinaus aus dem Ort zum Friedhof. Dort wird das am Vorabend gepflückte Erikakraut auf Vaters Grab gestellt, rote und weiße Eisblümchen, Efeu und die Buchsbaumhecke werden frisch gegossen, die Wege um das Grab geharkt. «Sieh dich vor! Mach dich nicht schmutzig!» Harken, harken – als sei dies das erste Wort der Friedhofsordnung; harken – als lägen die Toten ruhiger unter frisch geharkter Erde – harken: Bewegungstherapie für Witwen an den Grabreihen ihrer Männer.

Nach dem Friedhof dann der Ausflug: Zu Fuß hinauf zum Jägersberg, wo es auf dem Spielplatz des Cafés Schaukel, Rundlauf, Wippe und im Wald dahinter Blaubeersträucher, voll mit reifen Beeren gibt. Mit der Droschke zum Forsthaus Fangel am Rand der Krebsseen, zum «Idyll am Wolgastsee», Pflaumenkuchen essen. Oder mit dem Motorboot nach Misdroy zum nah dem Strand gelegenen buchenumstandenen, siebenbuchtigen, geheimnisvollen Jordansee mit den weißen Wasserrosen, die mit ihren langen Wurzeln Menschen hinunter auf den Grund ziehen wollen. Der alte Mann rudert seine Gäste in alle sieben Buchten und erzählt dabei die Sage von der Seeräuberbraut, die hier im Wald ihren Utkiek, Stinas Utkiek, hatte und dort weit hinaus blickend aufs Meer nach Störtebeker Ausschau hielt.

Nachdem sie alle Ausflugsorte für diesen sommerlichen Totenfesttag kennt, wandert Eka am liebsten mit der Mutter vom Friedhof zu der Wiese nah dem Hohlweg, der nach Korswandt führt, setzt sich dort mit ihr am Waldrand nieder und betritt entkleidet als nackte Waldelfe die Wiese, um zeit- und selbstvergessen in Posen mit verrenkten Gliedern zu verharren, sich in abwechselnd kurzen und langen Tanzschritten, durchsetzt mit hohen Hüpfern, zu bewegen, den Kopf zurückgeworfen, die Arme in den Himmel hochzustrecken oder mit den Händen schwungvoll Gräser auszurupfen, um sie anmutig ins Haar zu stecken.

Trauer, lernt das Kind, kennt viele Ausdrucksformen: Das Verstummen und den Ausbruch, Zeremonie und Alltag, die Erschöpfung, Sucht nach Alleinsein und nach Menschen. Das Kind, umgeben von Trauer, trauert doch nicht mit. Es kennt den Menschen nicht, um den die Mutter weint und dessen Platz es einnehmen soll.

Die Fünfjährige sitzt auf dem Stuhl des Vaters, trinkt aus seinem Glas, ißt von seinem Teller, schläft in seinem Bett. Da liegen nun Kind und Mutter unter seinem Bild, kriechen unter eine Decke, flüstern miteinander, wärmen sich gegenseitig, schlafen ein im Arm des anderen. Ehebetten ohne Ehe. Ein Schlafzimmer ohne Mann: In den Schubladen der Waschkommode liegen Haarnadeln, lange schwarze, mit denen man im Sommer Obst entkernt, Strumpfbänder, Ösen, Haarschleifen in Rot und Rosa, Samtreste, glatte und gewellte Lockenscheren, die man in der Gasflamme fürs Ondulieren wärmt. Hinter Glas in der Vitrine der Rasierpinsel des Toten. Es riecht nach Franzbranntwein, den die Tochter der Mutter auf den kranken Rücken reibt. In den Schränken keine Unterhosen, keine Herrensokken, Hosenträger, Schnurrbarthalter. Wie mag ein nackter Mann aussehen?

Es ist etwas Besonderes, ein vaterloses Kind zu sein, ein kleines Mädchen, dessen Vater starb, noch ehe es geboren worden war. Die Mutter liebt das Kind abgöttisch. Es wird mehr umsorgt als jedes andere. Als auch die Tochter am Rippenfell erkrankt, setzt die von Panik erfaßte Mutter durch, mit ins Krankenhaus zu ziehen, um ihre Eka selbst zu pflegen. Wieder mit dem Kind zu Hause, schlägt sie täglich Zuckerei ins Glas, läuft nach dem feinsten Zander und brät zarte Täubchen, damit Ekalein zu Kräften kommt.

«Das Kind wächst ohne Vater auf», sagen mitleidsvoll Bekannte – Leute, die nicht ahnen, daß Otto Assmus seinen Hinterbliebenen allgegenwärtig blieb. «Ach, Kind, wenn das dein Vater sehen könnte», sagt die Witwe, wenn Eka auf der Wiese tanzt. «Das hätte Papa nie erlaubt» - ein Synonym für Nein, unwiderruflich. «Dein Vater könnte heut noch leben», so beginnen die Berichte über den kurzen Krankheitsverlauf, das Versagen des Arztes, den Wortwechsel mit ihm.

Verwandtenbesuch vergeht mit umständlichen Erinnerungen: «Und weißt du noch, Ella, wie wir am frühen Morgen von dem Vergnügen in der ‹Tannenburg› nach Hause kamen? Lisbeth war dabei, Karl Gurlé, Lenchen – ja, wer noch? Otto setzte sich auf die Holzbretter der Seebrücke, ließ die Beine baumeln und begann laut zu singen. Du, was sang er noch? – Ja, richtig! Was frag ich viel nach Geld und Gut, wenn ich zufrieden bin ... Was war das ein Hallotrie! Was haben wir gelacht! Dein Vater war ein so fröhlicher Mensch, mein Kind.»

Vaterlose Kinder kennen ihre Väter durch die manischen, nicht enden wollenden Erzählungen der Mütter, der Onkel und der Tanten, und sie gedenken ihrer Väter als Verklärte, als Idole.

Otto Assmus war «die Liebe und die Güte selbst», den alten Eltern «Halt und Stütze ihres Lebens», seiner Frau «der liebevollste Gatte», ein mitleidsvoller, hilfsbereiter, liebenswürdiger, zartfühlender Charakter.

Eka versucht, eine eigene Beziehung zu dem toten Mann zu finden. Dabei helfen ihr jene spärlichen Erzählungen der Mutter, in denen von den Schwierigkeiten ihres Mannes die Rede ist, von jenem Teil seines Wesens, der ihr ganz fremd und ihrer Tochter so nahe, so verwandt ist: Vater hatte Angst.

Vater hatte Angst? Kaum glaublich! Wie erfolgreich hat sich dieser aus der Art geschlagene Sohn eines hinterpommerschen kleinen Viehhändlers durchgeschlagen! Während der zwölfjährigen Militärzeit macht der Volksschüler in Abendkursen sein Abitur, gibt anderen Soldaten Fernunterricht in Mathematik, Geschichte. Im Bücherschrank liegen Ansichtskarten vom Dogenpalast in Venedig und dem Haus am Frauenplan in Weimar, vom Mailänder Dom und Sanssouci, die der Junggeselle auf Bildungsreisen gesammelt hat. Erst mit 37 Jahren heiratet Otto Assmus die um dreizehn Jahre jüngere Ella Schwandt und bezieht mit ihr eine kleine Wohnung am Kurpark in der Kreisstadt Swinemünde, wo er auf dem Landratsamt beschäftigt ist. Dreimal in nur fünf Ehejahren zwingt er seine junge, unerfahrene Frau, nach Berlin zu fahren, um abtreiben zu lassen.

«Glaub mir, Ella, denn du kennst das Leben nicht! Die Menschen sind zu schlecht, um Kinder in die Welt zu setzen!» Abends nach dem Dienst werden Beispiele genannt: «Da kommt doch dieser ... und verlangt von mir ...!»

«Aber Otto, warum hast du dich nicht gewehrt?»

«Glaub mir, Ella ...»

«Aber Otto, du darfst nicht so empfindlich sein!»

Otto Assmus hat sich eine Frau gesucht, der die Unschuld und die Sehnsucht nach der großen Liebe in den schönen blauen Augen geschrieben stehen und die doch zugleich so aufgeweckt und neugierig auf alles ist, daß sie, nie ermüdend, von Michelangelo und Goethe, Napoleon und Bismarck hören mag. Und da sie wie ihre Mutter stark und lebenstüchtig ist, besteht sie darauf, und zwar ein halbes Jahr bevor ihr Otto stirbt: «Diesmal wird nicht abgetrieben!» So kommt Eka auf die Welt und wird empfindlich wie der Vater, teilt seine Furcht vor Verwundungen durch Menschen.

«Eka, was weinst du dauernd?» Das Kind befindet: Die Welt ist umheimlich und angsterregend. Umheimlich ist, wenn die großen schwarzen Nebelkrähen an Herbst- und Wintertagen in den hohen Kiefern krächzen, den Wind, den Sturm anzeigen, gegen den nicht anzukommen ist, der das Meer aufwühlt und durch alle Fensterritzen kühle Nässe bläst. Ängstlich liegt Eka nachts im Arm der Mutter, lauscht dem Nebelhorn, hört Eis bersten, Schiffe tuten, Stalltüren schlagen. Der Wind, die Feuchtigkeit, der Nebel – nichts wird mit der Zeit vertraut.

In anheimelnden Dämmerstunden hinterm Ofen, beim Märchenlesen vor dem Schlafengehen versucht die Mutter, zu beruhigen, zu trösten. Sie legt Bratäpfel in die Röhre, später dann Kastanienbeutel, die im Bett die Füße wärmen sollen, und liest vom kleinen Muck vor, auch vom Gänseliesel und die unvergessenen sieben Geschichten von der Schneekönigin, deren Schloß mit Wänden aus stiebendem Schnee, Fenstern aus schneidenden Winden und Sälen, groß, leer, eisig und gleißend, ganz in der Nähe liegen muß.

Umheimlich sind dem Kind die augenlosen Porzellanköpfe der Puppen im Schaufenster des Friseurs. Angsteinjagend sind die alten Männer, die in Hausfluren, hinter Fischerbuden in den Dünen kreischenden jungen Frauen auflauern und sie drücken und küssen. Furchtsam nähert sich das Mädchen dem Luftschacht auf dem Grab Karl Priems, aus dem auf ihr «Hallo, Karl!» nie eine Antwort kommt, und sucht nach Gräbern, aus denen Hände wachsen sollen. Umheimlich bleiben die langen Leichenzüge, in denen die Männer aus den Hausfluren und Fischerbuden in Gehrock und Zylinder schweigend und gemessenen Schrittes dem Sarg und den Vereinsfahnen folgen.

Spaß macht Oblatentauschen, Stelzenlaufen, in die Kronen der alten Kastanienbäume klettern und zusehen, wie die Gärtnersfrau rosarote Kreppmanschetten mit handgedrehten Borten um die Blumentöpfe windet.

Doch wenn es dunkel wird, dann kommt die Angst. Sie sitzt dem Kind im Nacken, wenn es an Winterabenden die Strandstraße entlanggeht, rechts das Meer, links die menschenleeren großen Kästen der Pensionen und Hotels mit den Holzverschlägen vor den Fenstern. Lauert Störtebeker in den Dünen, um sein Opfer in den tiefen, halb mit Laub gefüllten Erdtrichter, die nahe Störtebekerkuhle, zu verschleppen? Weht mit dem Wind der Geist des toten Onkel Gottlieb durch die Luft?

Eka kommt es vor, als sei sie mit der Angst geboren worden und müsse damit leben, bis sie stirbt. Wieviel Energie hat sie durch diese Angst verloren? Wieviel Energie durch ihre tausendfache Überwindung erst gewonnen?

Doch hält die Angst das Kind nicht davon ab, auffallen und sich produzieren zu wollen. Mit fünf gefällt Eka die Idee, Tänzerin zu werden. Vor Weihnachten gelingt es, eine ältere Freundin aus der Nachbarschaft zu überreden, mit Eka einen «Spitzentanz der Engel» einzuüben. Dann werden die Schwestern Meier, die im Hause wohnen, sowie einige Tanten zu einer Vorführung geladen, doch auch informiert, daß die Sache Eintritt kostet; Bonbons und Schokolade, die beim Eintritt abzugeben sind.

Frau Meier spielt auf dem Klavier «O du fröhliche». Dann erscheinen die Tänzerinnen mit um den Leib geschlungenen Tüllgardinen und zwischen ihren Schultern festgesteckten goldenen Engelflügeln, stellen sich auf Zehenspitzen und trippeln längere Zeit, Weihnachtslieder singend, umeinander rum. Schluß. Verbeugung – Ovation!

Jetzt traut Eka sich mit ihrer Kunst auf den Ahlbecker Konzertplatz. Da sieht man, wie sie sich an Sommertagen, wenn die Kurkapelle spielt, vor den Badegästen mit leicht geschürztem Röckchen dreht. Und wieder: Verbeugung – Ovation!

Nach so viel Erfolg dann der Triumph beim großen Kinderfest in der «Strandterrasse». «Preistanzen! Die Paare bitte aufs Parkett!» Eka greift sich Carmen: «Los! Komm! Wir machen mit!» Die Paare drehen, schieben, schubsen sich, das Preisgericht schickt eines nach dem anderen von der Fläche. Zunächst werden es die beiden gar nicht recht gewahr, dann erkennen sie, daß die Konkurrenz nur noch aus drei anderen, und zwar gemischten Paaren besteht: Badegastkinder. Jetzt legen sie noch einmal richtig los. «Auf Zehenspitzen», flüstert Eka, weil sie das für tänzerische Vollendung hält. Sie wiegen sich und wirbeln, reißen ihre rechten Arme rauf und runter, legen ihre Backen aneinander – Tusch! Sie sind die Sieger – Sieger*innen*! Tanzen eine Ehrenrunde, alles klatscht natürlich, steigen zur Preisverleihung auf die Bühne – nun ist Eka sicher, eine berühmte Tänzerin zu werden.

Zum Ende des ersten Schuljahrs fragt die Lehrerin Conradt, welches der Kinder denn schon wisse, was es später werden wolle? Gleich ruft Eka: «Ja, ich weiß es! Tänzerin!»

Kichert da nicht einer?

Zu Ekas Erstaunen geht Frau Conradt auf die Neuigkeit nicht weiter ein, sagt etwas von «Fortfahren im Unterricht». Komisch. Wieder Kichern. Und jetzt ruft der Sitzenbleiber Tüter-Johann von hinten aus der letzten Reihe: «Mensch, dat jeiht ja jor nicht!»

«Ruhe!» ruft Frau Conradt. «Ruhe, Kinder!»

«Mensch, warum denn nich?»

«Na, Mensch, wejen dine krummen Been!»

Frau Conradt schlägt nun vor, daß alle Kinder ein schönes Lied singen sollen ...

«Knallkopp», stammelt Eka, und nochmals in Richtung zu Johann, «du Knallkopp, du!» Dann reißt sie ihren Tornister aus der Bank, läuft aus dem Klassenzimmer, rennt durchs Dorf nach Hause, bis ins Schlafzimmer, bis vor den großen Spiegel. Ella Assmus findet ihre Tochter schluchzend übers Bett geworfen.

Heute hat in Ekas Wohnung ein Püppchen seinen Ehrenplatz: eine kleine, Spitze tanzende Primaballerina aus Porzellan mit rotem Haar.

Als Eka sich von ihrem Schock erholt hat, gefällt ihr die Idee, Badegastkind zu werden, genauer, als ein solches Kind zu gelten. Schließlich kann sie so gut berlinern und beherrscht auch so perfekt das Sächsische, daß es möglich sein sollte, je nach dem Verlauf der großen Ferien im Juli ein Berliner und im

August ein sächsisches Badegastkind zu mimen – wenn nicht, ja, wenn nicht diese Sommersprossen wären.

Diesmal sieht Eka selbst das Hindernis, oder meint doch, es zu sehen, und ist entschlossen, bevor noch andere darauf kommen, es selber aus dem Weg zu räumen. In ihren Augen sind Badegastkinder weiß, wenn sie kommen, und wenn sie gehen braun, doch nicht wie sie immerfort gesprenkelt. Die Sommersprossen müssen weg!

Im Reklameteil der *Koralle* entdeckt Eka das geteilte Antlitz einer ondulierten Dame, links mit Sommersprossen, rechts ganz ohne. Das hat die Creme «Schwanenweiß» bewirkt. Doch weigert sich die Mutter, dafür drei Reichsmark auszugeben, und empfiehlt statt dessen das Naturbleichmittel Gurkensaft, das, auf Stirn, Nase, Backen aufgetragen, Wunder wirken soll. Eka quetscht für weit mehr als drei Mark Gurken aus, spritzt sich zuletzt den Saft mit einer Sprengdose fürs Plätten ins Gesicht – ihre Sommersprossen sind gegen Gurkensaft immun. Nur noch ein Wunder kann jetzt helfen.

Mutter Dicksch, zuständig für Wunder ohne Honorar, empfiehlt, den Vollmond anzubeten, doch muß er grad beim Abnehmen sein. Obwohl sie sich sehr grault, wandert Eka um Mitternacht im Nachthemd an den Strand, kniet beim abnehmenden Monde nieder und murmelt den zurechtgestutzten Zauberspruch: «Mond ick klog di / dei Sommersprossen plogen mi / dat sei sall mi verloten / und di umfoten.» Dann bekreuzigt sie sich dreimal und geht den ganzen Weg, und zwar rückwärts, in ihr Bett zurück. Am nächsten Morgen ähnelt sie weiter der linken Hälfte der *Koralle*-Frau. «Da hilft jor nix», sagt Zirp Meissner, «dat is Möwenschiet.»

Zu Pfingsten muß sich zeigen, ob Eka auch mit Sommersprossen Badegastkind sein kann. Zu Pfingsten kommen die ersten Gäste. Vor dem Bahnhof stehen zu ihrem Empfang im geordneten Spalier: vorn die Droschkenkutscher und die Hausdiener der besseren Pensionen und Hotels, dann die Wirtsleute, die Stammgäste erwarten, und ganz hinten ein paar alte Frauen, die Gäste kapern wollen. Der Stimmungskünstler Addi Münster, der den Sommer über in der «Taverne ahoi» auftritt, hebt seine schweren Koffer in den Handwagen, mit dem Hänschen ihn erwartet hat. «Na, denn mal los, mein Junge!» Es ist soweit: Die Saison beginnt.

Eka stülpt sich einen Riesenstrohhut über, dessen lange Krempe mit den Zotteln als Verzierung die Sommersprossen und die Sicht verdeckt, schlüpft in ein rosa Makohöschen und läuft so oben ohne barfuß an den Strand. Dort entscheidet sie, sich zunächst einmal an der Frühgymnastik für die Sommergäste zu beteiligen, läuft nah dem Wasser vorbei an den Fischern, denen sie wie eine unkundige Berliner Göre in die Flunderkisten schaut, vorbei an Kindern, die in den Badekappen ihrer Mütter Quallen sammeln und denen sie, ein Großstadtkind nachahmend, «I gitt, igitt» zuruft. Bei der Gymnastik stellt sie sich unerkannt mitten unter die turnenden Feriengäste, bewundert Männer, die, Ringern ähnlich, schwarze, an den Beinen angeschnittene Anzüge mit Riesenlöchern an den Seiten tragen, beneidet Damen, die nach dem Sportvergnügen wieder in ihre geblümten langen Strandanzüge schlüpfen, mit dem tiefen Rükkenausschnitt und den rockweiten Beinen ein Modeschlager der Saison.

Unten am Wasser laufen die Segler rum: Tucker Tiews, Miteigentümer der «Diana», Perle Pirwitz von der großen «Toska» mit den zwanzig Sitzen, Otto Nagel, der Besitzer der «Charlotte» mit dem roten Agfa-Segel, und Ekas Freund, Huck Malzahn von der «Adria». «Eine Stunde in See für nur eine Mark!» Wer mitsegeln will, hüpft entweder selber durch das Wasser bis zum Bootsrand und schwingt sich da hinüber oder beginnt die Stunde in See auf den Armen von Tucker, Perle, Huck und ihren Helfern – gedacht als zusätzliches Vergnügen für Damen, denen Huck, geschäftstüchtig und als Frauenheld berüchtigt, sie zum Bootsrand tragend, schnell noch zuflüstert, wie romantisch die Mondscheinfahrt der «Adria» erst sei. Umsonst und unerkannt segelt Eka nun mit Huck in See.

Das macht es manchmal schwer, die Rolle durchzuhalten: Eka weiß zuviel. Sie weiß, was ein Badegastkind nicht wissen kann: Von Hucks Bräuten aus Zittau, Altdamm und Delitzsch, die in Haus Schwandt absteigen, weil die «Adria» gerade runter liegt, und die bei Mutter in der Küche weinen: «Huck muß weg vom Strand, den Weibern und dem Suff.» Aber da bring mal einer Huck von weg.

Eka könnte neuen Badegästen viel erzählen, was sie interessieren würde: vom Trumpf-Flugzeug, das Schokolade abwirft, oder vom Gasableser, der jetzt als Eisbär bei Schorsch, dem Fotografen, tätig und am Umsatz mitbeteiligt ist. Doch Eka hütet sich vor solchen Reden; es könnte jemand meinen, sie sei ein Mädchen aus dem Dorf.

Jetzt hat sie sich in eine Badegäste-Burg einladen lassen, spielt mit den Kindern über leere Burgen hinwegfegend hinter Strandkörben Verstecken, führt vor, wie lange sie im Sand kopfstehen kann, und dann beschließen alle, sich gegenseitig einzugraben, hoch bis zum Hals den Sand zu schippen, damit nur noch der Kopf zu sehen ist. Da liegen sie nun, nah den Dünen an einer Stelle, von der man über den Strand hinweg bis zum Meer sehen kann. Durch die Burgen zieht der Eismann und klatscht mit einem Spachtel für 'nen Sechser grünes Waldmeister auf die Waffeltüte. Über die Dünen hinter ihnen streicht der Hundekitscher und steckt Hunde ohne Steuermarke in den Sack. Durch den Muschelstreifen nah dem Ufer stakt Schorsch, der Fotograf, im Arm den alten Fotokasten mit dem schwarzen Tuch, dem langbeinigen Gestell, hinter sich den Gasableser in seinem Eisbärfell.

Vom Kirchturm schlägt es zwölf Uhr mittags. Oben auf den Dünen erscheint eine Frau in schwarzem Kleid und weißer Küchenschürze, blickt suchend über den Strand, sieht den Kopf des Kindes und nimmt die Hand zum Mund – – Ach, würde jetzt doch ein Orkan Strandkörbe umwerfen, Burgen überschwemmen, Stimmen verwehen! Doch das Meer liegt im Mittagsglast fast unbeweglich da, und bis hin zum nahen Heringsdorf schallt der Furienruf der Mutter: «Eka! Abtrocknen kommen!»

Am Strand erstarrt nun alles Leben. Wer eben noch badete, Ball spielte, Burgen baute, hält inne und wendet sich den Dünen zu. Hunderte von Badegästen blicken abwechselnd zur Mutter und der Tochter, flüstern sich gegenseitig zu: «Also doch kein Badegastkind! Eine Einheimische! Ich hab's mir gleich gedacht!»

Und so zerplatzt beim Schlag der Kirchturmuhr in der Mittagssonne überm Strand auch dieser schöne Traum.

Anfang September fahren die letzten richtigen Badegastkinder mit ihren Eltern ab, und das falsche bleibt allein zurück. Die Strandkörbe laufen jetzt auf dem Rücken ihrer Eigentümer zurück in Schuppen und Garagen. Mit Brettern vernagelt werden die Fenster der großen Hotels und der Erholungsheime; vor der Seebrücke bleibt die Normaluhr stehen. Krachend fallen die Kastanien auf den Boden. Nur die Gemeindeschwester Geissler, allen Schulkindern wegen ihrer Jagd auf Kopfläuse verhaßt, geht noch bis November baden.

Die Mutter hat nun Zeit, mit ihrer Tochter nachmittags ins Swinemünder «Capitol» zu fahren, um neue Filme mit Pat und Patachon, Anny Ondra, Hans Moser, Theo Lingen und Magda Schneider anzusehen. Am nächsten Tag berichtet Eka ausführlich Mutter Dicksch den Handlungsablauf und streitet mit ihr heftig über das Entstehen von Kinofilmen. Sie selbst vertritt die Meinung, daß die Mitwirkenden im «Capitol» auf ihren Auftritt hinter den Lichtröhren seitlich von der Leinwand warten, und da dies nahe der Toilette sein muß, eilt sie in der Pause immer gleich dorthin, um mal einer Diva zu begegnen. Mutter Dicksch behauptet, daß Kinomacher abscheuliche Verbrecher sind, die, nur damit andere Vergnügen haben, nicht davor zurückscheuen, Menschen in den Tod zu jagen.

«Aber die sterben ja nicht wirklich!»

«Na, was denkst denn du?»

«Das wird ja nur gestellt.»

«Gestellt? So was gibt's ja gar nicht. Nein, mein Kind, wer stirbt, der stirbt.»

Aber da Eka Mutter Dicksch seit der mißlungenen Mondanbeterei mißtraut, spielt sie mit der Idee, Filmschauspielerin zu werden und mit langen Röcken in Kostümfilmen aufzutreten.

Woher hat das Kind den Drang, unbedingt etwas Besonderes sein zu wollen? Vom Vater? Oder doch nicht eher von der Kolonistensippe? Alle fünfzig Jahre bricht von denen mal einer aus:

als Missionar nach Tabukan, um Malaien aus der Bibel vorzulesen, nach Meiningen, um dann als Hofschauspieler auf Besuch zu kommen, nach Kanada, um eine Schweinezucht zu gründen. Zu den aus der Sippe Ausgebrochenen gehört auch Ekas Idol, Frieda, das «Stimmphänomen», das sich den Künstlernamen von der Henn gegeben hat. Allerdings spricht die Verwandtschaft mehr über deren Affären als über deren Kunst. Berühmt geworden ist Frieda durch die Wette mit einem Millionär: Sie sang für ihn im Löwenkäfig – und hat die Tiere dabei so verängstigt, daß keines ihr zu nahe kam.

Die Leute sagen, Frieda sei ein Original. Und über Originale, das hat Eka bald heraus, wird im Dorf gesprochen. Kopfschüttelnd über das mistfahrende Mannweib Minna, das nur Männerkleidung trägt und sonntags ein Weib mit falschen Wimpern und einem wackelnden dicken Mors ausführt; empört über Spatz, der in seiner Jugend eine Bank aufbrach, um sich einen Nerz zu kaufen, seiner toten Frau im Sarg Maulschellen haute, weil sie ihn enteignet hatte, und ständig Schwangere im Dorf belästigt, weil er ihren Urin als Haarwuchsmittel braucht; mitleidig über den alten Sollert, der sich als Admiral sieht und sich selbst ein Denkmal setzte: Findlinge, auf denen eine ausgestopfte Möwe sitzt, und in ein lackiertes Holzbrett in der Denkmalsmitte «Admiral Sollert» eingebrannt.

Eka möchte auch ein Original sein. Natürlich eines, über das die Leute staunend und bewundernd reden – wie über Alwine Pirwitz, Ahlbecks Leichenfrau.

Wenn der Doktor keinen Rat mehr weiß, rät er, die olle Pirwitz aufzusuchen. Mit dem Schleim der schwarzen Wegschnecke beseitigt sie die größten Warzen, bespricht bei Menschen Gürtelrose und den Rotlauf bei den Schweinen und heilt so manches Leiden einfach dadurch, daß sie, Sprüche murmelnd, mit ihrem Trauring über kranke Stellen streicht. Stuti Gamradt, der den Schluckauf hat, nimmt sie nachts mit in die Leichenhalle, streicht mit seiner Hand über einen aufgebahrten Toten und prophezeit, daß dieser nun Stutis Schluckauf mit ins Grab nehmen werde. Von Alwine Pirwitz erzählen sich die Leute Wunderdinge. Die Leichenfrau kann nicht nur heilen, «se süht uk wat». Sie sieht Ertrunkene, noch ehe sie gefunden werden, Verunglückte im Augenblick des Unglücks, den Selbstmörder Onkel Gottlieb, wie er an der Gardinenstange hängt. Alwine Pirwitz sieht, was andere nicht sehen, sieht hell und in das Totenreich. Aber das Unheil überm Dorf, das sieht sie nicht.

In Ahlbeck bleiben die Badegäste aus. In den Häusern der Priems, Meissners, Schwandts stehen in der Saison wie überall im Ort die Zimmer leer. Selbst Stammgäste aus Berlin und Dresden schreiben wegen der schlechten Zeiten ab. Viele Pensionsinhaber wissen nicht, wie sie die fälligen Steuerraten und Hypothekenzinsen aufbringen sollen, beantragen Stundungen, laufen nach Krediten. Im Hausbesitzerverein schlagen die Inhaber der Pensionen «Bismarckhöhe», «Germania» und «Teutonia» vor, die Bettenpreise auf 80, ja 50 Pfennig zu senken. Ella Assmus wehrt sich gegen solche Schleuderpreise, bis sie miterlebt, wie im Heringsdorfer «Stephani» in ein paar Stunden das gesamte Mobiliar zwangsversteigert wird: außer Zimmereinrichtungen, Bettwäsche Töpfe und Geschirr, Papierkörbe, Kochmützen, Eisbecher, buchstäblich alles nicht Niet- und Nagelfeste. Und zwischen den zu Bergen aufgetürmten Gegenständen läuft verwirrt ein Mann umher: ein laut jammernder Portier, ein Neger in Livree.

«Ella, hast du schon gehört?» ruft eines Tages Ida Müller, die Frau des pensionierten Militärtrompeters, übern Gartenzaun. «Sie haben wieder die Pensionen gekürzt!» – jene kleinen Beamtenpensionen, die fürs Durchkommen so wichtig sind, wenn im Sommer nicht genügend Gäste kommen. «Was soll bloß noch werden?»

Ungleich mehr als «die am Strand», die Bürger, die Pensionsbesitzer, leiden «die im Dorf», die Arbeiter und Fischer. Wenn die Witwe Assmus zum Friedhof hinterm Bahnhof geht, muß sie vorbei an Knüppels Bude in der Lindenstraße. Dort stehen von morgens bis abends Scharen von Arbeitslosen. «Sie lungern da herum», sagen «die vom Strand». Manche stehlen nachts Holz und wildern. Ihre Familien haben nicht genug zu essen. Die Mütter schicken ihre Kinder zu Kaufmann Hauffe und zu

Bäcker Tetzlaff, und wenn es ans Bezahlen geht, müssen sie den immer gleichen Spruch hersagen: «Meine Mutter läßt bestellen, daß Sie anschreiben möchten.» Doch wenn zum Monatsende das Angeschriebene nicht beglichen ist, kommen die Kinder mit leeren Taschen von Tetzlaff und von Hauffe heim und müssen ohne Frühstück in die Schule.

Als der Schularzt feststellt, daß ein Drittel aller Kinder nicht ausreichend ernährt ist, beschließt der Ahlbecker Gemeinderat, Schulspeisungen einzuführen. Für 5 Pfennig täglich – Arme sind befreit – bekommen die Kinder in der großen Pause Linsen- oder Erbsensuppe, Nudeln oder Bohneneintopf in die mitgebrachten Töpfe.

An kalten Wintertagen stehen Nachbarskinder schon am frühen Morgen vor der Haustür und warten, bis Tante Ella aufschließt und sie zum Aufwärmen an den kleinen Ofen läßt. Ihr Vater, Malermeister Meissner, genannt Zirp, bekommt seit einem Jahr keinen Auftrag mehr. Wer läßt jetzt schon Häuser oder auch nur Stuben streichen? Schmiedemeister Schmidt versucht, wenigstens das Geld aus unbezahlten Rechnungen einzutreiben. Mit einem ganzen Bündel schickt er seinen Ältesten durchs Dorf. Gutwillige rücken zwei, drei Mark heraus. «Mer häv ick nich, min Sohn.»

Zu den Handwerkern im Dorf, die die Wirtschaftskrise in den Ruin zu treiben droht, gehört auch Lenchens Mann, Ellas Schwager, Ekas Onkel Hans, der Schlossermeister. Dem jungen Ehepaar mit Hänschen, seinem kleinen Sohn, geht es so erbärmlich, daß Ella Assmus ihnen jede Woche ein Stück Margarine schenkt oder ihrer Schwester ein paar Mark zusteckt. Schließlich erklärt sie sich auch einverstanden, daß Hans seine Schlosserei, weil er woanders die Miete nicht mehr zahlen kann, auf den Hof des Schwandtschen Grundstücks verlegt. Und damit kommt der Krach, kommt die Politik in Haus und Hof und bestimmt fortan das Schicksal der Bewohner. Hans ist Nazi.

Die Schwestern Schwandt reagieren auf Politik ganz unterschiedlich. Lenchen, die Frau des Schlossermeisters, hält sich an die Tradition. Wie die Heesters meint auch sie, Politik sei Männersache. Während Hans sich für seinen Führer echauffiert, sorgt sie für Hänschen – und tut gut daran. Denn ihre Indifferenz, ihr politisches Desinteresse, ihr Nichtmitmachen bei den Freunden des Schlossermeisters haben zur Folge, daß sie am Ende, als einzige unbelastet, wenigstens die Hälfte des Schwandtschen Erbes rettet.

Ella hingegen bricht mit der Tradition. Sie läßt sich auf Politik ein. Ein Mann, dem sie vielleicht das Urteilen überlassen würde, ist nicht da. Also muß sie sich selber eine Meinung bilden. Denn so viel hat sie begriffen: Wie die Saison sein wird, ob Gäste wieder kommen oder weiter ausbleiben werden, das «Haus Schwandt» erhalten oder eines Tages zwangsversteigert werden wird – die Zukunft des Badeortes und der Familie hängen von der Politik in diesen Jahren ab. Und selbst wenn Ella Assmus es gern wollte – sie kann der Politik nicht aus dem Wege gehen. Sie hat sie schon im Haus.

Eines Morgens kommt sie auf den Hof zum Hühnerfüttern und erblickt an der Tür zur Schlosserei des Schwagers ein großes, mit roter Farbe gemaltes Hakenkreuz.

«Was soll denn das hier, Hans?»

Die Schwägerin ist schockiert. Ihr geht es nicht so sehr ums Hakenkreuz; es geht ihr ums Prinzip. So etwas ist nicht üblich in «Haus Schwandt». Hier wird, wenn alte Gäste kommen, reelle Leute aus Berlin, zur Begrüßung die blau-weiße Pommernfahne im Vordergarten hochgezogen, aber hier wird doch nicht, dazu noch öffentlich, mit roter Farbe an den Wänden, Politik gemacht! Weder für Hitler, diesen umstrittenen Außenseiter, noch für Hugenberg, Brüning oder sonstwen!

«Ella, du wirst mir später dankbar sein! Laß Hitler erst mal an der Macht sein!»

Lächerlich, absurd und lächerlich! Sie soll diesem soviel jüngeren Mann, der ihrem Otto nicht das Wasser reichen könnte, dankbar sein? Und: Hitler an der Macht? Das hält sie für ganz unwahrscheinlich. Diese Nazis sind als Radaubrüder bekannt. Niemand, auf dessen Urteil Ella Assmus etwas gibt, wählt Hitler.

«Hans, die Kleckserei verschwindet hier!»

Die Witwe hätte sich wohl durchgesetzt, wenn nicht zwei Ereignisse sie davon abgehalten hätten, auf ihrem Willen zu bestehen, die Überraschung des 14. September und Hänschens Darmkatarrh.

Als am Abend des 14. September 1930 in einem Klassenzimmer der neuen Volksschule am Bahnhof die Stimmen für die Reichstagswahl ausgezählt werden, ist zur Überraschung selbst der Sieger die NSDAP stärkste Partei im Ort geworden. Und das nicht nur in Ahlbeck, sondern auch in Heringsdorf, wo noch vor zwei Jahren nur ein einziger Bürger Hitler wählte, in Zinnowitz, Ostswine, in der Kreisstadt Swinemünde und auch anderswo. «Na, Ella, was habe ich gesagt?» triumphiert der Schwager.

Ella hat, wie die Mehrzahl «der am Strand», deutschnational, die Mehrzahl «der im Dorf» hat wie immer SPD gewählt. Woher kommen plötzlich über siebenhundert Hitler-Stimmen? Die Jungwähler zwischen zwanzig und dreißig, von denen vorher relativ wenige zur Wahl gingen, müssen in Scharen zur NSDAP gelaufen sein.

Die Witwe Assmus bestreitet nicht, daß dieses Wahlergebnis auf sie Eindruck macht, aber ihr Nachgeben gegenüber dem «Ding da» an der Schlosserwerkstatt erklärt sie mit dem schweren Darmkatarrh des Neffen, der ihre Schwester in solche Unruhe und Angst versetzt, daß Ella Assmus nicht gerade jetzt den Streit mit dem Schwager dem Höhepunkt zutreiben will. Und Hans ist bemüht, Ella zu erklären, warum er auf Hitler baut: Der Mann hat eine Erklärung für die Wirtschaftskrise und ein Rezept dagegen!

Das interessiert nun allerdings die Schwägerin.

Der junge Schlossermeister erzählt etwas von einem Verschwörerkomplott, angeführt von Juden, die überall die Fäden ziehen: nicht nur im Wirtschaftsleben, sondern auch in den Regierungen der westlichen Plutokratien, in Moskau, wo Juden an der Spitze des Weltbolschewismus stehen. Deutschland soll ausgeblutet werden. Eine judenfreie, nationale Politik und Wirtschaft – das ist es, was Adolf Hitler will.

Also, die Juden ... «De Jud, de kann nich anners, min Mäken. De zieht di dat Fell över de Ohren, glöv mi datt», hatte Vater

Schwandt gesagt. Doch kann eine nationale Bewegung, wie man sie nennt, etwas Seriöses sein, wenn dieser junge schlossernde Haudegen, Schwager Hans, dazugehört?

Ella Assmus beschließt, mit einem alten Badegast zu reden, mit dem von ihr hochgeschätzten Rechtsanwalt Stauffer aus Berlin, und fühlt sich zunächst sehr bestätigt: «Hitler? Ein hergelaufener Anstreicher, Frau Assmus! Goebbels? Ein Großmaul, wie wir Berliner sagen. Nee, Frau Assmus, diese Leute sind mir zu proletarisch! – Aber in einem, Frau Assmus, in einem haben sie recht! Das Volk hungert, und die Bonzen liegen sich in den Haaren! Wieviel Parteien haben wir jetzt? Zwanzig, dreißig? Da muß mal einer zwischenfahren!»

Also, wie nun? Ist da doch was dran, an dieser Hans-Partei?

Eines weiß Ella Assmus ganz genau: Ihr sensibler Otto hätte Hitler nicht gewählt! Der sympathisierte ja sogar mit Sozis, was sie nie verstanden hat.

«Wer sind denn die Leute, die den Führer fürchten?» fragt der Schwager. «Die Juden und die Roten!»

Die Roten sind die Feinde allen Haus- und Grundbesitzes, die will Ella Assmus nicht verteidigen. 1918 haben sie das ganze Haus durchsucht, weil irgendwer behauptet hatte, Schwandts horteten Getreide. Die Tochter hat das nicht vergessen. Aber müssen die Deutschen einen Ausländer als Führer holen? Einen Österreicher, womöglich auch noch Katholik? Daran stößt sich mancher Nationalgesinnte.

«Die Schande von Versailles muß von uns genommen werden», erklärt der Schwager, der jetzt nicht nur zur NSDAP, sondern auch zur SS gehört. Da gibt Ella Assmus ihm ausnahmsweise recht. Lebhaft steht ihr vor Augen, wie die deutsche Flotte im November 1918 am Horizont vorbei nach Scapa Flow fuhr, um dem Feind übergeben zu werden, und am Strand stand Jacob Schwandt und weinte wie ein Kind.

«Und wie soll die Schande von uns genommen werden, meine Beste?» fragt der alte Dr. Nagel aus Stettin. «Sie haben doch den Weltkrieg miterlebt! Wollen Sie noch einen? Ich warne Sie, Frau Assmus, dieser Hitler stürzt uns alle in die Katastrophe!»

Ach, wenn doch Otto lebte! denkt die Witwe, die sich nicht zurechtzufinden weiß.

Ella Assmus ist eine angesehene Frau im Dorf. Nicht nur, weil sie ein paar Jahre auf der höheren Schule war und geschäftsmäßig mit Gästen umzugehen weiß. Idas Tochter besitzt eine natürliche Autorität, sie flößt durch Ernst und Zuverlässigkeit anderen Vertrauen ein. Wie zu Otto Zöger sagen auch zu ihr die Leute: «Ja, wenn du meinst, Ella . . .»

Aber was meint Ella zu den Freunden von Onkel Hans?

Eingeladen zum Geburtstagskaffee, hört sie sich die heftigen politischen Kontroversen zwischen den Männern an und wirft eigene Erfahrungen ein. In Berlin geht sie zusammen mit Cousine Lisbeth einen Abend in den «Sportpalast», um Hitler reden zu hören, und am nächsten sieht sie Gorkis «Nachtasyl». Beide Vorstellungen sind ihr «zu ordinär», «zu proletarisch». Wie bei der Kunstbetrachtung fehlen ihr auch in der Politik Maßstäbe und Erfahrungen. Daran gewöhnt, anderen zu raten, weiß sie nun selber keinen Rat. Und in ihrer Unsicherheit und ihrem Zweifel hält sie sich, die nächste Pensionskürzung im Auge, an der Überzeugung fest: Jedenfalls *so* kann es nicht weitergehen!

Ida Schwandt hatte ihrer Tochter einen gesunden Menschenverstand vererbt, mit dem sie unter normalen Bedingungen gut durchs Leben gekommen wäre. Aber die Bedingungen waren nicht normal.

DIE WELT DER LEIPZIGER GENOSSEN

Erst als Heinz zu seinem Bruder kommt, beginnt für ihn das Leben. Alles vorher, sagt er, war nur Vorspiel. Traum und Alptraum. Jetzt erst findet er die Wohnräume des Lebens. Wahlverwandtschaft, Freundschaft, eine Heimat. Der große Bruder nimmt den kleinen bei der Hand und führt ihn in eine andere Welt.

Noch bevor Heinz zu den Zögers kam, daran erinnert er sich noch als alter Mann, trat der um zehn Jahre ältere Bruder als verläßlicher Beschützer auf: «Ich weiß nicht mehr, wann es war; ich weiß nicht mehr, was da losgewesen ist. Ich weiß nur noch, daß wir sehr gefroren haben. Es muß ein kalter Wintertag gewesen sein. Obwohl es schon dämmrig wurde, blieben wir oft stehen, pusteten auf unsere klammen Fingerspitzen, schlugen die Hände kreuzwärts an die Schultern, um uns zu erwärmen. Mein Bruder hatte Altmetall gesammelt, das wir auf einem Handwagen wegbringen sollten. Plötzlich fielen Schüsse; Soldaten rissen uns in eine Hauseinfahrt. Ich weinte laut. Mein Bruder versuchte, mich zu beruhigen: ‹Wein doch nicht! Hab doch keine Angst! Ich bin doch bei dir!› Später hat er auf einem Gut als Landarbeiter gearbeitet und mich im Waisenhaus besucht. Jedesmal brachte er ein Stückchen Kuchen mit, jedesmal versprach er, mich da rauszuholen.»

Gleich nach dem Tod des Hauptwachtmeisters, der ihn eifersüchtig von der Bülowstraße fernhielt, tauchte Hans Trepte bei der Witwe Zöger auf, um sich um Heinz zu kümmern. Der große Bruder hat inzwischen Steinsetzer gelernt und lebt mit der Pelznäherin Ella Messerschmidt in Leipzig-Stötteritz.

«Komm uns besuchen, Heinz, sooft du magst!»

Sooft er kann, fährt er zum Bruder. Was zieht ihn so an? Gewiß die Jugend; Minna Zöger ist schon alt. Gewiß die Fürsorglichkeit, die Güte dieses Bruders. «Es war viel mehr», sagt Heinz. «Alles war anders bei den Treptes. Es war eine andere, neue Welt für mich!»

Die Treptes sprechen anders als die Zögers. Sie gebrauchen Wörter, Formulierungen, Redewendungen, die Heinz bisher nicht kennt. «Das ist kleinbürgerlich», das heißt, so findet er heraus, den Treptes nicht gemäß, das lehnen sie ab. Als kleinbürgerlich werden Menschen und auch Menschengruppen eingestuft. Als kleinbürgerlich gelten Arbeitslose, die im Kneipendunst rumhocken oder dauernd Radio basteln. Kleinbürgerlich kann auch der Inhalt eines Schlagers oder eines Buches sein. Eines Abends gibt's im Kino an der Ecke *‹Die Drei von der Tankstelle›* aus der UFA-Produktion. «Kleinbürgerlich», befindet die Genossin Trepte und geht mittendrin nach Hause.

«Genossin» – auch so ein Begriff, an den sich Heinz gewöhnen muß. Die Treptes nennen Freunde und Bekannte nicht einfach Martha oder Kurt, sie sagen nicht, «heute kommt Bergner auf Besuch», sie sprechen von Genossin Martha und erwarten den Genossen Bergner – Bergner, der «zu uns gehört»: zur Genossenwelt der Kommunistischen Partei.

«Kleinbürgerlich» im negativen, «Genosse», «die Partei» im positiven Sinn werden für Heinz zu Schlüsselworten einer Gegenwelt, nach der er, abgekehrt vom Zögerschen Zuhause, sucht. Doch entgeht dem jugendlichen Zuhörer politischer Diskussionen zwischen Hans und Ella nicht, daß die beiden doch nicht absolut das gleiche meinen, wenn sie vom gleichen sprechen; er bemerkt, daß die Schlüsselworte verschiedene Bedeutungen haben.

Hans, den gutmütigen und hilfsbereiten, den gefühlsbetonten im Vergleich zu seiner Frau, verleitet das Reden über die Partei und ihre Ziele oft zu Träumereien von einer künftigen Weltordnung, in der die Menschen, befreit von Ausbeutung und Not, von Klassenschranken und allem anderen, was sie künstlich trennt, menschlich miteinander umgehen, einander beistehen, brüderlich zusammen leben. Versonnenheit, etwas Weiches, Liebevolles kommt in seinen Blick, wenn er vom Endziel der Partei, vom Kommunismus spricht.

«Eine Seele von Mensch», sagt Minna Zöger von Hans Trepte und beweist damit, daß auch Kleinbürgerinnen – denn als solche hat der Sohn sie eingestuft – Richtiges erkennen können.

Ella teilt den Zukunftsglauben ihres Hans, doch das Schwärmen liegt ihr nicht. Ihr nüchterner Verstand fragt nach dem Weg, nach den Methoden, den Kommunismus zu errichten. Handfest-klassenkämpferisch spricht sie von den Aufgaben der Partei, benennt Ausbeuter, den Klassenfeind mit Namen, setzt vor Treptes Menschenliebe Messerschmidtschen Klassenhaß. Und wenn einige der Freunde gerade ihr zuweilen Verstiegenheit vorwerfen, so ist es doch eine andere als die von Hans. Der ist zwar auch ein treues Mitglied der Partei, doch eine Funktion übt er nicht aus. Sie dagegen reist als Kurierin führender Genossen zwischen Leipzig und Berlin und bringt eines Tages «einen Illegalen» mit, der ihr von der Parteileitung zur Übernachtung zugewiesen worden ist. Die Treptes kratzen ihr letztes Geld zusammen, um ein Viertel Mortadella für den Gast zu kaufen, die dieser wortlos verschlingt, um dann am nächsten Morgen, wiederum wortlos, zu verschwinden, denn er ist Bulgare, und er kann kein Deutsch. Unverkennbar entwickelt Ella einen Hang für die konspirativen Formen des Klassenkampfes, den ihr junger Schwager in Erinnerung an die Küchenverschwörung seiner Kindheitshelden sehr bald teilt.

Noch wirr und vage sind die Ahnungen des kleinen Bruders, daß es andere Gläubige gibt, andere Gemeinden als die von Emmaus. Zwar ist der Trepte-Haushalt ungleich ärmer als der von Zögers, denn Treptes sind beide arbeitslos, aber die Zuversicht, «einmal wird es anders werden», stimmt sie optimistisch, macht sie, soweit das möglich ist, unabhängig von Geld und Gegenständen, an denen Otto Zögers Herz hing, die ihm vielleicht wichtiger als Menschen waren.

Treptes Wohnung besteht aus Kisten, mit blauem Sackleinen

überzogen, die als Sitzgelegenheiten dienen, aus selbstgemachten An- und Aufbaumöbeln – einfach, zweckmäßig, bedarfsgerecht. An die Wand hat Hans einen irgendwo herausgeschnittenen Holzschnitt von Masereel gepinnt. Zögers sind umgeben von braun-rotem Plüsch, verziert mit Häkeldeckchen, leben mit Nippes und mögen die aufgeklebten Rosetten am Büfett und den Elfenreigen an der Wand. Zögers besitzen ein Nachtgeschirr mit Jugendstilverzierung, Treptes einen blechernen Pinkeltopf. Mitleidig denkt Minna Zöger: Ach, die armen Leute, die so hausen müssen! Umgekehrt fragen sich die Treptes: «Möchtest du so wohnen wie bei Zögers?» – «Um Gottes willen! Nie!»

Besuch bei Zögers kommt angemeldet zum Nachmittagskaffee. Aufwand wird getrieben. Kuchen wird gebacken, Schlagsahne geschlagen, die Kreuzstichdecke und die Sammeltassen werden aufgedeckt. Steif sitzen die Gäste mit Kuchengabeln und Papierservietten auf den hohen Stühlen mit dem Rohrgeflecht. Treptes Freunde kommen und gehen, wann sie wollen; Umstände werden nicht gemacht. Sie sitzen auf den Kisten, auf dem Boden oder auf dem Bett, trinken Tee, spielen Schach, diskutieren und singen miteinander «Wilde Gesellen, vom Sturmwind durchweht» oder «Der Heiner vom Steier ist wieder im Land».

Für den Steinsetzmeister, bei dem die Treptes wohnen und für den Hans ab und an mal schwarzarbeiten kann, sind die jungen Leute, die bei den Untermietern ein- und ausgehen, allesamt «von der Kommune». Doch überzeugte Kommunisten im Freundeskreis der Treptes sind nur Kuddel, der Bäcker, und Ellas Freundin Martha.

Kuddel, klein, behend und quirlig, träumt davon, nicht länger rumzuhängen, sondern in der Sowjetunion zu helfen, den Sozialismus aufzubauen. Kuddel möchte am liebsten gleich in sein Paradies aufbrechen. Aber wie? Kuddel hat kein Geld. Doch Kuddel hat ein Paddelboot. Kuddel studiert Landkarten, Wasserläufe, die Strömungen der Donau ... Ja, es geht: Man kommt von Leipzig paddelnd bis an die Schwarzmeerküste seines Pilgerziels! Kuddel bereitet sich nun täglich auf die große Reise vor. Seine Lieblingssprache: Russisch, das er im Selbststudium erlernt. Sein Lieblingsautor: Majakowski. Sein Lieblingslied: «Die Partisanen vom Amur». Seine Lieblingszigarette: Rote Sorte, russischer Export.

In den Messetagen durchstreift der arbeitslose Bäcker den sowjetischen Pavillon, erkundigt sich nach Arbeitsmöglichkeiten, am liebsten in einem jener Heime, von denen er gelesen hat, daß erfahrene Sowjetpädagogen dort Besprisornyje, verwahrloste Jugendliche, zu Sowjetbürgern erziehen. Bevor Kuddel den Pavillon verläßt, steckt er noch Prospekte ein, die er den Freunden mitbringen will. Auf bunten Bildern sind Arbeiter zu sehen, die sich am Schwarzen Meer in den einstigen Villen und Parks der Bourgeoisie erholen. «Ja, das ist Kommunismus», sagt Kuddel.

In den Sommermonaten treffen Treptes ihren Freund am sichersten beim Schwarzen an der Oberelster, der dort in einer Laube wohnt, Kuddels Paddelboot verwahrt und ebenfalls zum Trepte-Kreis gehört. Der Schwarze, ein hagerer, braungebrannter Lockenkopf, so um die Dreißig, weigert sich beharrlich, Kuddels Geschenk, wie der es wünscht, in seiner Laube aufzuhängen: ein Plakat, beherrscht von der wuchtigen Gestalt eines Rotarmisten, der weißgardistische Generäle, zappelnde Fabrikherren und schreiende Bojaren mit einem Fußtritt auf den Kehricht wirft. Der Schwarze mag keine Rotarmisten über seinem Bett hängen haben. Er ist Anarchist und nimmt Kuddels Göttern übel, daß sie seine Götter, Bakunin und Fürst Kropotkin, zu den Konterrevolutionären zählen.

Während die Freunde draußen baden und paddeln, folgt Heinz dem Geplänkel zwischen Kuddel und dem Schwarzen; die Begeisterung des Bäckers steckt ihn an. Draußen, an die Laubenwand gelehnt, steht eine Zeitungstasche, gefüllt mit Exemplaren des *Wahren Jacob* – ein sicheres Zeichen, daß auch Arthur und Hanne in der Nähe sind, die durch den Verkauf des roten Witzblattes ihre Unterstützung aufzubessern hoffen. Die beiden, ein Pärchen schon seit mehreren Jahren, gehören der Leipziger SPD an. Ella Trepte möchte zu gern zuerst Hanne und durch sie auch Arthur überzeugen, daß es an der Zeit ist, «konsequent» zu sein und den Schritt zur KPD zu tun. Doch so beharrlich sie versucht, auf die nötige «Konsequenz» hinzuweisen – Hanne kommt bei Konsequenz sofort auf Arthur und das

Standesamt zu sprechen, will von Ella, von Genossin zu Genossin wissen, wie Arthur zum Heiraten gebracht werden kann. Ella, die sich was darauf zugute hält, firm im Ideologischen zu sein, schwankt, ob sie Hannes Sorgen für den Ausdruck proletarischer Moral oder für kleinbürgerliche Überreste halten soll.

Ellas beste Freundin ist die Genossin Martha, mit der sie Pelznähen am Brühl gelernt hat, einem Zentrum des internationalen Rauchwarenhandels. Manchmal träumen die jungen Frauen davon, mal wieder das weiche Leder eines Persianers in der Hand zu halten, ja selbst das knochenharte eines Otters oder Seehunds, durch das nur schwer die Nadel dringt. Träumen davon, am Tische wieder zu pikieren, Batist auf Leder aufzuheften und sorgfältig Mantel- oder Jackenkanten zu bebändeln. Unwillkürlich faßt sich Martha manchmal wie damals bei der Arbeit an die Oberlippe, um die Flusen eines Fuchs- oder Waschbärteiles wegzuwischen.

Noch vor ein paar Jahren waren Leipzigs Pelznäherinnen wegen ihrer Fingerfertigkeit bis nach Amerika gesucht. Jetzt, in der großen Krise, bleibt Martha oft tagelang im Bett, weil sie nichts zu essen hat.

Heinz fällt es nicht leicht, die Schwägerin und ihre Freundin zu verstehen. Eifrig besuchen sie die Versammlungen der Partei, lesen sich gegenseitig Lenins Buch ‹*Was tun?*› über die Rolle der bolschewistischen Partei vor und diskutieren darüber. Dann stehen sie wieder aufgeregt am Küchentisch und trennen einen alten, leicht zerschlissenen Mantel auf, ein Geschenk von Marthas Tante, stecken die Köpfe in geborgte Modehefte, radeln Schnittmuster – erscheinen schließlich mit selbstgenähten dunkelgrünen Boleros und großen dunkelgrünen Schleifen über ihren abgetragenen schwarzen Kleidern – zwei schicke Damen mit wohlgeformten Rundungen und schlanken Fesseln, wie auch Heinz bemerkt.

Zwei schicke Damen, die nun, herausgefordert durch ein Wort von Arthur, wie Furien auf den Freund losgehen. Auch Arthur denkt nämlich an «Konsequenzen» – nicht im Blick auf Hanne, sondern auf die SPD. Er sympathisiert mit den Genossen, die kürzlich die Partei verlassen haben und links von ihr mit der Sozialistischen Arbeiterpartei, der SAP, ein Sammelbecken aller «wahren revolutionären Kräfte», die «wahre Einheitsfront in Deutschland» schaffen wollen. Wäre es nicht geradezu von symbolischer Bedeutung, sagt sich Arthur, wenn er als SPD- und Hans als KPD-Genosse zusammen ...

Da sei Ella Messerschmidt davor! Wenn hier einer abwirbt, dann doch sie die Freunde von der SPD, von der Partei, die nach ihrer Überzeugung klassenbewußte Proletarier vom Klassenkampf abhalten will und deren Führer in ihren Augen Arbeiterverräter sind.

«Aber Ella, das gilt doch alles nicht für den linken Flügel der SPD und schon gar nicht für die SAP!»

«Doch, gerade!»

Nun greift Martha ein. «Die sind noch schlimmer als die anderen! Die vernebeln mit ihren radikalen Phrasen den wahren Charakter der Sozialfaschisten.»

«Manchmal weiß ich wirklich nicht», entgegnet der erregte Arthur, «ob ihr uns Sozialisten nicht mehr haßt als die Nazis.»

In solchen Augenblicken kann nur Helmut helfen, den seine Freunde scherzhaft Heide-Helmut nennen, weil er viel öfter noch als sie auf Fahrt geht in die Dübener Heide. Über Helmuts Standpunkt in der Kontroverse kann kein Zweifel sein, denn er gehört zur SPD, die diesem Jungen, der so gerne liest, Theater spielt und musiziert, all das ermöglicht, was der bürgerliche Kulturbetrieb ihm vorenthält. Während in Treptes Küche noch die Fetzen fliegen, schlägt Heide-Helmut schnell ein Löns-Lied auf der Klampfe an.

Bei aller Freundschaft – an Feiertagen, zu Weihnachten und Silvester, geht jeder zu den Seinen: Heinz feiert mit dem Bruder und der Schwägerin bei den Kommunisten, Arthur tanzt mit Hanne bei der SPD. Nur der Schwarze pfeift auf Weihnachtsbaum und Tanz ins neue Jahr; seine Festtage sind jene, an denen in Leipzig Agnes del Sarto, die berühmte Lautenspielerin, gastiert.

Bei allen Gegensätzen – es vereint die Freunde das ständige Bemühen, Wissen, Bildung zu erwerben, teilzunehmen am Weltgeschehen und geistigen Leben ihrer Zeit, mitreden zu können, wenn über Literatur und Kunst gesprochen wird. Minna

Zögers Umkreis ist die Bülowstraße, Sellerhausen und der Schrebergarten, Treptes sind zu Hause in der Welt. Es gibt kein wichtiges weltpolitisches Ereignis, das sie mit ihren Genossen nicht besprechen. Sie fragen sich, wie der Rücktritt der britischen Labourregierung unter MacDonald zu bewerten sei. Sie setzen ihre Hoffnungen auf den Wahlsieg der verbündeten Linksparteien in Spaniens junger Republik. Sie sehen in der Vernichtung großer Mengen brasilianischen Kaffees, der sich auf dem Weltmarkt nicht verkaufen läßt, ein weiteres Zeichen dafür, daß der Kapitalismus in sein letztes Stadium eingetreten ist.

Die Witwe Zöger hat sich noch nicht über den Kauf einer Hühnerfarm durch Kröckels Sohn beruhigt, da erregt sie schon eine neue Sensation: Die Schauspielerin aus Nummer 9 braust mit einem Motorrad durch die Bülowstraße. «Was sagste dazu, Heinz?»

Heinz kann gar nichts dazu sagen. Er hat gar nicht zugehört, denn, und das regt *ihn* auf: bei Treptes hat Helmut gerade das Ende des bürgerlichen Romans verkündet.

In der Deutschen Bücherei, wo Helmut im Winter oft den Tag verbringt, liest und sich Exzerpte macht, hat ihn ein Genosse, der dort tätig ist, auf die Bücher des Franzosen Jules Romains und auf den Roman *‹Auf den Trümmern›* von John Dos Passos aufmerksam gemacht. Später haben sie darüber diskutiert: Romains, Dos Passos und auch andere Autoren sind des bürgerlichen Helden überdrüssig, und ohne den kann es den bürgerlichen Roman nicht geben. Heinz mag noch wenig von der Politik verstehen, von Helden weiß er was. «Wird es künftig Bücher ohne Helden geben?»

Helmut beruhigt ihn. «Nicht mehr den einen, einzelnen, dessen Individualität Inhalt und Form des bürgerlichen Romans bestimmt. Menschen, ja auch Menschengruppen in ihren Wechselbeziehungen zur Gesellschaft werden an seine Stelle treten. Der Held der Zukunft, auch in den Romanen, wird die Masse, wird die Klasse sein.» Bald danach schenkt Hans dem jüngeren Bruder aus der neuen Reihe «Der rote 1 Mark-Roman» *‹Maschinenfabrik N + K›* von Willi Bredel und *‹Sturm auf Essen›* von Hans Marchwitza. Aus eigenem Erleben schildern die beiden Arbeiterschriftsteller Klassenkampf vor Ort. Marchwitzas Sozialdemokrat Bramm, der sich, so der Autor, vorübergehend von seiner Klasse, dem Proletariat, entfernt hat, kehrt zu ihr zurück, indem er sich von der SPD abwendet.

Am Setzkasten, beim Baden in der Oberelster denkt Heinz über den Sinn von Romanen nach. Was er von Menschen weiß, auch von ihrem Leben in anderen Welten und zu anderen Zeiten, weiß er durch das Lesen. Der Gedanke, daß das Leben anders als die Literatur sein könnte, ist ihm bisher nicht gekommen. Wohl aber dämmert ihm, daß Romane auch eine andere Bedeutung haben können als jene, die er ihnen bisher gegeben hat. Kann Literatur auch Politik sein? Haben *‹Onkel Toms Hütte›* und *‹Sturm auf Essen›* trotz aller Unterschiede doch etwas gemeinsam? Und was ist von jenen Romanen zu halten, die nichts über Politik und wenig übers Leben sagen und Menschen durch die Melodie der Sprache, die Klarheit der Gedanken in ihren Bann ziehen können?

Wie nun? Marchwitza gegen Hermann Hesse? Oder Hermann Hesse, Walter Scott *und* Bredel?

Durch den Bruder und die Trepte-Freunde kommt Heinz in die Leipziger Genossenwelt. Äußerlich ähneln Rote den Wandervögeln, von denen sie manches übernommen haben. Feinmachen, Schlips und Kragen, Sonntagsausgehkleidung – kleinbürgerlicher Tand. Man trägt bunte Hemden mit Schillerkragen, Windjacken, bis zum Knie reichende Manchesterhosen und Sandalen. Auf dem Bubikopf der Mädchen und den ziemlich langen Haaren der Jungen sitzt die Baskenmütze. Sozialistische Arbeiter und Arbeitslose erproben neue Lebensformen. Sie leben in alternativen Zirkeln und Vereinen, antibürgerlichen Wohngemeinschaften und gehören roten Sport- Musik- und Wandergruppen an.

Wie sich da ein ganz eigenes Musik- und Kunstleben entwikkelt, wieviel Talente sich entfalten, wird jedes Jahr am 1. Mai erkennbar, wenn die einzelen Gruppen beim Gewerkschaftsfest im Luna-Park auftreten: Mandolinenorchester und Schalmeienkapellen, Leipzigs berühmte Arbeiter-Sänger-Chöre, dirigiert von Otto Didam und von Barnet Licht, Kabarett-, Theatergruppen, Sprech- und Bewegungschöre.

Ganz gleich, wo einer auf der Linken parteipolitisch hingehört, zur SPD, SAP oder KPD, zum Internationalen Sozialistischen Kampfbund (ISK) oder zur Kommunistischen Partei-Opposition (KPO) – der Kassierer vom Freidenkerverein kassiert überall, denn sie sind alle aus der Kirche ausgetreten und militante Atheisten, Anhänger der Feuerbestattung, für die der Freidenkerverein im Ernstfall garantiert. Die Kinder gehen zur Jugendweihe.

Man ist aufgeklärt, obgleich lange nicht so aufgeklärt wie fünfzig Jahre später. Junge Sozialisten lesen die Bücher des Sexualforschers Max Hodann, zum Beispiel ‹*Geschlecht und Liebe*› oder ‹*Bub und Mädel*›, und verachten spießbürgerliche Ausschweifungen wie kleinbürgerliche Prüderie. Sie schwören auf Knaus-Ogino, um Schwangerschaften zu verhüten, und demonstrieren gegen den Paragraphen 218. Sie halten sich etwas zugute auf ihren freien Umgang miteinander. Doch ist auch wahr, daß die traditionelle Arbeitsteilung der Geschlechter in der Arbeiterbewegung nicht beseitigt ist. Es sind weiterhin die Frauen, die die Betten machen, Brote schmieren, Essen kochen, Strümpfe stopfen. Vorbildliche Genossen trocknen ab.

Sellerhausen und die Gegend um den Täubchenweg – Heinz hat nun noch ein Zuhause: die Leipziger Arbeiterbewegung. Ferdinand Lassalle mit der Gründung des Allgemeinen Deutschen Arbeitervereins in Leipzig, Wilhelm Liebknecht und August Bebel sowie die in den Gewerkschaften und der SPD organisierten Facharbeiter der großen Druckereien und Industriebetriebe haben Leipzig seit dem letzten Drittel des vorigen Jahrhunderts zu einem Zentrum der Arbeiterbewegung gemacht, eine einheitliche und doch höchst lebendige, aus vielen Strömungen gespeiste, widersprüchliche Welt geschaffen: aufgeschlossen für Beethoven und Paul Dessau, die deutsche Klassik und Panait Istrati, modernes Wohnen, Freikörperkultur. Doch zugleich geschieden von der übrigen Gesellschaft durch eigene Tradition, Ideologie, Kult und Sprache – eine Großgemeinde, in die der Mensch hineingeboren werden und in der er, ohne sie jemals zu verlassen, bis zu seinem Tod leben kann, um dann von den Genossen mit den eigenen Riten eingeäschert zu werden. Zur Innenwelt gehören die Protestdemonstrationen gegen die Todesurteile für Sacco und Vanzetti in den USA, die Streiks in den schottischen Bergwerken und der Aufstand in Kanton. Die Außenwelt beginnt vor den Türen Reudnitzer Polizeireviere und des Fleischerladens in der Bülowstraße. Andersdenkende sind ausgeschlossen. Unpolitische existieren nicht oder sind Missionsobjekte.

Während ihre Gedanken bei der Leipziger Genossenwelt sind, erlebt Eka den Evangelischen Kirchentag 1983 in Hannover. Sie sieht am frühen Morgen Massen in die Bibelstunden ziehen, andächtig den Auslegungen der Theologen folgen. Sie blickt auf junge Leute, die lila Tücher als Erkennungszeichen tragen, Gitarren schlagen, Lieder miteinander singen, die sie nie gehört hat. Auf dem Rasen hocken Junge und Alte, sehen Kabarett- und Theatergruppen zu, essen grüne Gurken und andere vegetarische Kost – eine Welt für sich ...

Die Protestanten zu Beginn der achtziger Jahre wollen die Gegenwart bis ins Unendliche ausdehnen, sie fürchten, keine Zukunft mehr zu haben. Die Sozialisten zu Beginn der dreißiger Jahre fürchten nur die Gegenwart und freuen sich auf die Zukunft. Sie sind überzeugt, in der Spanne ihres Lebens eine Utopie verwirklichen zu können, das Himmelreich auf Erden zu schaffen. «Die Zeit ist reif», sagen sie.

Auf dem Höhepunkt der Wirtschaftskrise sind weltweit über dreißig Millionen Menschen arbeitslos, allein in Deutschland sechs Millionen. Auf eine offene Stelle kommen im Durchschnitt hundertfünfzig, die nach Arbeit suchen. Millionen rotieren in einem Teufelskreis: Da immer mehr Firmen zusammenbrechen, wachsen die Arbeitslosenzahlen, schrumpft die Arbeitslosenunterstützung auf die Fürsorge, ein paar Mark die Woche. Die Menschen, besonders in den Mietskasernen der Großstädte, wissen nicht mehr aus noch ein. Die einen protestieren immer radikaler, beteiligen sich an den Erwerbslosendemonstrationen und Hungermärschen, die anderen resignieren. Nach drei Jahren ohne Arbeit versucht der Metallarbeiter Berger, Minna Zögers Bruder, sich aufzuhängen.

Bei vielen Arbeitslosen reicht das Geld nicht mal, um mit der Straßenbahn zu fahren. Sie gehen alle Wege zu Fuß oder fahren mit dem Rad, vorbei an Menschen, die hungrig, stumpf, apathisch an Häuserwänden lehnen oder – wie sie selbst – in Schlangen vor den Stempelstellen anstehen müssen. Vorbei an bettelnden Kindern, schwindsüchtigen Frauen, zerlumpten Greisen, die in Abfallkübeln wühlen. Nazis, Kommunisten, Polizisten, Reichsbanner, der Stahlhelm – Bürgerkriegsarmeen liefern sich Straßenschlachten. «Jedenfalls *so* kann es nicht weitergehen», sagt jedermann. Radikale Veränderungen erscheinen zwingend.

So wird es nicht weitergehen, verheißt die Kommunistische Partei und sieht das «Herannahen einer unmittelbar revolutionären Situation, mit deren Entwicklung die Frage des bewaffneten Aufstandes unvermeidlich auf die Tagesordnung treten wird».

Bestätigt sieht Heinz die Revolutionsprognosen durch den Marxismus, der ihn nun beschäftigt. Zu seinem Geburtstag schenkt ihm der Bruder Bücher der kommunistischen Klassiker, aus denen er entnimmt, warum der Kapitalismus untergehen und der Sozialismus siegen muß. Heinz gibt sich große Mühe, alles zu begreifen. Stundenlang hört er zu, wenn die Freunde die Übereinstimmung von Theorie und Wirklichkeit beschwören. Der Kapitalismus sei, wie es Wladimir Iljitsch Lenin beschrieben habe, in sein letztes Stadium, den Imperialismus, eingetreten; das Zeitalter der Kriege und Revolutionen habe begonnen. Sie füttern ihre Köpfe mit Formeln. Sie haben großartige Visionen. «Worte wie Massenprotest, die vereinigte Arbeiterklasse dieses Landes und der ganzen Welt, Revolution ließen die Augen und Gesichter in der Tiefe erglänzen wie das Leuchten eines Freudenfeuers» (John Dos Passos, *‹Auf den Trümmern›*).

Heinz belegt Kurse über Politische Ökonomie, Dialektik und Historischen Materialismus in der Marxistischen Arbeiterschule (MASCH), einer Art kommunistischer Volkshochschule Leipzigs, an der KP-Stadtverordnete und Landtagsabgeordnete unterrichten, Intellektuelle ebenso wie Funktionäre der Partei. Immer wieder versucht er, *‹Das Kapital›* zu lesen, immer wieder gibt er nach fünfzig unverstandenen Seiten auf. Aber auch aus dem *‹Kommunistischen Manifest›*, auch bei Lenin und Stalin lernt er den Zusammenhang von Lohnarbeit, Mehrwert und Kapital, von Produktionsverhältnissen und Gesellschaftsordnung.

Besonders interessiert ihn die Geschichte. Durch den Historischen Materialismus entwirren sich ihm Datenketten, reihen sich Ereignisse zu ökonomisch bestimmten Abläufen, werden Erfinder, Feldherren, Pharaonen zu Vollstreckern ökonomischer Gesetze. Der Sechzehnjährige, der begreifen und durchschauen will und im Strudel der Verwirrung schwimmt, sieht nun ein Geländer, um sich festzuhalten, erreicht Stufen der Erkenntnis bis zu jener geheimnisvollen Tür, hinter der die Welt im Licht liegt, ihrer dunklen Geheimnisse entkleidet, geordnet, erklär- und überschaubar. Die Wahrheit, meint er, ist gefunden.

Während sich die «Systemparteien von Weimar» ihr noch entgegenstellen und den Kapitalismus retten wollen, hat sie ein Sechstel der Erde schon erobert. In der Sowjetunion, dem Staat der siegreichen Oktoberrevolution, glaubt nun auch Heinz, wird die Alternative sichtbar, entsteht der Zukunftsstaat: eine sozialistische Arbeiter- und Bauernrepublik ohne Krieg und Krisen, jene menschliche Gesellschaft, von der der Bruder und auch er nun träumen.

Als ob ihr eigenes Schicksal dort entschieden werde, nehmen sie leidenschaftlich an allem teil, was in der UdSSR geschieht. Jeder Vergleich zwischen der Weimarer Republik und der Sowjetunion, den zwei Systemen in den zwei Welten, fällt in ihren Augen zugunsten des Zukunftsstaates aus. Die Misere, die sie kennen und in der sie leben müssen, verklärt das ferne unbekannte, selbstgewählte Vaterland.

In Leipzig müssen immer mehr Betriebe Konkurs anmelden. Als der Nordwolle-Konzern zusammenbricht, muß auch «Die Spinne», eine große Kammgarnspinnerei in Leipzig, schließen. Wieder werden ein paar tausend Menschen arbeitslos.

In Nischni Nowgorod wird etwa um die gleiche Zeit eine riesige Automobilfabrik eröffnet. Am neuen Staudamm des Dnjeprwerkes werden die Turbinen angelassen. Im Ural entsteht ein Riesenhüttenwerk.

In der Sowjetunion, so lesen sie, werden die Schneefelder Sibiriens erschlossen, die ungenützte Energie der riesigen Flüsse wird gebändigt und in Elektrizität verwandelt, in Wüsten werden Hochöfen errichtet, und im Ural schießen Städte aus dem Boden. Es grenzt «ans Wunderbare», schreibt der französische Schriftsteller Barbusse, und auch andere Berühmtheiten wie Aragon, Andersen-Nexö, Romain Rolland und Friedrich Wolf teilen den Enthusiasmus.

Heinz, Kuddel und die Treptes verschlingen John Reeds große Reportage über die Oktoberrevolution *‹10 Tage, die die Welt erschütterten›* und die neuen Romane sowjetischer Autoren wie *‹Die Fabrik im Walde›*, *‹Schkid – Die Republik der Strolche›* oder *‹Die Genossenschaft der Habenichtse›* und *‹Zement›*. In einer Ausstellung im Leipziger Grassi Museum über die neue Pädagogik in der UdSSR stellen sie Vergleiche zwischen den beiden Erziehungssystemen an. Im kapitalistischen Deutschland gehört Bildung zu den Privilegien der Reichen. Sie haben es ja selbst erfahren, Arbeiterkindern bleiben die höheren Schulen verschlossen. In der sozialistischen Sowjetunion entscheidet Leistung, werden die Benachteiligten gefördert. Chemiker, Mathematiker und Ärzte bringen die moderne Wissenschaft in die entlegensten Gebiete, zu Turkmenen und Kirgisen. Pädagogische Experimente werden gewagt, zum Beispiel Industrie- und Arbeitsschulen eingerichtet, in denen schon die Schüler lernen, mit Werkzeug und Maschinen umzugehen. Neue Schulbücher werden geschrieben, in denen für A nicht mehr Ameise, sondern Automobil, für K nicht mehr Kirche, sondern Komsomol steht.

Kuddel, der Unermüdliche, hat den Text des verbotenen Liedes vom roten Wedding mitgebracht: «Links, links, links, links! Wir ziehen den Vorhang auf! / Links, links, links, links! Nun nimmt das Spiel seinen Lauf. / Die Republik ist ein schöner Palast, / doch sie steht auf einem dicken Morast / von Dummheit und Reaktion. / Wir rücken an, und wir misten aus! / Und bauen nun ein besseres Haus: / die deutsche Sowjetunion.» Da fragen selbst die enthusiastischen Brüder: «Kuddel, geht das nicht zu weit?»

Auch Arthur, Helmut und der Schwarze verfolgen aufmerksam, was über die Sowjetunion geschrieben wird. Aber sie lesen auch kritische Berichte, zum Beispiel die Anklagen Leo Trotzkis, des Organisators der Oktoberrevolution, aus dem türkischen Exil und werfen ihren Freunden vor, in Illusionen zu schwelgen.

In Stötteritz kommt es zu heftigen Diskussionen.

«Mit Terror wird die Kollektivierung durchgesetzt! Millionen Menschen hungern!»

«Millionen Menschen hungern, seit es Rußland gibt! Wißt ihr denn nicht, was für ein Erbe die Bolschewiki übernommen haben? Wie rückständig das Land noch ist? Millionen hungern, sagt ihr; Millionen brauchten nicht zu hungern, wenn die Arbeiterklasse anderer Länder die russischen Genossen nicht im Stich gelassen hätte, wenn die proletarische Revolution auch bei uns schon siegreich wäre!»

«Man spricht von Dorfpogromen. Viele Bauern wurden nicht nur enteignet, sondern buchstäblich ausgeraubt und umgebracht.»

«Kinderkrankheiten! Linksabweichler, die zur Verantwortung gezogen werden.»

«Und was sagt ihr zu der Mißwirtschaft in den Betrieben? Die Bolschewiki suchen Sündenböcke und klagen unschuldige Bürger der Sabotage an. Habt ihr die Berichte über den Schachty-Prozeß verfolgt?»

«Ach, glaubt doch nicht, was die bürgerliche Presse schreibt! Das ist doch alles Lüge. Seid bloß nicht so naiv. Seit dem Sieg der Oktoberrevolution hat der Klassenfeind nichts unversucht gelassen, in Rußland wieder die bürgerliche Ordnung aufzurichten. Saboteure, bezahlt von ausländischen Imperialisten, sind noch überall am Werk.»

Die Sozialdemokraten klagen Stalin an, nach der Alleinherrschaft zu streben und deshalb alte verdiente Bolschewiki aus der Führung der Partei zu drängen, die Anhänger Trotzkis zu verfolgen. Nicht der Sozialismus, ein Staatskapitalismus entstehe in der UdSSR. Nicht die Arbeiterklasse herrsche dort, sondern eine gewaltige, zynische Bürokratenkaste.

Die Kommunisten wollen das nicht sehen. Sie sehen das «Vaterland aller Werktätigen» eingekreist, bedroht durch eine imperialistische Weltverschwörung.

«Alle Anzeichen weisen mit zwingender Kraft darauf hin», erklärt die Führung der KPD, «daß auf der Tagesordnung der Geschichte vor allem ein Krieg steht: der Krieg der imperialistischen Großmächte gegen die Sowjetunion», und sie ruft die deutschen Arbeiter zur Verteidigung der UdSSR «mit allen Mitteln» auf.

Heinz, belehrt durch Erfahrungen bei Bär & Hermann, fürchtet zwar, daß Aufrufe dieser Art bei den meisten Arbeitern nur Kopfschütteln auslösen, denn sie haben andere Sorgen, doch ihm leuchtet ein, daß der Klassenfeind, um von den Folgen der Wirtschaftskrise abzulenken, die Sowjetunion tatsächlich überfallen könnte. In einem unter Kommunisten sehr populären Sammelband, verfaßt von deutschen und sowjetischen Autoren, in *‹15 Eiserne Schritte – Ein Buch der Tatsachen aus der Sowjetunion›*, liest er, was die Interventionstruppen der Entente, verbündet mit den Armeen zaristischer Generäle und den Kosaken der Hetmane Dutow, Petljura und anderen in den Jahren des Bürgerkrieges alles unternommen haben, um den neuen Staat wieder zu vernichten. Sollte die Reaktion ihre Pläne schon ganz aufgegeben haben?

Mit einem seiner Freunde, dem arbeitslosen jungen Buchhändler Rudi Pfitzner – der einmal Botschafter der DDR in Vietnam sein wird –, ist Heinz sich einig: Sollten sie gerufen werden, werden sie bereit sein, Seite an Seite mit Rotarmisten gegen die imperialistischen Eindringlinge zu kämpfen. So tapfer wie Tschapajew, der Kommandant der ersten Roten Kavalleriedivision im Bürgerkrieg, so mutig wie Budjonny, der die Rote Reiterarmee befehligt hat, so heldenhaft wie die Partisanen vom Amur.

«Weißt du», fragt Rudi, «was der größte Wunsch meines Lebens ist?»

«Sag mal.»

«An der Kremlmauer begraben zu werden.»

April 1930. Auf Lastwagen, auf deren Ladeflächen Holzbänke gestellt worden sind, auf Fahrrädern, zu Fuß und mit der Eisenbahn strömen fünfzehn-, zwanzigtausend Jungen und Mädchen zu einem Reichstreffen des Kommunistischen Jugendverbandes (KJV) nach Leipzig. Am Ostersonntag versammeln sie sich zu einer großen Kundgebung auf dem Augustusplatz. Rote Fahnen und Transparente werden entrollt. Jubelnd wird Ernst Thälmann, der Vorsitzende der KPD, begrüßt.

Zu denen, die da jubeln, gehört ein siebzehnjähriger Dachdeckerlehrling, gut vierzig Jahre später ein Nachfolger von Thälmann: Erich Honecker aus dem saarländischen Neunkirchen. Er hat sein Rad verkauft, um nach Leipzig fahren zu können. Zu denen, die da jubeln, gehören auch Hans und Heinz.

Die Brüder stehen am Straßenrand, als die jungen Kommunisten am Vorsitzenden der KPD vorbeimarschieren. Auch die neugegründete Antifaschistische Junge Garde marschiert mit auf; an der Spitze Junggardisten in kompletten neuen Uniformen, in schwarzen Hemden und Hosen mit Koppel und Bereitschaftsriemen, mit roten Schlipsen, braunen Schnürstiefeln und – o Bruderherz! – Lammfellmützen, wie Russen sie tragen.

Hat es Heinz die Lammfellmütze angetan? Ist es die auffällige Militanz, die sein Herz höher schlagen läßt? Ohne einen Menschen, nicht einmal den Bruder, zu befragen, entscheidet er an diesem Ostersonntag, Junggardist zu werden. Nach seiner Anmeldung wird er der Bereitschaft jenes Stadtteils zugewiesen, in dem er einst christlicher Pfadfinder gewesen ist.

Die Antifaschistische Junge Garde ist gerade erst gegründet worden, und zwar in der Nachfolge des Roten Jungsturms, der verbotenen Jugendorganisation des verbotenen Rotfrontkämpferbundes, einer paramilitärischen Organisation der KPD. Das neue Mitglied wird zunächst als kommunistischer Späher bei der Sozialistischen Arbeiterjugend eingesetzt. Doch die enttarnt ihn schnell. «Zöger, du willst hier wohl spionieren, was?»

Heinz wird Literatur-Obmann der Antifa im Leipziger Osten. Regelmäßig holt er im Franz-Mehring-Haus, dem Sitz der KPD, Broschüren ab, die die Junggardisten lesen und diskutieren sollen. Viel wird nicht daraus. Die meisten sind Arbeiter, wenig interessiert an Ideologie, eher aktionslüsterne Draufgänger, die rasch und aktiv handeln, es den Nazis zeigen wollen. Auch einige Radaubrüder und Schlägertypen sind dabei. Schon mittags sitzen sie in ihrem Vereinslokal, einer Kneipe nah der Konradstraße, unterhalten sich, spielen Billard oder Karten. Wer verliert, muß dem Sieger eine Portion Tomatensalat spendieren. Bier kann sich kaum einer der jungen Arbeitslosen leisten.

Angesehen sind die Junggardisten selbst unter den Genossen nicht. Mitglieder des Kommunistischen Jugendverbandes dünken sich was Besseres und behaupten von den wenigen Mädchen bei der Antifa, die wollten nur mit Jungen schlafen. Auch Hans Trepte ist nicht glücklich über den Entschluß des Bruders, auch er hätte Heinz lieber beim seriöseren KJV gesehen. Doch der rote «Lit.-Obmann» marschiert in seiner neuen unvollkommenen Uniform – es fehlen die teuren Schnürstiefel und die tolle Lammfellmütze – herausfordernd-stolz durch die Sellerhauser Bülowstraße. Die Witwe Zöger schlägt die Hände überm Kopf zusammen. «Heinz, Heinz, was sollen bloß die Leute denken?» Wie gut, daß sie nicht weiß, womit ihr Sohn beschäftigt ist.

Ausmarsch: Die Junggardisten marschieren, die Faust erhoben zum Rot-Front-Gruß, singend durch die Vorstädte im Leipziger Osten.

Agitation: Vor Aushängekästen der sozialdemokratischen *Leipziger Volkszeitung* sollen sie Arbeiter für die antifaschistische Einheitsfront gewinnen, aber ihnen zugleich offenbaren, daß die SPD sozialfaschistisch sei. Heinz ist nicht wohl bei solchen Unternehmen. Er kennt zu viele Sozialdemokraten aus dem Betrieb und der Verwandtschaft Minna Zögers und weiß, wie absurd und ungeheuerlich der Vorwurf ist. Einen alten abgehärmten Arbeiter mit schütterem weißem Haar und einer Nickelbrille, der mit seiner Frau am Zeitungskasten steht, versucht er wenigstens zu agitieren, daß die SPD zu reformistisch, zu versöhnlerisch gegenüber der Bourgeoisie sei. «Hau dem unverschämten Bengel eine runter!» ruft die aufgebrachte Frau. «Laß ihn, Hertha», beruhigt sie der Mann, «wenn der erst mal älter ist, kommt er auch zur SPD.»

Rednerschutz: Bei Kundgebungen der KPD stellen sich Mitglieder der Antifa nah der Tribüne auf, um Fritz Selbmann, den Führer der Partei in Leipzig, und andere wichtige Funktionäre vor Anschlägen zu schützen. Heinz erinnert sich, im Frühjahr 1932 zum Schutz von Teddy Thälmann zu einer Kundgebung auf den Volkmarsdorfer Markt beordert worden zu sein. Es ist der 9. April, der Vorabend des entscheidenden zweiten Wahlgangs der Reichspräsidentenwahl, und zu den, wenn auch aussichtslosen, Kandidaten gehört auch der Vorsitzende der KPD.

Doch gibt es neben den legalen Tätigkeiten der Junggardisten auch die verbotenen, illegalen. Auf dem Hof des Parteihauses nehmen die Jungen meistens nachts, wenn sie Wachdienst haben, an Schießübungen mit Kleinkaliberwaffen teil. Und da der bewaffnete Aufstand nah bevorstehen soll, lernen sie auch Barrikaden bauen.

Was denn da zu lernen sei, möchte Eka wissen.

Zwischen den Häusern des Tennishallen- und Hotelbesitzers und des Schwiegersohns von Adenauer, im Kölner Villenvorort Rodenkirchen, erklärt Heinz die wichtigsten Regeln des Barrikadenbaus, wie er sie 1932 aus der verbotenen Schrift über Straßenkämpfe lernte.

«Immer darauf achten, daß du die Barrikade nicht im geraden Winkel zur Straße baust, sondern schräg, diagonal! So muß der Angreifer mit Flankenfeuer rechnen.»

In der Villa gegenüber öffnet sich ein Fenster.

«Die Barrikaden innen mit Pflastersteinen füllen! Wenn irgend möglich, Litfaßsäulen benutzen!»

Die Frau des Tennishallenbesitzers sieht heraus.

«Aber hier in Rodenkirchen», lacht er, «zwischen flachen Villendächern, Rasenflächen, Blumengärten kann man keine Barrikaden bauen.»

Auch Kopfsteinpflaster und Litfaßsäulen würden fehlen.

So absurd, wie es 1982 klingt, ist es 1932 nicht. Unter der Hand weitergegebene Broschüren über Barrikadenbau und Straßenkämpfe passen in die Bürgerkriegsstimmung, die in Leipzig und in anderen Städten herrscht.

Die Kommunisten und die Nazis bekommen Zulauf. Die Trupps ihrer Bürgerkriegsarmeen belauern sich gegenseitig, um, aus dem Hinterhalt hervorstürmend, dem Feindtrupp Hiebe zu versetzen. Wenn Heinz in seiner schwarzen Uniform mit den Genossen sonntags zu «Haus- und Hofeinsätzen» auf die Dörfer fährt, werden ihre Lastwagen bis zur Stadtgrenze von Polizisten eskortiert. Doch sich dem Dorfe nähernd, wo sie auf dem Marktplatz mit Sprechchören und Liedern werben und Haus für Haus abklappernd Flugblätter verteilen und agitieren wollen, sehen sie an manchen dieser Roten Landsonntage schon von weitem im nächsten Wäldchen oder hinter den Ställen eines Vorwerks wartende SA-Trupps. «Heil Moskau!» höhnt es ihnen entgegen. Die Genossen springen ab, Braune und Rote schlagen aufeinander ein. Im Dorf schließen sich die Fensterläden. Bauern lassen ihre Köter los.

Ein SA-Mann schneidet Heinz mit einem Messer ins Gesicht, als er zusammen mit fünf, sechs anderen Kommunisten nachts von Nazis überfallen wird, was immer häufiger geschieht. Da sich die feindlichen Gruppen der gleichen Kampfformen bedienen, sind Zusammenstöße meist von beiden Seiten eingeplant. Nationalsozialisten und Kommunisten unternehmen Werbemärsche in Stadtviertel, die als Hochburgen des Feindes gelten und auch so verteidigt werden. SA und SS kämpfen mit Messern, Schlagringen und Stahlruten. Die Polizei haut mit Schlagstöcken dazwischen und versucht, Rädelsführer festzunehmen. Die Kommunisten schlagen mit Koppeln und Bleikugeln, die an ihren Bereitschaftsriemen befestigt sind.

Fahnen werden wie auf einem Schlachtfeld vor dem Feind verteidigt. Männer zerren sich an den Haaren, stoßen sich die Fäuste ins Gesicht, schreien, stöhnen, würgen, spucken Blut, halten inne, um gleich noch verbissener aufeinander loszugehen: hauen mit Stiefelabsätzen in die Leiber, torkeln, fallen, wälzen sich am Boden, halten die Hände schützend vors Gesicht. Und irgendwann fällt der erste Schuß.

Ein paar Tage später bewegt sich ein langer Trauerzug zum Südfriedhof. Auf dem Sarg liegt eine rote Fahne mit Hammer und Sichel oder dem Hakenkreuzemblem. Redner beschwören den Sieg dessen, der begraben wird. Nur wenn ein Polizist im Sarg liegt, wird nicht von Sieg gesprochen. An dem einen Grab senken sich SA-Standarten, an dem anderen singt ein Chor «Unsterbliche Opfer, ihr sanket dahin» ... Jährt sich der Mordtag, ziehen noch stärkere Trupps als im Vorjahr mit noch mehr Waffen zum Tatort. Und wieder gibt es eine Schlacht.

Heinz und seine Freunde wähnen sich am Vorabend der proletarischen Revolution. Die Schrebergarten-Höhle, umgeben von Haselnußsträuchern, Brombeeren und Pfefferminze, der Teich mit den Wasserrosen – die stillen Gärten sind vergessen.

VERFOLGER UND VERFOLGTE

Für die Jahreszeit ist das ganz ungewöhnlich: In Ahlbeck liegt kein Schnee. Es ist trocken, kalt und dunstig. Eka, die das erste Jahr zur Schule geht, reißt, nach Hause kommend, den Ranzen von den Schultern und setzt sich zu Mutter an den Mittagstisch. Während des Essens hören sie die Rundfunknachrichten. Gleich nach der ersten Meldung wirft das Mädchen aufgeregt die Gabel fort, läuft los, um Onkel Hans zu suchen. Sie ruft es Bäcker Spintig zu und Arno, dem Gesellen, Frau Mauksch und Tante Meta: «Onkel Hans sin Führer is nu dran!»

Tante Meta, die vollschlanke, sich für gewöhnlich gemessen fortbewegende Frau des Kurdirektors Kuhrt, dreht sich auf dem Absatz um und rennt ins Haus, um als erste die Hitlerfahne rauszuhängen. Doch vergeblich beeilt sich Eka, Glücksbotin für Onkel Hans zu sein; der sitzt im «Seehof», dem Treffpunkt der SS, und bereitet schon den Fackelzug in Ahlbeck vor.

Als der Fackelzug in Leipzig durch die Petersstraße zieht, stehen am Straßenrand zwei siebzehnjährige Jungen, Heinz und sein Kollege Gehrke. Nichtsahnend sind sie am Abend aus der Druckerei gekommen und hatten sich über Vor- und Nachteile eines Globetrotterlebens unterhalten, denn Gehrke will zu gern Globetrotter werden. Verwundert sehen sie unzählige Nazis in endlosen Kolonnen vorüberziehen. Als sie erfahren, was das zu bedeuten hat, beginnen die beiden zu spotten, machen Witze, bringen Leute auf. «Seid still, Jungens, seid vernünftig, geht nach Hause!» mahnt ein alter Mann.

Daran ist jetzt nicht zu denken. Heinz eilt in die Bülowstraße, schwingt sich auf sein Fahrrad und fährt, so schnell er kann, ins Vereinslokal der Jungen Garde. Dort wartet er zusammen mit anderen Genossen bis tief in die Nacht auf ein Einsatzzeichen der Partei. Doch niemand kommt, nichts geschieht.

Am nächsten Abend treffen sich alle wieder im Lokal. Ein Funktionär berichtet, daß mehrere Genossen, die in der vorangegangenen Nacht Flugblätter verteilt hätten, in denen zum Generalstreik aufgerufen worden sei, verhaftet wurden. Dann gibt er Order, keiner dürfe sich vorläufig bemerkbar machen, jeder müsse bekannte Vereinslokale meiden. An den nächsten Abenden stehen sie auf dem Volkmarsdorfer Markt herum. Heinz radelt zum Bruder und den Freunden.

«Nur keine Panik!» warnt Hans Trepte. «Der Spuk geht schnell vorbei.» – «Höchstens ein, zwei Jahre, dann haben die abgewirtschaftet», meinen auch die Kollegen in der Druckerei. Für Heinz ist Hitler ein «Agent des Kapitalismus», sein «Stimmenfänger bei den entwurzelten Mittelschichten», aber doch kein ernst zu nehmender Politiker! Vielmehr ein hergelaufener Anstreicher, über den man wie Tucholsky und Ossietzky spottet. Arthur redet von Konflikten zwischen den Nazis und der Reichswehr, die Hitler wieder stürzen werde. «Die herrschende Klasse haut sich selbst die Köpfe ein», meint Hanne. Doch Martha will, daß auch eine frühere Mahnung des Genossen Thälmann nicht in Vergessenheit gerät: «Der Faschismus beginnt nicht, wenn Hitler kommt, er hat längst begonnen.» Der 30. Januar als ein Tag, an dem die einen Faschisten durch andere ersetzt worden sind?

«Ach, die Nazis sind doch grüne Jungens», sagt in Ahlbeck Lehrer Christian zur Kollegin Illich. «Daß eine solche Bande von Schlägertypen und Gangstern sich lange an der Macht hält, nein, das ist undenkbar», sagt der Schwarze, und die Freunde stimmen zu.

Keiner von ihnen begreift, was geschehen ist.

Weit entfernt vom Gedanken an eine schwere Niederlage, diskutieren Heinz und seine Freunde im Februar 1933, ob mit Hitlers Machtergreifung jene revolutionäre Situation entstanden sei, auf die sie gewartet haben. «Marschiert mit uns unter den roten Freiheitsfahnen des kommenden Sowjet-Deutschland», fordert die Leipziger KPD Anfang März. Wird ein Massenaufstand gegen Hitler sich schließlich in die proletarische Revolution verwandeln?

Sie überschätzen ihre Kraft; sie vertrauen auf die Stärke der Arbeiterbewegung, die Macht der Gewerkschaften, auf die proletarische Einheitsfront, die sie herstellen wollen. Die KPD mit ihren sechs Millionen Wählern ist nach der KPdSU die stärkste kommunistische Partei der Welt! Über fünfzig Prozent haben in Leipzig bei den letzten Reichstagswahlen die beiden Arbeiterparteien gewählt.

Ein erster tiefer Schreck ergreift die Hitler-Gegner nach dem Reichstagsbrand. Die Nazis geben die Parole aus, ein kommunistischer Aufstand drohe und veröffentlichen täglich neue Horrormeldungen, daß Kommunisten in zahlreichen Städten und Dörfern Brandstiftungen planten, Sprengstoffanschläge auf Eisenbahnen, lebenswichtige Betriebe und öffentliche Gebäude, Giftmischungen in Brunnen und Speisen, Geiselnahme und -erschießungen von Frauen und Kindern sowie Mordanschläge.

Am 1. März wird Leipzigs sozialdemokratischer Polizeipräsident Fleissner abgesetzt. In der Nacht darauf durchsuchen SA und Polizei in allen Stadtteilen Wohnungen und Büros, beschlagnahmen Literatur, Briefe, Schriften, schüchtern ein, schlagen nieder, nehmen viele Männer mit. In den Straßen sieht man Abgeordnete der KPD und SPD, die unter Aufsicht der SA Anti-Nazi-Parolen von Wänden und Zäunen schrubben müssen. Andere Verhaftete werden in die neueingerichteten sächsischen KZs Colditz, Sachsenburg und Hohenstein eingeliefert. Freigelassene berichten, wie sie mißhandelt wurden.

Als die Zögers fünfzig Jahre später alte Zeitungen durchblättern, erstaunt sie beide, in welchem Ausmaß die Bevölkerung seinerzeit über die Verfolgung informiert worden ist.

Am 20. März 1933 melden die *Münchner Neuesten Nachrichten*, daß in der Nähe von Dachau für fünftausend Menschen, in der Hauptsache für Kommunisten und Sozialdemokraten, ein Konzentrationslager errichtet werde, da die Unterbringung der Verhafteten in Gerichtsgefängnissen den Staatsapparat zu sehr belaste: «Im Interesse der Sicherheit des Staats müssen wir diese Maßnahme treffen ohne Rücksicht auf kleinliche Bedenken. Polizei und Innenministerium sind überzeugt, daß sie damit zur Beruhigung der gesamten nationalen Bevölkerung und in ihrem Sinne handeln.»

Ausführlich berichten die *Leipziger Neuesten Nachrichten* vom 27. April über die näheren Bestimmungen für die Verwaltung der KZs. Sich der Lagerordnung widersetzende KZ-Insassen seien durch «Absonderung, Abnahme von Gegenständen oder Kleidungsstücken oder Fesselung zu bestrafen».

Hörer der «Funkstunde Berlin» können im April die Jagd auf Nazigegner miterleben: «... Die Beamten stürmen die Treppen hinauf: ‹Achtung! Polizei! Aufmachen!› Und dann, nach wenigen Minuten, kurz nach Beginn der Aktion, kommen die ersten politischen Gefangenen.»

Im Verlauf des März verwandeln sich das Erschrecken, die Wut und der spontane Widerspruch des jungen Zöger in den festen Vorsatz, mit allen Mitteln Widerstand zu leisten.

Als er am Ring auf eine in Richtung Bahnhof marschierende SA-Kolonne trifft, flüchtet er in einen Hausflur, um nicht die Standarte grüßen zu müssen. Ein anderer Mann, die Hände in den Taschen, bleibt ruhig auf dem Trottoir stehen, um den Zug an sich vorbeiziehen zu lassen. Da springen einige der Braungekleideten aus der Kolonne und schlagen den Mann nieder. Heinz, von Wut gewürgt, erbricht sich.

Kurz darauf erfährt er, daß die SA in einer Vorstadtsiedlung, in den Meyerschen Häusern, Kommunisten überfallen, zusammengeprügelt und verhaftet hat. Als ihn sein Deutschlehrer in der Buchdruckerlehranstalt, der Berufsschule des graphischen Gewerbes, anweist, in der nächsten Stunde zwei Gedichte vorzutragen, anhand deren die Klasse Form und Versmaß bestimmen soll, entschließt er sich, demonstrativ an Stelle seiner vorbereiteten Gedichte Verse vorzutragen, in denen der kommunistische Sieg verheißen wird. Keiner in der Klasse sagt ein Wort. Der verwirrte und erregte Lehrer äußert irgend etwas über die Form des Vorgetragenen, dann wechselt er abrupt das Thema.

Kurz danach meldet sich ein Schriftsetzerkollege, ein Genosse aus der Leitung des Kommunistischen Jugendverbandes in Leipzig; er bestellt Heinz zusammen mit einigen anderen Schriftsetzerlehrlingen in den Schönefelder Park. Umgeben von Kinderwagen schiebenden Müttern und Fußball spielenden Jungen erläutert ihnen Kurt Lenge – aus Tarngründen nun Fred genannt –, daß die Partei beschlossen habe, die illegale Arbeit kleinen, konspirativen Gruppen zu übertragen, die in Betrieben und Gewerkschaften, in Sportverbänden und anderen legalen Vereinigungen möglichst viele Menschen für den antifaschistischen Widerstand gewinnen sollten. Heinz und seine Kollegen sollen in der Gewerkschaftsjugend tätig werden. Doch am 2. Mai werden die Gewerkschaften verboten.

Im Lauf des Sommers wechselt der Kontaktmann. An Stelle von Fred taucht auf dem Heimweg neben Heinz ein rotblonder, kurzgeschorener, fast kahlköpfiger und untersetzter Jüngling auf: «Gruß von Fred, ich bin Ossi.» Zu einem der Treffs zwischen Heinz und Ossi erscheint auch der «Oberreisende» Schlotterbeck, verantwortlich für die illegale Arbeit des Kommunistischen Jugendverbandes in Sachsen, und beauftragt Heinz, eine kleine Druckerei, eine «Quitsche» mit Presse, doch ohne Personal, ausfindig zu machen, deren Inhaber bereit sei, kommunistische Flugblätter zu drucken. Nach mehreren vergeblichen Versuchen zeigt sich ein Drucker für viel Geld gewillt, das Geschäft zu machen. In seiner Freude über den Erfolg läßt Heinz die Aktentasche bei ihm stehen, und obwohl darin nur Butterbrotpapier zu finden ist, zieht der Drucker eine naheliegende Konsequenz: Mit einem derart Schusseligen läßt er sich nicht auf illegale Aktionen ein.

Schließlich druckt Heinz selbst zusammen mit einigen Freunden Flugblätter auf einer Rotaprint-Maschine und gibt sie an Ossi weiter. Provisorische Zeitungen wie die *Junge Garde* und die *Rote Fahne* werden über die tschechische Grenze eingeschleust.

Die Reichstagswahlen vom 5. März bewerten sowohl «die

Leipziger», Heinz und seine Freunde, wie auch «die Ahlbecker», Onkel Hans mit Anhang, als Erfolg. In Leipzig wählen nicht einmal vierzig Prozent die NSDAP, in Pommern hingegen fast sechzig – mehr als anderswo. In Leipzig kommen die beiden Arbeiterparteien wiederum der absoluten Mehrheit nahe, in Pommern erreichen sie nicht einmal ein Viertel der abgegebenen Stimmen. Das Ahlbecker Wahlergebnis entspricht dem pommerschen.

Eka hat zum Wahlerfolg der Onkel-Hans-Partei beizutragen versucht. Berauscht von dem Gedanken, zu den Siegern zu gehören, läuft sie mit Vetter Hänschen die Kaiserstraße rauf und runter, um Flugblätter in die Briefkästen zu werfen: «Zerstampft den Kommunismus! Zerschmettert die Sozialdemokratie! Wählt Hitler: Liste 1!»

Solche Zettel stecken die Kinder abends auch Passanten zu, während Onkel Hans in schwarzer Uniform, den Sturmriemen unterm Kinn, begleitet von einem trommelnden und einem fakkeltragenden SS-Mann, an den Straßenecken einen Wahlaufruf verliest.

Mag sein, daß dem Kind der Winter und das Frühjahr 1933 deshalb so lebhaft in Erinnerung geblieben sind, weil es in dem ohne Badegäste ruhigen, verschlafenen Dorf nie derart hoch hergegangen war; eine Siegesfeier folgt der anderen. Drei Tage nach den Reichstagswahlen hissen Onkel Hans und seine Freunde auf dem Gemeindeamt und anderen öffentlichen Gebäuden Schwarz-Weiß-Rot und Hakenkreuz. Verwundert sieht Eka zu den Fenstern des Gemeindeamtes hoch, wo der Bürgermeister hinter weißen, geschlossenen Gardinen steht und die Stores nur kurz beiseite hebt, um spöttisch auf die Angetretenen zu blicken.

Am 1. Mai spricht schon der neue Bürgermeister. Vorneweg ein Polizist, dann die Feuerwehrkapelle, so ziehen bald tausend Ahlbecker mit ihren Kindern durch den Ort und unterbrechen den Ummarsch mit immer neuen Feiern: Auf dem mit Fahnen und Birkengrün geschmückten Sportplatz hören sie die Übertragung aus Berlin, auf dem leicht erhöhten Platz am Friedrich-

Ebert-Ring, nach Adolf Hitler neu benannt, pflanzen sie drei Eichen: die Hindenburg-, die Hitler- und zu Ehren des Stahlhelmführers die Franz-Seldte-Eiche – «Symbole der Schlichtheit, der Gradheit und der Kraft» nennt sie der neue Bürgermeister.

Dann geht's weiter zum Konzertplatz. Von dort, wo sich der Ummarsch durch die Beteiligung mehrerer «Festwagen» der Feuerwehr sowie der Handwerksinnung in einen «Mai-Festzug» verwandelt, marschieren sie zum Zierowberg, wo aus dem Festzug «ein echtes deutsches Volksfest» wird; die meisten Männer sind nun blau.

Obwohl es nur noch «Arbeiter der Faust und der Stirn» geben soll, fällt es Rektor Scheil in der Chronik seiner Schule offensichtlich schwer, alle Ahlbecker unterschiedslos als «deutsche Volksgenossen» zu betrachten. Wie er es gewohnt ist, notiert er bei Auftritten des Ortsgruppenleiters der NSDAP und des Stahlhelmführers, es hätten «Herr Malermeister Strohecker» und «Herr Dampfwäschereibesitzer Dolge» zu den Versammelten gesprochen, während «Herr Elektromeister Wittke» die Lautsprecheranlagen zur Verfügung stellte.

Doch keiner dieser vielen neuen Feiertage gewinnt für die Nachfahren der Ahlbecker königlichen Kolonisten eine solche historische Bedeutung wie der 21. März: der «Tag von Potsdam».

Auf der Galerie der Potsdamer Garnisonkirche sitzen die ordensübersäten Heroen der Schwandts, der Priems und Meissners: Generale und Admirale aus der Kaiserzeit. Im Kirchenschiff haben die Freunde von Onkel Hans Platz genommen: Abgeordnete der NSDAP. Dann reicht der Repräsentant derer auf der Galerie, Feldmarschall von Hindenburg, dem neuen Reichskanzler die Hand.

Die Schwandts, die Priems und Meissners verstehen die Geste richtig: als einen durch Handschlag besiegelten Bündnisschluß des alten Preußen mit dem Führer des Ahlbecker Schlossermeisters, Lenchens Mann. Der österreichische Gefreite aus dem Weltkrieg soll als legitimer Erbe ihres großen Friedrich gelten und über dessen Gruft die Männer im Kirchenschiff und auf der Galerie im Dienst fürs Vaterland vereinen.

Bündnisschluß und Händedruck setzen sich in Ahlbeck fort. Deutschnationale und Nationalsozialisten, der Stahlhelm und die SA, der Kriegerverein und die SS, BDM-Mädchen und Jung-Luisen versammeln sich am Abend des «Tages von Potsdam» auf dem Konzertplatz und ziehen zur Bismarckwarte auf dem Präsidentenberg. Dort werden Fackeln und oben auf dem Denkmalsturm ein Feuer angezündet, und die ganze Gegend hallt von patriotischen Liedern des Männergesangvereins wider. Dann treten NS-Ortsgruppenleiter Strohecker und Stahlhelmführer Dolge auf die Stufen des Bismarckturms und drücken sich die Hand.

Feierliche Ansprachen werden gehalten, und dann marschieren alle wieder ab. Schmiedemeister Schmidt als Stahlhelm-Mann und sein Ältester als Jungvolk-Junge, Arm in Arm Frau Anders vom Luisenbund und Fräulein Fehrmann von der NS-Frauenschaft. Ganz vorne, vor allen anderen und allein marschiert in einer winzigen braunen Uniform und mit einem braunen Käppi auf dem Kopf Hänschen, der Enkel Jacob Schwandts.

Eka weiß nun, wer die Verbündeten, die Freunde sind. Wer aber sind die Feinde?

Als Ella Assmus mit ihrer Tochter zur Feier auf den Präsidentenberg hinaufsteigt, läßt sie in der Wohnung Licht brennen, um «den Kommunisten einen Einbruch nicht so leicht zu machen». Allein schon wenn das Wort «Kommunist» fällt, beginnt das Kind zu zittern. Bei Kommunisten auf dem Dorf, so heißt es, sei eine Liste mit den Namen von sieben Ahlbeckern gefunden worden, die umgebracht werden sollen, als sechster Onkel Hans.

Die Räuber in den Dünen, im dunklen Hausflur, hinterm Bett heißen nicht mehr Störtebeker, sind nicht mehr unbekannte Vagabunden, sondern tragen jetzt die Namen von Mitgliedern der KPD im Dorf: Köster, Scholz und Zicken-Richter. Jede Nacht fürchtet sich das Kind vor kommunistischen Mordkommandos. Als es mittags nach der Schule im schmalen Durchgang zwischen Linden- und der Dreherstraße einem alten Mann begegnet, der es nach seinem Namen fragt, ist es überzeugt: Jetzt fängt dich die Kommune, jetzt ist's um dich geschehen! Kommunisten, so glaubt Eka, schrecken nicht davor zurück, Kinder umzubringen. Ist es deshalb nicht ganz richtig, denkt sie, diese Leute ins KZ zu bringen?

Wie man sich KZs vorzustellen hat, weiß sie nicht so recht. Die Erwachsenen sagen manchmal, der und der sei «im Konzertlager». Und manchmal drohen sie: «Wenn du nicht artig bist, kommst du ins KZ!»

Jedenfalls besitzt Eka mit ihren sieben Jahren ein festes Feindbild. Feinde sind an erster Stelle Kommunisten, dann «die Sozis» und die Polen, «Polacken», wie man verächtlich sagt.

Zwar kennt sie keinen Polen und kaum Sozis oder Kommunisten, aber sie hat doch Vorstellungen, warum sie diese Menschen hassen soll. Bei anderen, die auch bekämpft werden sollen, ist sie nicht so sicher. Freimaurer zum Beispiel verabscheut sie, ohne die geringste Vorstellung von ihnen zu haben. Und wenn Eka Herbert Meissner im Nachbarhof Kien spalten sieht, schimpft sie «Doppelverdiener» vor sich hin, was sie von irgend jemand aufgeschnappt hat, ohne es zu begreifen. Heißt das, Herbert bekommt doppelten Lohn?

Lange bevor der erste Ahlbecker ein Nazi wurde, waren viele Ahlbecker bereits Antisemiten. Das verband Opa Schwandt mit Onkel Hans. Juden, so hieß es von klein auf um das Kind herum, seien nicht reell, sie scharrten Geld zusammen, saugten Nichtjuden aus und machten sich an blonde Mädchen ran. Darum dürfe man nicht bei Juden kaufen, sich nicht von einem jüdischen Arzt behandeln lassen. Doch weil Dr. Biebergeil ein besserer Arzt als alle anderen war und Mührberg ebenso wie Jacobi in ihren Textilgeschäften billige und gute Waren verkauften, wurde das Prinzip heimlich auch schon mal durchbrochen.

«Kauft nicht in jüdischen Geschäften und Warenhäusern! Geht nicht zu jüdischen Rechtsanwälten! Meidet jüdische Ärzte! Wer gegen diese Aufforderung handelt, beweist damit, daß er auf der Seite der Feinde Deutschlands steht!» Die Verfasser dieses am 1. April verteilten Aufrufs, ein Komitee «zur Abwehr jüdischer Greuel- und Boykotthetze», an seiner Spitze der Gauleiter von Franken, Julius Streicher, können sich darauf verlassen, daß Ahlbecks «gute Deutsche» ihn befolgen werden.

Während im Lauf des Jahres überall in Deutschland jüdische Beamte, Arbeiter und Angestellte von den Behörden entlassen werden, jüdische Professoren und Studenten die Universitäten verlassen müssen und Soldaten wie Offiziere auf Befehl der Reichswehrführung keine Jüdinnen mehr heiraten dürfen, legen sich Ella Assmus und andere in Ahlbeck eine Faustregel zurecht, an die sie sich in den kommenden zwölf Jahren halten werden. Sie lautet: «Die Juden sind unser Unglück», deshalb ist grundsätzlich richtig, was mit ihnen geschieht. Doch es gibt auch anständige Juden: jene, die man persönlich kennt. Diese Juden «können nichts dafür», sie sind zu bedauern.

Auch gegen jüdische «Schmierfinken von der Presse und Asphaltliteraten» wird in Ahlbeck vorgegangen. SA-Männer durchsuchen Büchereien nach «verbotenem Schriftgut» und beschlagnahmen beim Buchhändler Ernst Bücher Kurt Tucholskys. Sie werden zusammen mit anderen «Schmutz- und Schundschriften», wie sie der Bürgermeister in seiner «Flammenrede» nennt, am Strand aufgeschichtet und verbrannt.

Um dieselbe Zeit erlebt Heinz in seiner Druckerei ein Autodafé des jungen Bär. Der Juniorchef kommt aus seinem Kontor herauf zur Setzerei und läßt sich dort in jene Ecke führen, in der der Stehsatz für den sogenannten Zettel liegt – von Lehrlingen gesetzte, immer wieder zu korrigierende, zu aktualisierende, neu gebrauchte Satzspalten für den täglichen Theaterzettel: das Programm verschiedener Leipziger Theater mit dem jeweiligen Titel und Autorennamen sowie den Angaben über die Personen und ihre Darsteller.

«Bring mal eine Kiste her!» fordert der seltene Besucher einen Lehrling auf. Persönlich schmeißt der junge Bär den Stehsatz für Stücke von Brecht / Weill und Toller, Friedrich Wolf, Hasenclever und anderen Autoren in die bereitgestellte Kiste. «So etwas wird nicht mehr bei uns gespielt!» Dann schüttelt der Juniorchef den Staub von seinen weißen Händen und geht in sein Kontor zurück.

«Endlich kommen die Leute von der Straße! Endlich wird Ordnung!» meint einer der Ahlbecker Strandkorbvermieter, und er spricht aus, was viele denken. Seine Tochter erinnert sich 1982 vor allem daran, daß sie mit ihrer Freundin nachts zu Fuß durch den Wald gehen konnte – und es passierte nichts. «Wir konnten die Türen offenlassen. Wir konnten die Fenster offenlassen – und es passierte nichts. Es war Sicherheit! Gewaltverbrecher und arbeitsscheue Elemente wurden endlich mal hart angefaßt.»

«Bisher war es so, daß sich die Strafgefangenen sagen konnten, die Strafanstalt sei ein kostenloses Hotel, das sie gut versorgt und in dem es sehr angenehm ist. In Zukunft werden sie aber nichts mehr fürchten, als in dieses Haus hinein zu müssen...» (Roland Freisler am 2. August 1933).

Drei Monate später muß Heinz in dieses Haus hinein.

Abwechselnd bedrückt und dann wieder euphorisch, zwischen Hochgefühl und wachsender Beklemmung schwankend, beginnen Heinz und seine Freunde im Sommer 1933 zu ahnen, was ihnen bevorsteht. Im August stirbt ein kommunistischer Stadtverordneter im Leipziger Polizeigefängnis an den Folgen der Folter. Die Todesstrafe droht nun auch jenen, die Mitglieder der SA angreifen oder die bezichtigt werden, «Greuelpropaganda» zu betreiben. «Es ist nicht einzusehen, warum da und dort, wo einmal französisches Recht galt, als Vollstreckungsmittel die Guillotine gelten soll, die übrigens dem deutschen Volk absolut fremd ist ... Sie wurde beseitigt, ebenso das Fallschwert. Die Todesstrafe wird jetzt ... durch Erschießen oder Erhängen, in Preußen durch das Beil vollzogen. Es ist übrigens die allersicherste Todesart, die noch niemals zu irgendwelchen Beanstandungen Anlaß gegeben hat» (*Leipziger Neueste Nachrichten* vom 3. August 1933).

Im September werden in Leipzig wieder täglich Wohnungen durchsucht, auch Lauben und Schrebergärten, und wieder werden mehrere hundert Menschen festgenommen. «Die KPD lebt!», «Hitler bedeutet Krieg!», «Reichstagsbrand durch Görings Hand!» – solche Parolen lesen die Leipziger an Mauern und an Häuserwänden sowie in Flugblättern, die auf der Straße liegen. Wer von den Widerstand leistenden Genossen noch nicht verhaftet ist, beteiligt sich an den gefährlichen Aktionen, die gerade auch den Journalisten und Ausländern, die in die Stadt gekommen sind, beweisen sollen, daß Leipzigs KPD noch existiert.

Im Leipziger Reichsgericht hat nämlich der Reichstagsbrandprozeß begonnen. Der Brandstiftung, des Hochverrats und anderer Verbrechen sind nicht nur der Holländer Marinus van der Lubbe, sondern auch der deutsche Kommunist Ernst Torgler, der Bulgare Georgi Dimitroff, einer der führenden Funktionäre der Kommunistischen Internationale, und zwei weitere Bulgaren angeklagt.

Im November, am 31. Prozeßtag, erscheint der neue preußische Ministerpräsident Hermann Göring als Zeuge vor dem Reichsgericht. Doch nicht als Angeklagter tritt ihm Dimitroff entgegen, sondern als Ankläger gegen jene, die er als die wahren Brandstifter bezeichnet, gegen die Nazis. Auf Dimitroff sind seine Genossen ganz besonders stolz.

Bald darauf, am 18. November, einem Sonnabend, trifft sich Heinz mit seinen Freunden in einer griechischen Kneipe. Die Wirtstochter Penelope bringt ihren Gästen griechischen Wein und dazu Brot und Rettich. Immer wieder kommen die jungen Leute auf «Dimi», ihren Helden, zu sprechen. Heinz erlebt einen jener seltenen Augenblicke, in dem die Welt der Träume, seiner Bücherhelden und die Wirklichkeit nahe beieinanderliegen. Wie in Büchern gibt es nun im Leben streng geschieden Gut und Böse, Weiß und Schwarz, verkörpert durch einen dikken deutschen Teufel und einen bulgarischen Engel, der einen Schnauzbart trägt. Um Mitternacht stoßen alle auf Heinz Zögers 18. Geburtstag an, und dann diskutieren sie bis zum frühen Morgen.

Als Heinz durch den Novembernebel heim nach Sellerhausen geht, hört er in der Nähe des Hauptbahnhofs Marschschritte und Befehle. Auf dem Bahnhof rollen Sonderzüge ein. Stahlhelm und SA-Brigaden marschieren zu ihren Stellplätzen. An diesem Sonntag wird sich der Stahlhelm auflösen und der SA anschließen. Dazu gehört, wie so oft, Anmarsch, Aufmarsch, Ummarsch, Appell und Abmarsch.

«Ich war gerade erst eingeschlafen, da klingelte es an der Tür. Dann klopfte Mutter: ‹Heinz, Polizei ist da!› Da kam auch schon der eine in mein Zimmer. Während ich mich anzog, behielt er mich im Blick, und der zweite durchsuchte in dieser Zeit den Raum. Auf dem Tisch lag vom Vortag noch ein Brief, illegale Post, und daneben ein der Mutter abgegebener durchgeschnittener Zettel, den ich beim Nachhausekommen nicht beachtet hatte. Der Schnitt ging mitten durch den Schriftzug ‹Fred›. Ich verstand sofort: Kurt Lenge war verhaftet worden.

Nachdem ich mich angezogen hatte, nahmen mich die beiden Männer in ihre Mitte. Auf der Treppe begegneten wir einer Verwandten mit einem Blumenstrauß, die mir zum Geburtstag gratulieren wollte. Wir taten beide so, als ob wir uns nicht kennen würden. Diese Frau hat mich dann an einem der nächsten Tage bei Bär & Hermann abgemeldet. ‹Was›, sagten die, ‹ist der krank geworden?› – ‹Nein›, sagte sie, ‹der ist verhaftet worden.›

Sie brachten mich ins Leipziger Polizeigefängnis. Dort nahmen sie mir Schlips und Gürtel, die Schnürsenkel aus meinen Schuhen, die Armbanduhr, das Portemonnaie, die Zigaretten ab und steckten mich in eine Einzelzelle. Mir fiel ein, daß mich Vaters Kollegen von der 4. Polizeiwache in Reudnitz als Kind mal aus Scherz in eine Ausnüchterungszelle eingesperrt hatten; diese hier glich der in Reudnitz. Dann schoß mir die Prophezeiung der Wahrsagerin durch den Kopf, zu der ich mal aus Jux gegangen war. ‹Junge›, hatte sie gesagt, ‹du wirst einen Teil deines Lebens in großen Häusern leben.›

Wen mochten sie noch verhaftet haben? Was konnten sie erfahren haben?

Nach mehreren Stunden holten sie mich aus der Zelle und stellten mich mit dem Gesicht zur Wand im Flur auf. Im Abstand von etwa jeweils fünfzig Metern standen im langen Gang des Zellenhauses noch zwei andere Jungen und ein Mädchen, die ebenfalls verhaftet worden waren. Zwei Gestapo-Leute und ein

SS-Mann gingen von einem zum anderen und fragten: ‹Kennst du den und den?›, ‹Weißt du, wo der ist?›, ‹Hast du mit dem zu tun gehabt?› Dabei stießen sie uns in den Rücken, traten nach uns, schlugen uns. Ich hörte von den anderen nur die Schreie: ‹Ich weiß es nicht!›, ‹Den kenn ich nicht! ... weiß nicht, weiß nicht!› Stöhnen und Schmerzenslaute. Wie lange das ging, weiß ich nicht, man verliert dabei jedes Zeitgefühl.

Am späten Nachmittag wurden wir in einem offenen Polizeiauto vom Leipziger ins Dresdner Polizeigefängnis überführt, jeder von den anderen durch einen Gestapo-Mann getrennt. Die junge Genossin hatte ganz geschwollene Backen, die hatten sie dauernd ins Gesicht geschlagen. Es war Liesel Bosse. Ein paar Jahre später ist sie meine erste Frau geworden.

Unsere Bewacher drohten uns die ganze Zeit, wenn wir nicht aussagten, werde man uns in Säcke stecken, diese zunähen und in die Elbtalsperre werfen. Wir hörten gar nicht hin. Zwischen Meißen und Dresden fuhr der Wagen am Elbufer entlang. Jenseits des Flusses sahen wir das Elbsandsteingebirge liegen. Es leuchtete in der Abendsonne rosa, orange und purpurrot, dann wieder im lichten Ocker, durchsetzt von violetten Streifen. Es leuchtet zu deinem Geburtstag, dachte ich bei mir und hielt das Bild für mein Leben fest.

Im Dresdner Polizeigefängnis wurde ich noch am gleichen Abend Kurt Lenge gegenübergestellt. Ich hätte ihn fast nicht erkannt, so hatten sie ihn zugerichtet: Kaum fähig, sich noch auf den Beinen zu halten, stand er da mit ausgeschlagenen Zähnen, zugeschwollenen Augen, im Gesicht blau, gelb-grün. Und wieder Püffe, Schläge und unaufhörlich die Beschimpfungen: ‹Dreckskerl!›, ‹Rotes Schwein!›, ‹Dich machen wir fertig! Dich kriegen wir noch weich!›

Einer der Vernehmer, der mich gefragt hatte, warum ich gegen die nationalsozialistische Regierung sei, schmiß mir nach meiner Antwort eine Schreibmaschine ins Kreuz, und dann stürzten sie sich zu mehreren auf mich.

Einer der politischen Gefangenen trat in den Hungerstreik. Ein junger jüdischer Genosse erhängte sich in seiner Zelle. Wenn wir politischen Gefangenen uns beim Spaziergang oder im

Duschraum begegneten, bestärkten wir uns gegenseitig, durchzuhalten, uns nicht kleinkriegen zu lassen. Doch es war schwerer, als wir ahnten, denn die Nazis sahen ihre Gegner nicht als Menschen.

Ich blieb mehrere Wochen im Dresdner Polizeigefängnis. Eines Tages erhielt ich einen rosa Schein, dem ich entnehmen konnte, daß ich auf Grund des Gesetzes gegen die Neubildung von Parteien in Schutzhaft sei. Nach § 2 drohte jedem Gefängnis oder Zuchthaus, der den organisatorischen Zusammenschluß einer anderen politischen Partei als der NSDAP aufrechtzuerhalten suchte. Immer wieder wurde ich vernommen. Meistens mehrere Stunden lang. Es ging immer wieder um Lenge, Ossi und um Schlotterbeck, der irgendwann ebenfalls verhaftet worden war, während Ossi, was die Gestapo nicht wußte, längst in der Sowjetunion war. Sie versuchten alles, um aus uns die Namen anderer Leipziger Kommunisten herauszupressen, die illegale Arbeit machten.

Danach kam ich in das Dresdner Gefängnis, ‹die Mathilde›. In einer Zelle erlebte ich den Heiligen Abend 1933. Eigentlich war ich an diesem Abend ganz zufrieden. Mein Bruder hatte mir auf meine Bitte das Krönersche *‹Wörterbuch der Philosophie›* geschickt, und ich las darin in dem befriedigenden Gefühl, daß nach unserer Verhaftung kein weiterer Genosse in Leipzig aufgeflogen war. Wir hatten dichtgehalten.»

2. Mai 1934. Sicherlich geht Eka am Morgen in die Schule. Fürchtet sie sich wieder? Hat sie Angst davor, daß der Lehrer Stresemann Kinder, die nicht rechnen können oder schwatzen, in die Ecke stellt – mit dem Kopf zur Wand? Oder wird Friedrichs wieder mit dem Rohrstock auf Hosenböden und Makohöschen schlagen?

Vielleicht geht sie am Nachmittag in ihrem neuen braunen Kleid und auf dem Kopf den Kranz aus Häkelblümchen zu den Hitlerküken. Dort lehrt die Frau des Doktors, wie man auf Pappscheiben Blumen stickt, und liest aus dem Buch *‹Kinder, was wißt ihr vom Führer?›* vor.

Ist dieser 2. Mai einer jener Tage, an dem Eka bei dem Händevor-die-Augen-Spiel wieder so jämmerlich versagt? «Schlagt die Hände vor die Augen», sagt Herr Friedrichs, «und ihr werdet die allerschönsten Bilder vor euch sehen. – – Na, wer will erzählen, was er sieht?»

Alle Kinder schreien durcheinander. Jedes will erzählen: Eines sieht auf einer Waldwiese Rumpelstilzchen tanzen, ein anderes erzählt von einem Elefanten, der durch den Dschungel stampft, der kleine Klüd sieht immer seinen Lieblingskuchen: gefüllten Bienenstich. Nur Eka – sie sieht nichts, drückt verzweifelt ihre Fäuste in die Augen und sieht nichts.

In Zwickau tagt am Morgen dieses 2. Mai das Sondergericht Freiberg. Verhandelt wird «gegen Fritz Sparschuh und Genossen»: knapp siebzig junge Kommunisten, die meisten Dresdner Lehrlinge und Schüler.

Die Angeklagten sind vor Prozeßbeginn auf verschiedenen Wegen in die Zwickauer Haftanstalt Schloß Osterstein gekommen: Die einen aus dem KZ Hohenstein, Heinz und andere aus der Dresdner Untersuchungshaft. Eines Morgens hat man sie in eine Massenzelle auf dem Dresdner Hauptbahnhof gebracht. Dort warten schon, um «auf Transport zu gehen», erschreckte Kriminelle, die in einer Zeitung, die sie aufgegabelt haben, lesen, daß für rückfällige Straftäter die Sicherheitsverwahrung eingeführt worden ist. Heinz sieht zum erstenmal Menschen, die gefesselt sind. Einer der Gefangenen trägt eine Gürtelfessel, andere sind mit altmodischen Stahlringen in Achterform gefesselt, die sich um die zusammengelegten Handgelenke schließen.

Auf Opernbühnen recken Tenöre, Freiheitsarien singend, gefesselt ihre Arme hoch. In Gefängniszellen erstmals Fesseln tragen zu müssen, gefesselt «auf Transport zu gehen», Freien zu begegnen, gefesselt den Gerichtssaal zu betreten, um sein Urteil anzuhören – und dabei seine Würde zu bewahren, gehört zum Schwersten, was politische Gefangene lernen müssen.

«Vergeßt das nicht! Vergeßt das nie!» mahnt Fritz Nolde, als die Wärter sie in die engen Zellen stopfen. «Später einmal werden wir bezeugen müssen, was in dieser Zeit geschehen ist.» Die Zellen des Waggons für den Gefangenentransport sind für jeweils zwei, höchstens vier Gefangene eingerichtet. Doch jetzt müssen fünf, sechs in ein solches Loch. Heinz ist dennoch froh, mit zwei Leipziger Genossen und nicht mit Kriminellen eingesperrt zu werden. Nach einem halben Jahr sieht er zum erstenmal Martin Helas wieder, der mit ihm verhaftet wurde. Auch Nolde, der Bildhauer und Maler, kommt aus Leipzig. Sie stehen in der stickigen Luft aneinandergepreßt, fühlen sich gefesselt ohne Fessel, können sich nicht rühren, aber miteinander reden: «Wie war's bei dir? Was wollten sie von dir? Was hast du gesagt?»

Am Morgen des 2. Mai werden alle Angeklagten in einen großen Gerichtssaal geführt und angewiesen, sich auf die Stuhlreihen zu setzen, die, sonst für das Publikum bestimmt, den ganzen Raum ausfüllen. Zwanzig Jahre später werden viele von ihnen Spitzenfunktionäre in der DDR sein, Horst Sindermann zum Beispiel und Kurt Ziller, auch Martin Helas und Heinz Zöger. Und wiederum einige Jahre später werden einige, wie Helas, Ankläger und andere, wie Zöger, Angeklagte sein.

Jetzt aber sind sie alle gleich. Die jungen Leute scharren mit den Füßen, schubsen, buffen, knuffen sich, flüstern, raunen, lachen, winken, ziehen Grimassen – vollführen ein richtiges Spektakel. Einer der älteren Wachtmeister knurrt: «Ihr habt den Ernst noch nicht begriffen!»

Drei Tage dauert der Prozeß. Nur einige der Angeklagten vernimmt das Gericht ausführlich: den Hauptangeklagten Sparschuh, die Buchhändlerin Liesel Bosse, die Freundin von Kurt Lenge, dessen Verfahren abgetrennt worden ist, und die beharrlich dabei bleibt, der Leiter der illegalen Arbeit des Kommunistischen Jugendverbandes in Sachsen, Schlotterbeck, der Katzennarr, sei ausschließlich wegen ihrer Katzen zu ihr in den Laden gekommen. Politische Gespräche? Nein, die habe sie nicht mit ihm geführt. Auch Kurt Ziller ist nicht davon abzubringen, daß er den Revolver, dessen Besitz ihm angelastet wird, auf einem Gartenweg gefunden habe.

Offizialverteidiger, andere gibt es nicht, verweisen auf das jugendliche Alter, die Besserungsfähigkeit der Angeklagten.

Am 5. Mai verkündet das Sondergericht die Urteile: Zuchthaus- und Gefängnisstrafen von einigen Monaten bis zu drei Jahren für illegale Zusammenkünfte, Verteilung illegaler Flugblätter, Fortsetzung einer verbotenen Organisation. Vor dem Gerichtssaal warten Angehörige; Heinz freut sich, als er Ella Messerschmidt entdeckt, und noch mehr, als sie sagt, daß sie stolz auf ihren Schwager sei. Ein paar Wochen später wird er wieder auf Transport geschickt, dieses Mal nach Bautzen, um neun Monate Gefängnis abzusitzen.

Im zweiten Jahr der Hitlerherrschaft konnte einem politischen Gefangenen nichts Besseres passieren, als in eines jener alten Gefängnisse zu kommen, in denen Wärter aus der Weimarer Republik den Ton angaben. Im Vergleich zu den KZs und den Polizeigefängnissen, in denen die Gestapo, Schläger der SA und der SS das Kommando übernommen hatten, ging es in den alten Strafvollzugsanstalten ruhig, zuweilen fast gemütlich zu. Gitter, aber keine Grausamkeit, Monotonie, aber immerhin die Sicherheit, da wieder lebend herauszukommen.

Nach dem, was er seit dem Morgen seines 18. Geburtstages erlebt hat, stimmt Heinz der Empfang auf dem Bautzner Bahnhof beinah heiter. Vor der Sperre wartet ein von zwei müden Gäulen gezogener hölzerner Gefängniswagen, der über Kopfsteinpflaster ruckelt und dann die Landstraße entlang bis zur sächsischen Landesanstalt rollt, einem Gebäudekomplex außerhalb der Stadt, umgeben von einer hohen gelben Ziegelmauer, und den die Gefangenen deshalb bis heute «Das gelbe Elend» nennen. Inmitten dieses ebenfalls von Mauern unterteilten riesigen Komplexes liegt die Jugendhaftanstalt, in die Heinz eingeliefert wird.

In der Kleiderkammer wird er so gut ausgestattet wie in keinem der anderen Gefängnisse, die noch auf ihn warten: mit einem Drillichanzug sowie einem Einheitstuchanzug für sonntags und den Kirchgang, zwei Garnituren Unterwäsche, Bettwäsche aus grobem Leinen und vier Decken. Dann kommt er in eine kleine Einzelzelle, deren Wände mit Ölfarbe gestrichen sind. Das Mobiliar besteht aus Tisch, Schemel, Wandbord, Kübel und einem während des Tages an der Wand hochgeklappten

Eisenbett. Wenn Heinz den Himmel sehen möchte, muß er auf den Holztisch steigen, um einen Blick durch das hohe Klappfenster zu werfen. Doch das ist streng verboten, und er darf sich dabei nicht erwischen lassen. Täglich wird ihm ein Quantum Stoffetzen hereingereicht, die er in einzelne Fäden auseinanderziehen muß: Wergzupfen, eine typische Gefangenenarbeit.

Morgens bekommen die Gefangenen Suppe und täglich bis zu drei Pfund Brot, mittags gibt es kräftigen Eintopf, und für den Abend wird Schmalz, Wurst, Fisch ausgegeben – hier wird jeder halbwegs satt. Einmal in der Woche kommen die Kalfaktoren und tragen auf dem großen Brett, auf dem sonst Brote liegen, Bücher aus der Anstaltsbücherei herum, und jeder kann sich zwei davon ausleihen.

Wäre alles seinen normalen Gang gegangen, so hätte der Häftling Zöger den Regeln des sächsischen Strafvollzugs zufolge nach Ablauf des ersten Drittels seiner Strafe aus der Unter- in die Mittelstufe und von dort für das letzte Drittel in die Oberstufe kommen und mit jedem Aufstieg in der Häftlingshierarchie die Farbe seines Halstuchs wechseln müssen. Zu den damit verbundenen Privilegien hätte der Bezug einer Tageszeitung, vor allem aber die Verlegung in Gemeinschaftszellen sowohl zum Schlafen wie zum Arbeiten gehört.

Doch dieser Häftling Zöger gelangte über die Unterstufe und damit aus seiner Einzelzelle nie heraus. Privilegien wurden ihm nicht gewährt. Er galt als Hartköpfiger, Verstockter, und dies vom ersten Tag an. Sein erster Brief an Minna Zöger, eine heitere Schilderung der «Reise mit der Pferdedroschke», wurde vom Anstaltsleiter mit der Begründung einbehalten, Berichte über Hafterfahrungen und -bedingungen seien verboten. Der Häftling führte zu seiner Verteidigung an, er habe die besorgte Mutter trösten wollen. Solcherart Begründung wurde nicht anerkannt.

Schwerer noch als der Brief wog ein Gespräch mit dem Anstaltspfarrer in der Zelle. Der Häftling, der jeden Sonntag in seinem Sonntagsanzug den Gottesdienst besuchte, um während der Predigt und des Chorgesangs mit anderen Häftlingen zu tuscheln, fühlte sich provoziert und widersprach dem Pfarrer sehr entschieden, alsdieser ihm erklären wollte, daß die Sowjetunion «nichts als ein Saustall» sei. Zur Begründung für den Widerspruch griff der Häftling zum Ärger seines Gegenübers nach der neuesten Nummer der Gefängniszeitung, in der berichtet wurde, daß in der Sowjetunion eine Wetterbombe entwickelt worden sei, mit der über Dürregebieten Regen erzeugt werden könne. Schwer atmend schlug der Geistliche die Tür der Zelle zu und versuchte nie wieder, mit dem Gefangenen zu sprechen.

Das letzte Wort in Bautzen hat der Anstaltsleiter. Kurz vor der Entlassung des Häftlings Zöger im Januar 1935 ermahnt er ihn, in sich zu gehen und zu bedenken, wohin es führen würde, wolle er sich weiter im kommunistischen Sinn betätigen.

«Lassen Sie davon ab! Das nächste Mal wird es Sie härter treffen!» Auf der Rückfahrt, zwischen Bautzen und seiner Heimatstadt, wägt Heinz noch einmal seine politische Überzeugung ab gegen den Preis, den er für sie zu zahlen hat: Verurteilung und Gefängnis; in seinen Augen war es richtig, wie er sich verhalten hat.

Was ein Mensch allein in einer Zelle lernen kann, hat der Achtzehnjährige gelernt: sich selbst genug zu sein. Er hat Schopenhauer gelesen und entdeckt, was Wilhelm Raabe ihm bedeutet. Er hat lange den Dohlen, den possierlichen, koketten, auf der Mauer gegenüber der Zelle zugeschaut, Verse geschmiedet und Schachaufgaben gelöst.

Stundenlang wird er als alter Mann allein auf einer Böschung sitzen, die zum Rhein herabfällt, mit der Strömung und den wechselnden Himmelsfarben beschäftigt, den Flußkähnen, die vorüberziehen, den Möwen, die über ihnen schweben, mit Wind und Wellen auf dem Strom.

Was ein Mensch allein in einer Zelle lernen kann, hat der Achtzehnjährige gelernt: den Augenblick anzunehmen, den Tag, so wie er kommt, sich anzueignen, zur eigenen, unverwechselbaren Gegenwart zu machen. Er war erst kurze Zeit in Bautzen, da fiel ihm auf, Kalfaktoren, Mithäftlinge, mit denen er beim Hofgang, in der Kirche oder sonstwo ein paar Worte wechseln konnte, sprachen vom «Davor» und vom «Danach», redeten darüber, wie es gewesen war und wie es sein würde, redeten nicht von der Un-Zeit im Gefängnis. Jeder war auf dem Weg – wohin?

Unter der Obhut seines großen Bruders hatte er begriffen, daß es für Menschen lebensnotwendig ist, eine Vorstellung von einer besseren Zukunft zu besitzen. In der Bautzner Gefängniszelle fragt er sich zum erstenmal, ob ein Leben nur darin bestehen sollte, zusammen mit anderen auf dem Weg zu sein; auf das, was kommen soll, zu warten. Künftig will er vor Zukunft und Vergangenheit den Sinn des Augenblickes, des gegenwärtigen Tages setzen – *seines* Augenblickes und *seines* Tages.

Zwölf Jahre lebten Heinz und Eka in einer getrennten, abgeschlossenen Welt: Eka unter den Verfolgern, Heinz unter den Verfolgten.

DAS AHLBECKER JUNGMÄDEL

1936, im Olympiajahr, sind alle für den Führer. Ella Assmus ist dafür. Sichtbare Erfolge, sagt sie, hätten ihre anfänglichen Bedenken ausgeräumt. «Die Arbeitslosen sind endlich von der Straße! Die Badegäste kommen wieder, das Haus ist den Sommer über voll! Auch die Rente wird nicht mehr gekürzt.» Deshalb wird Frau Assmus Mitglied im Reichskolonialbund (zum Andenken an Opa Schwandt) und bei der NS-Frauenschaft.

Der Pastor ist dafür. Am 1. Mai schreitet er im Ornat und mit Gebetbuch die breite Treppe der neuerbauten Thingstätte zum Feldgottesdienst herab und segnet SA, SS und Hitlerjugend. Als deutsche Truppen in Österreich einmarschieren, rufen die Glokken zum Dankgottesdienst in die Kirche. «Großer Gott, wir loben dich», singt die Gemeinde.

Die im Dorf was gelten, sind dafür. Dentist Leber ist SA-Mann und seine Frau Ortsgruppenleiterin der NS-Frauenschaft geworden. Eichhorn (Textil- und Kurzwaren) hat sich dem Nationalsozialistischen Kraftfahrkorps angeschlossen und trägt wegen seiner Körperfülle maßgeschneiderte NSKK-Beinkleider. Unklar ist, ob der Doktor in der Dünenstraße schon in die NSDAP aufgenommen worden ist. Jedenfalls bewirbt er sich darum, doch wird wegen seines Aussehens eine besonders strenge Arierprüfung vorgenommen. Humpel-Müller hingegen ist schon Parteimitglied. Onkel Hans ist jedesmal erbost, wenn er den hinkenden Steuersekretär mit dem Parteiabzeichen trifft, denn in ihm, dem früheren Sozi, hatte der Schlosser einen seiner Hauptfeinde gesehen und fest damit gerechnet, daß solche Leute jetzt nichts mehr zu melden hätten. Doch Humpel-Müller vom Gemeindeamt hat wieder was zu melden.

Auch sein früherer Genosse, Lehrer Christian, Ekas Lieblingslehrer, 1933 aus dem Schuldienst rausgeworfen, trägt später eine braune Uniform, und da die Zehnjährige nichts von den Motiven der Menschen weiß, nichts von Angst und Anpassung, von Opportunismus und von Tarnung, hält sie sich an den Augenschein. Der spricht dafür, daß auch alle Lehrer Anhänger des Führers sind. Lehrer Hoppe erscheint in SS-Uniform zum Unterricht. Die Turnlehrerin Drews führt die Ahlbecker Jungmädel. Und wenn Fotograf Luckmann Porträts der Erstkläßler anfertigt, hängt längst nicht mehr das schaurig-schöne Schaubild von der «Errettung Schiffbrüchiger» im Hintergrund, sondern jedes Kind sieht jetzt auf dem Erinnerungsfoto hinter sich den Führerkopf.

Die Sippe des königlichen Kolonisten hat über Jahrhunderte gelernt, Pastor und Apotheker, Arzt und Lehrer als Respektspersonen zu achten; mit ihnen einig zu sein in der Verehrung für den Führer, das bedeutet schließlich was. Von denen, die nicht dafür sind, weiß Eka nichts.

Badegäste sind dafür. Auch Ausländer scheinen dafür zu sein. In der Wochenschau sieht Eka, wie der Prinz von Wales zum Führer auf den «Berghof» kommt und wie die französischen Olympiateilnehmer vor der Ehrentribüne des Reichssportfelds die Hände zum Hitlergruß erheben. Sie erlebt, wie eine Ehrenformation des britischen Zerstörers, der im Swinemünder Hafen liegt, mit SA, SS und Hitlerjugend in die Thingstätte marschiert.

Die Konsequenz heißt Mitmachen, Dabeiseinwollen. Doch wegen Schwächlichkeit darf Eka zunächst nicht «zum Dienst». Je länger sie ausgeschlossen bleibt, um so mehr verklärt sich dieser Dienst. Glücklich geht sie zu ihrem ersten Heimnachmittag bei den Ahlbecker Jungmädeln. Zusammen mit Klassenkameradinnen, die wie sie seit kurzem Zöpfe tragen, weil der Führer das so wünscht, sitzt sie auf langen Bänken um einen großen Tisch und lernt das Lied vom kleinen Trompeter, einem lustigen Hitlerjungen, von Rotfront hinterrücks erschossen und von denen, die ihn am liebsten hatten, still ins Grab gesenkt. Beim Kehrreim überkommt sie jedesmal Rührung: «Leb wohl, du kleiner Trompeter, wir hatten dich alle so lieb ...» Kein Jungmädel ahnt, daß der kleine Trompeter, eigentlich zum Liederrepertoire der KPD gehörend, ein KP-Genosse war, der aus Halle stammte und im Mitteldeutschen Aufstand fiel.

Würde Suse, die Patentochter, heute fragen, wie sie sich dieses «Bei den Jungmädeln» vorzustellen habe, würde Eka vielleicht sagen: «Stell dir erst mal Kindergeburtstag vor. Alle anderen Kinder, die du kennst, sind eingeladen, gehen da hin, also willst du, unabhängig davon, wie es werden wird, auch hingehen. »Zwar fehlt beim Dienst die Kaffeetafel, doch wird auch hier gespielt, getobt, bis alle müde sind. Eka erinnert sich an Greif- und Abklatschspiele, Schnitzeljagd, Völkerball, Volkstanz, Stegreifspiele ...

Doch weiter kommt sie nicht mit dem Vergleich. Auf Kindergeburtstagen wird so viel nicht gesungen. Jungmädel sangen ständig: Volks- und Heimatlieder, Kampflieder der NSDAP und der HJ, Lieder der Arbeiterbewegung und des Wandervogels, einverleibt dem Sangesgut der neuen Zeit. Für Kinder war dies eine Singe-Welt mit fließenden Brünnlein, blasenden Jägern und wehenden Winden, bevölkert von blauen Dragonern, von Leinewebern und Steigern, «toten Helden der jungen Nation» und «Herrn Pastor sin Kauh, jau, jau». Beim Marschieren riefen sie sich zwischen den Gesängen einfach nur die Chiffren zu: «Nur der Freiheit», «Wildgänse», «Frühtau», «Flöte».

Eka hat nun keine Sorge mehr, gegenüber anderen Kindern etwas zu versäumen. Allein dabeizusein macht glücklich. Mutter erlaubt, daß sie im nächsten Sommer mit in das Zeltlager auf Wollin, der Nachbarinsel, fährt. Stolz zieht sie mit Eßgeschirr, Brotbeutel, Tornister los. Mit glühenden Wangen sitzt sie am Lagerfeuer. Kichernd liegt sie vor dem Einschlafen im Stroh und flüstert mit den anderen über den dicken Busen der Lagerführerin. Beim Singen und Marschieren, beim Morgenappell und nachts am Lagerfeuer fühlt sie sich in einer großen Gemeinschaft junger Idealisten aufgehoben.

Doch kommt Eka bald dahinter, daß sie dem Idealbild ihres

Führers von einem echten deutschen Mädel schwer gerecht werden kann. Sie ist alles andere als eine Sportskanone. Der Schlagball verwandelt sich in ihrer linken Hand in eine schwere Kugel, die sie, unfähig, die Wurftechnik zu begreifen, zwölf Meter in die Gegend schmeißt. 180 Punkte für die Silbernadel bei den Sportwettkämpfen kann sie nicht erreichen, geschweige denn 220 für den kleinen Lorbeerkranz. Sie kommt auf keine Kletterstange, hängt wie ein Sack am Reck. An Volkstänzen wie «Im Grunewald, im Grunewald ist Holzauktion» oder «Schüddel, schüddel, schüddel de Büx» findet sie nicht sonderlich Gefallen. Dazu ist sie zu sehr auf Solo-Ausdruckstanz mit zum Himmel hochgestreckten Armen versessen, dazu ist ihr das Tanzen auch zu sehr verleidet. Die Jungvolkjungen fordern meistens andere Mädchen auf.

Ihr fehlt das Saubere, Schmucke, das Adrette. An ihrem Uniformrock klebt ein Rest Vanilleeis, und unter ihren Nägeln sitzt der Dreck. Ständig sucht sie etwas: verlegte Wäschestücke, ihre Blockflöte, die Zahnbürste, die sie vergessen hat. Auf Fahrt gehen – ja, aber Decken falten, Rand auf Rand, Betten bauen – das gelingt ihr nicht.

Heimnachmittag – ja, Singen und Marschieren – gut: aber dieses Häkeln, Stricken, Basteln nicht nur in der Schule, sondern nun auch noch im Dienst, das ist nicht ihr Fall. Ihre Stopfkarrees sehen aus wie zerzaust-zerrissene Strohkorbböden. Ihre gehäkelten Topflappen haben nichts von der Frische neuer, ungebrauchter Gegenstände; sie sind schmutzig, ohne je benutzt worden zu sein. Aus ihren geschnitzten Haselnußpfeifen kommt kein Piep. Von ihr gehen später keine Liebesgabenpäckchen mit selbstgefertigten Laubsägearbeiten, gefalteten Weihnachtssternen, geklebten Schreibmappen und gestrickten Pulswärmern an die Front.

Unsportlich, unordentlich, ungeschickt – unattraktiv, ja, auch noch dies. Sie trägt Kleider, die, irgendwann zu kurz geworden, angestrickt worden sind. Ihre dunkelbraunen Kratzwollstrümpfe sind mit breiten Gummibändern am altmodischen Leibchen festgemacht. Der Uniformrock ist ihr viel zu lang, und die von Badegästen abgelegten Schuhe schlupen.

Nein, sie ist nicht attraktiv, und das weiß sie auch. «Rote Haare, Sommersprossen, sind auch deutsche Volksgenossen», rufen ihr Jungens hinterher.

Dennoch ist Eka in der Schule und bei den Jungmädeln beliebt. Schwächen werden ihr eher als anderen nachgesehen, denn sie ist freundlich, drollig und zugleich vernünftig; sie bringt Leben in die Bude. Beide Seiten kommen auf ihre Kosten: Eka tut das, was sie am liebsten tut, sie tritt auf und produziert sich, und die anderen amüsieren sich. Während die Kameradinnen hölzerne Serviettenringe mit Bastfäden beziehen, erzählt sie Witze. «Welcher Ring wird immer dicker? – Göring!» Oder sie ruft «Ruhe! Es spricht jetzt Joseph Goebbels!» und parodiert ihn dann. Auf Wanderungen wird Eka oft bedrängt, germanische Heldensagen auf sächsisch zu erzählen, und die Mädchen schenken ihr als Dank selbstgepflückte Walderdbeeren. Ausdrucksvoll sagt sie bei Feiern patriotische Gedichte auf, und es dauert gar nicht lange, da inszeniert sie für den bunten Abend der Jungmädel *‹König Drosselbart›* – ein Märchen, das sie fünfzig Jahre später wegen seiner Grobschlächtigkeit und der barbarischen Behandlung einer hochmütigen Prinzessin nur noch mit Abscheu lesen kann.

Die Bewunderung, die Eka nun erfährt, legt sich schmerzstillend auf die Wunden, die Tüter-Johann und andere ihr geschlagen haben. Lange Zeit in ihrem Leben macht sie für andere den Kasper, um zu unterhalten, zu gefallen, anerkannt und geliebt zu werden. Darum genießt sie es viel später, eine alte Frau zu sein. Schluß mit dem Firlefanz.

Darüber nachdenkend, ob sie als Zehnjährige mit irgend etwas im NS-Staat prinzipiell nicht einverstanden war, erinnert Eka sich an einen vielzitierten Satz aus diesen Jahren, der, was sie nicht gewußt hat, schon von den Römern stammt. «Nur in einem gesunden Körper wohnt ein gesunder Geist.» Da kannte sie nun doch zu viele Beispiele, die das widerlegten. Bei Knötel / Röchling, *‹Der alte Fritz in fünfzig Bildern›*, sah sie Fridericus Rex tief gebeugt über seinen Krückstock Kriege führen und regieren, und es konnte gar kein Zweifel sein, daß der König krank an Gliedern und gesund an Geist war. Auch die gelähmte

Oma Schwandt hatte das auf ihre Art bewiesen. Eka, die oft kranke, hatte das Gefühl, mit der Bejahung dieses Satzes unzumutbare Selbstverleugnung zu treiben.

Zwei Jahre nach ihrem ersten Heimnachmittag wurde sie Gruppenführerin der etwa hundertzwanzig zehn- bis vierzehnjährigen Ahlbecker Jungmädel. Damals war sie zwölf.

Am Vormittag, beim Turnen in der Schule, steht Eka als eine der drei Kleinsten ganz hinten in der Riege und muß an den Geräten den Spott der Sportlehrerin erdulden. Dann eilt sie nach Hause, wirft sich in Uniform, knüpft die Führerschnur an ihrer Bluse fest und eilt zum Sportplatz, wo sie schon von weitem ihre Kameradinnen in Reih und Glied erblickt. Gemessenen Schrittes kommt sie näher.

«Achtung! Stillgestanden!» schreit Gertraude Peterleuß. «Jungmädelgruppenführerin, ich melde dir, hundert Jungmädel angetreten.»

«Rührt euch!» murmelt Eka lässig. Dann setzt sie sich an die Spitze der Kolonne und zieht mit ihr, Hitlerlieder singend, durch das Dorf.

Ihre eigentlichen Auftritte hat sie in Räumen. Bei Heimnachmittagen erzählt sie den Jungmädeln von pommerscher Geschichte und von großen Pommern wie Ernst Moritz Arndt, Carl Ludwig Schleich und Rudolf Virchow (Franz Mehring und Arnold Ruge kennt sie nicht) und überreicht in Klassenzimmern den neu hinzugekommenen Kleinen feierlich Schlips und Knoten. Jährlich am Vorabend des 20. April, Führers Geburtstag, hat sie ihren Auftritt im umgeräumten Lesesaal der Kurverwaltung. Dort werden die vierzehnjährigen Jungmädel und Pimpfe vor einer mit Lorbeerbäumen umstandenen Führerbüste feierlich in die Hitlerjugend überführt. Anfangs gibt sie ihnen einfach ein abgelesenes Führerwort «mit auf den Weg». Aber später konkurriert sie mit dem Ortsgruppenleiter und Standortführer der HJ im feierlichen Reden, und einige Damen von der Frauenschaft erklären, daß sie die Bessere sei. Das wird ihre liebste Tätigkeit bei den Ahlbecker Jungmädeln: auf Feierstunden Reden halten.

Freundliche Ernsthaftigkeit, die es zuweilen unkindlich wirken läßt, verschafft dem Mädchen bei den anderen Kindern so etwas wie Respekt, aber im Konfliktfall bleibt es hilflos unterlegen. Haben sich Jungmädel, vor seiner Praxis aufmarschierend, bei Dentist Leber allesamt für die Knete zu entschuldigen, die einige in seine Klingel stopften? Eka widerstrebt der Aufmarsch; wieso sollen sich Unbeteiligte für andere mit entschuldigen? Während sie zögert, nimmt ihr Gertraude, die Stellvertreterin und Freundin, das Kommando einfach aus der Hand. Eine Führernatur – nein, das ist sie nicht. Dennoch fühlt sie sich herausgehoben, zur Elite zählend. Sie meint, mehr als andere zu wissen, besser als andere zu verstehen, auf nordischem Urgrund rothaariger Germanen schon seit Urzeiten dabeizusein, während ihr Rheinländer, Süddeutsche und Sachsen als Dazugekommene erscheinen.

Als Quasi-Abkömmling des Fridericus Rex glaubt sie im Blut zu haben, was anderen erst beigebracht werden muß: seine Pflicht tun – ungleich wichtiger als Glück; einer großen Sache dienen, dem Vaterland, dem Reich; und treu zu sein bis in den Tod – Bewährung und Aufopferung werden zu Schlüsselworten ihrer Weihereden. Ob sie von der Schlacht bei Leuthen redet oder von der Schlacht bei Langemark – in Heldenpose stürmen Jugendliche singend ins vom Feind gelegte Feuer, sacken mit erhobenen Armen, wiederum in Heldenpose, auf die Knie, Blut rinnt seitlich an der Stirn herunter, und in Heldenpose hauchen sie ihr Leben aus. Die Heldenepen gleichen sich, die ein- und angefügten Dichterworte wechseln. Manchmal zitiert Eka Sätze aus Flex' *‹Wanderer zwischen beiden Welten›*, in denen vom Vor-leben, vom Vor-sterben und der Kraft dazu die Rede ist; häufig muß Hölderlin herhalten: «Dir ist, Liebes, nicht einer zuviel gefallen.»

Backfischgequase aus der Hitlerzeit? Oder auch kindliche Kumpanei hinter Rednerpulten? Durch vererbten Überlebenssinn geschützt vor eigener Opfersucht, befriedigt Eka die unglückliche Liebe zur Rhetorik, den frühen Sinn für falschen Heroismus, indem sie, darin den Verführern gleichend, andere opfert, sterben läßt, Sinnlosigkeit und Tragik in Sinn und Beispiel zu verwandeln sucht. Wie, wenn Gleichaltrige das ernst genommen haben?

Die eigene Rhetorik erhebt Eka mehr als die ihr langweiligen Führerreden aus dem Radio. Hitler verwechselt «wie» und «als». Doch hofft sie auf Verzauberung in seiner Nähe. Zu Besuch bei Tante Lisbeth in Berlin, wartet sie zwei Stunden an der Lützowstraße. Sekundenschnell, nicht wahrgenommen, ist er im geschlossenen Wagen schon vorbei. Doch dann Stettin: Eingekeilt zwischen Tausenden von Jubeldeutschen, sieht die Vierzehnjährige, wie ihr Führer, dieses Mal im offenen Wagen, nah vorbeirollt: die Linke am Koppel seiner Uniform, die Rechte zum Hitlergruß erhoben. Wie die anderen rundum, will sie außer sich geraten, ihm von Sinnen «Heil!» und immer wieder «Heil!» entgegenschreien. Kein Laut kommt aus der Kehle. Auch Erbauungstränen rinnen nicht. Die Verzauberung bleibt aus. Hilflos-tumb steht sie herum. Enttäuscht sie das gewöhnliche Gesicht? Erkennt sie seine Posen? Wird für einen Augenblick Großmutters Illusionslosigkeit gegenüber Männern wach? Ein Übervater ist ihr Abgott nicht – eher wirkt er wie ein Badegast.

Augenblicke der Ernüchterung – folgenlos. Eka bleibt eine gläubige Jungmädelführerin. Doch Opferbereitschaft, gar Hingabe des Lebens sind rhetorische Versatzstücke, Liedertexte Elemente der Erbauung – sterben will das Mädchen nicht, Opfer bringen nur mit Maßen, eher schon für die Gefolgschaftstreue, auch darin seinen Ahnen folgend, eines Tages Lohn forttragen.

Ohne Führerschnur, zivil gekleidet, heißt Erika Akire Sumsa. Ihre Freundinnen spricht sie mit Allu, Ave, Egni an. So von hinten nach vorn buchstabierend, albernd sich verwandelnd, sind die Mädchen ganz normal. Uzen sich und kichern viel, bringen sich bei Grammophonmusik gegenseitig Slowfox bei und klimpern lustlos Fingerübungen vor der Klavierstunde bei Fräulein Fleck.

Lotte Fleck! Umgeben von exotischen ausgestopften Vögeln, unsicher durch klirrende Glasvorhänge tänzelnd, unbeeindruckt von dem dicken Staub auf großen aufgespannten Schirmen mit grünen Südseeblüten, träumt die sechzigjährige lange, dürre

Lotsentochter von der Jugendzeit auf Java. Ein verschrecktes Täubchen, das sich nach Sonne sehnt, Angst vor Hunden hat und die Katzen anzieht. Baldriangeruch entströmt dem Schnäbelchen. Grün ist des Fräuleins Lieblingsfarbe, maigrün die Baskenmütze, die sie nur im Bett absetzt, in Grün verwandelt sie, unbekümmert ob der Folgen, die Farben in den Liedertexten, die sie, sich selbst begleitend, mit zittrig-hoher Stimme singt: «Du hast mein Herz gefangen / mit deiner grünen Hand / du hast mein Herz umschlungen / mit einem grünen Band.»

Die Mütter stellen der verarmten Künstlerin, kommt sie zum Unterricht ins Haus, eine Butterschnitte und ein Täßchen Schokolade neben das Klavier, und während sie, ein Taschentuch in ihrer Rechten, ständig Speichel aus ihren Mundwinkeln tupft, piekt sie den Schülerinnen bei jedem falschen Ton mit langen, spitzen Fingernägeln in den Arm.

Lotte Flecks Leben füllen die Insel Java, die Farbe Grün sowie Franz Schubert aus. Als dann die Mütter jüngere, staatlich geprüfte Damen für ihre unbegabten Töchter engagieren, kommt dazu der Hunger. An dem ist sie gestorben.

In Erinnerung bleibt ihre träumerische Kindlichkeit, das Nicht-in-dieser-Welt-Sein, die anrührende Torheit Lotte Flecks. Wie gerne würde Eka ein Impromptu anschlagen, es sicher und gefühlvoll spielen, während das Krallenhändchen, ohne aufgeschreckt zu werden, ruhig Mutters Schokolade hält. Doch Lottes Freude am Klavierspiel, ihre Liebe zur Musik überträgt sich nicht auf die Elevin. Die ist von einer anderen Leidenschaft erfaßt, deren Helden sind die Dichter.

Findet sich hier, im außerpolitischen Reservat des Mädchens, nun endlich jene Gemeinsamkeit mit dem jungen Zöger, nach der Eka als alte Frau sehnsüchtig sucht? Verbindet die beiden nicht von Jugend an die Liebe zu den Büchern? Doch je mehr Eka nachfragt und vergleicht, um so fragwürdiger wird die Gemeinsamkeit. Heinz verschlingt Bücher – wahllos alle, die ihm in die Hände kommen. Eka hingegen wählt aus, konzentriert sich auf die obersten Bretter in Vaters Bücherschrank. Dort stehen in roten und grünen Jugendstileinbänden die Klassikerausgaben, auf dem Buchrücken der Name des Autors, neben der

Titelei sein Bild. Schillers Pathos reißt sie hin. Neugierig nähert sie sich Hebbel, Lessing, Grillparzer, eher zögernd, scheu dann Goethe. Lange unbekannt und fremd bleibt ihr Shakespeare. Was ist das für einer? Wie spricht der sich aus? Der Übergang von *‹Auerbachs Deutschem Kinderkalender›* zu *‹Don Carlos›* erfolgt abrupt.

Heinz versinkt beim Lesen, nimmt alles, was da steht, für wahr. Weil er nie lernt, den Unterschied zwischen Literatur und Leben zu begreifen, tut er sich im Leben schwer. Eka ist der Unterschied bewußt. Unruhig, hastig liest sie Dramen, eins nach dem anderen, auf ihre Bedürfnisse durch, sucht nach dem Handlungsfaden, überschlägt, was ihr als nebensächlich gilt, ist wie der Liebhaber von Krimis und Wildwestgeschichten auf «action» aus – und auf Monologe. Vor allem auf Monologe blutjunger bürgerlicher Mädchen, die durch die Leidenschaft von Männern in tragische Verhältnisse geraten sind: Emilia Galotti, Maria Magdalene, Luise Millerin ... Bei jedem neuen Fund springt Eka auf, eilt vor den Spiegel und beginnt zu deklamieren. Wenn es um Liebe geht, liegt ihr der Gedanke an eigenes Opfer, an Entsagung näher.

Er liest, ohne nach irgendeinem Zweck zu fragen. Sie möchte aus dem Lesen Nutzen ziehen, will dabei gewinnen: Beflügelung ihrer Leidenschaften, einen Sinnspruch zum Zitieren, einen Monolog zum Rezitieren ...

Er besitzt schon als Kind die Ruhe, die ein Leser braucht. Sie kann die nur selten finden. Im Alter wird ihr klar, daß sie nie richtig lesen lernte.

Heinz hat die Welt durch Bücher so nah an sich herangeholt, daß er zum Reisen nur noch wenig Lust verspürte. Auch fand er bald heraus, daß ihm fremde Landschaften und Städte durch Lesen bekannter und vertrauter wurden als durch Augenschein. Mehr noch: Gegenden, die er durch Bücher kannte, verloren ihren geheimnisvollen Reiz, den Zauber, wenn er sie besuchte. Es war schöner, mit dem von Wirklichkeit nicht befleckten, reinen Bücherbild zu leben.

Eka treibt das Fernweh. Mit elf fährt sie zum erstenmal allein auf ihrer Traumstraße im Eisenbahnabteil Berlin entgegen. Die Traumstraße beginnt als Nebenstrecke. Sie führt von der Insel über die Karniner Brücke bis nach Ducherow: Endstation und Tor zur Welt. Als früherer Wohnort von Falladas Johannes Pinneberg auch ein literarischer Boden. Doch das weiß die Elfjährige noch nicht. Sie wartet auf den D-Zug, der, von Greifswald kommend, weiter in die Hauptstadt fährt.

Die einen wandern ins Elysium. Andere gleiten, schweben in das Paradies oder klettern auf Strickleitern zum Himmel. Sie setzt das rechte Bein aufs Trittbrett, schiebt den Koffer auf die Plattform und gelangt so in einen jener Dritte-Klasse-Wagen, die die Hauptstrecke des Glücks befahren. Pasewalk, Prenzlau, Angermünde – bekannt durch Zuckerrüben, frühgotische Marienkirchen und ein Lazarett –, für Eka sind es Vorstationen der Welt.

Das Ziel der Wünsche bleibt stets hinter den Erwartungen zurück. Am Arm der Tanten Zoo- und Warenhausbesuche, eine Nachmittagsvorstellung im weltbekannten Varieté. Nicht um der Ankunft und des Aufenthaltes wegen ist Eka ihr Leben lang gereist, sondern stets um jenes seligen Augenblicks wegen, in dem der D-Zug auf dem Ducherower Bahnhof einläuft, um die Abenteurerin aus Ahlbeck mit sich fortzuführen. Wie als junges Mädchen in Berlin geht sie noch heute durch die fremden Städte: ziellos, unbeholfen, eine Dilettantin in der Kunst des Reisens, die, erschöpft vom Lusterlebnis unterwegs, am Zielort nichts mehr mit sich anzufangen weiß. In Dublin schläft sie nur. Ihr Traum von Amerika erfüllt sich bei der Einschiffung der Passagiere auf der Reede von Southampton, ihre Vorstellung von Afrika im Augenblick der ersten Zwischenlandung, als der heiße Nachtwind in das Flugzeug weht – die Erwartung hat ihren höchsten Augenblick erreicht. Nun folgt enttäuschende Erfüllung.

Zu Hause, auf der Insel, quält die Dreizehnjährige ein anderer Widerspruch als der auf Reisen. Es ist der stark empfundene Gegensatz zwischen dem Alten und dem Neuen, zwischen dem alltagsbestimmenden Unveränderten und der ereignisreichen Neuen Zeit, die doch alles verändern soll.

Deutsche Truppen marschieren ins Rheinland ein, der Antikominternpakt wird geschlossen – doch Eka steht wie ihre Groß- und Urgroßmutter immer noch morgens vor der Waschtoilette, gießt sich aus der Porzellanwaschkanne kaltes Wasser in die Schüssel und kippt den Inhalt später in den danebenstehenden Emailleeimer. Bad und Dusche gibt es nicht. Die Toilette auf der halben Treppe friert im Winter ein. Dann bleibt nur Hofklo oder Eimer.

Mussolinis Soldaten erobern Abessinien – doch Mutter schleppt wie eh und je Briketts vom Keller in die Küche und schneidet an dem Tisch mit dem abgewetzten blassen Wachstuch Rotkohl oder Wruken. Aus den Hähnen fließt kein warmes Wasser. Es gibt keinen Kühlschrank, keine Spülmaschine und auch keinen Elektroherd. Der Milchmann kommt mit Pferd und Wagen.

Europas Landkarte verändert sich. Österreich wird angeschlossen, danach das Sudetenland. Franco siegt in Spanien. Unverändert bleibt die wöchentliche große Wäsche. Die Waschfrau kommt, geht in die Waschküche, heizt an, stellt den Wäschekessel auf das Feuer, kocht die Wäsche, drückt sie mit dem Wäschestampfer, reibt sie am Waschbrett. Später Wässern, Wringen und noch später Rollen in der handgetriebenen Wäscherolle.

Und währenddessen geschieht anderswo Ungeahntes, bisher nicht gekanntes Neues! Eka macht sich Sorge, sie könnte zwischen handgetriebenen Wäscherollen oder beim stundenlangen abendlichen Strümpfestopfen Wichtiges versäumen. Sie möchte doch dabeisein, selber miterleben, wie das deutsche Volk Geschichte macht.

Am 9. November 1938 brennen die Synagogen auch auf Usedom.

«Alles, was sie wissen müssen, wird sich vor ihren Augen abspielen, und sie werden nichts sehen» (Christa Wolf, ‹Kassandra›).

Was bewegt die schöne Rahel Meyer, im Sommer 1935 auf die Insel Usedom zu fahren? Soll es ein Abschied sein? Will sie mit den beiden Kindern vor dem Weggehen noch einmal im weichen Strandsand liegen, wie in Kinderjahren sich lachend in die Wellen werfen? Meint sie, auf der Ferieninsel, fernab von Berlin, werde sie unbehelligt, angstfrei sein?

Rahel Meyer muß ein guter Gast gewesen sein. Die Witwe Assmus reservierte eine der Verandawohnungen im Parterre und zog zur Begrüßung die Pommernfahne auf, während sonst für gute Gäste jetzt das Hakenkreuz hochging. Eka erinnert sich an eine schlanke, jugendlich wirkende Gestalt im gutgeschnittenen Kostüm und mit gepflegtem schwarzem Bubikopf, an Rahel Meyers bezwingende Freundlichkeit und ihre umsichtige Geschäftigkeit.

Doch auf Usedom sind Juden unerwünscht. In Zinnowitz spielt die Kurkapelle täglich «Fern bleib der Itz von Zinnowitz». Bansin preist sich in den Prospekten ausdrücklich als Deutsches Ostseebad mit christlich geführten Häusern an. Heringsdorf will seinen Ruf als «Judenbad» loswerden, und im Urlaubsort der Meyers hängt ein Spruchband: «Juden halt! Der Weg nach Palästina führt nicht über Ahlbeck!» Bei der Ausgabe der Papierfahnen, Schärpen und Kopfbedeckungen für das Kinderfest wird Ruthchen Meyer eine Hakenkreuzfahne in die Hand gedrückt. Verbindlich lächelnd tauscht Rahel Meyer sie gegen Ekas mit dem Ahlbeck-Wappen um. In den nächsten Jahren dürfen Juden nur noch fern der anderen Ferienheime in der «Tannenburg» am Ortsrand wohnen. Dann auch das nicht mehr. Von Meyers hat Frau Assmus nie wieder gehört.

Geht es alteingesessenen Juden besser? Die Jüdische Gemeinde in Swinemünde besteht aus etwa siebzig Bürgern, deren Vorfahren zu jenen Menschen gehört haben mögen, die sich im 19. Jahrhundert aus Furcht vor Pogromen in ihrer osteuropäischen Heimat in die preußischen Grenzprovinzen geflüchtet hatten. Einige sind Ärzte, die Mehrzahl Kaufleute, Inhaber von Textil-, Schuh- und anderen Geschäften. Die ersten – die Gebrüder Stargarter zum Beispiel – sind schon emigriert. Andere denken daran, ihre Läden zu verkaufen und dann abzuwarten. Kein jüdischer Geschäftsinhaber darf mehr annoncieren; die Kreiszeitung hat die Rubrik «Deutscher Bezugsquellen-Nachweis» eingeführt. Mediziner wie Dr. Biebergeil sind aus den Arztlisten der Prospekte und Kurzeitungen gestrichen. Unübersehbar steht sowohl in Swinemünde wie in jedem anderen größeren Inselort der *Stürmer*-Aushangskasten mit Zeichnungen stiernackiger, wabblig-fetter Juden mit großen krummen Nasen, glotzend, gierig Geldsäcke mit aufgemalten Dollarzeichen fixierend und mit juwelenüberladenen, dicken kurzen Fingern nach blonden Mädchen grapschend.

In Ahlbeck wird der Ortsklatsch um das Fragespiel bereichert, wer im Ort nun eigentlich Jude sei. Kaufmann Wenisch, glauben einige zu wissen. Nein, der sei Armenier, sagen andere. Über die Juweliersfrau wird gemunkelt, daß sie als Halbjüdin zu gelten habe. Jedermann bekannt ist Jude Mührberg, der in der Seestraße ein Textilgeschäft besitzt. Seine beiden großen Söhne, Kuno und Karl-Heinz, bringt Herr Mührberg schnell in Sicherheit, wie es heißt, nach Palästina. Er selbst bleibt mit seiner Frau und Rosemarie, der kleinen Tochter, zunächst einmal daheim. Nach der Faustregel der Ella Assmus gehört der ihr gut bekannte Mann zu den anständigen Juden, die «nichts dafür können und zu bedauern sind».

Sicherlich nicht allein aus eigenem Antrieb, sondern auch von Mutter angeregt, holt die achtjährige Eka ihre Mitschülerin Rosemarie morgens auf dem Weg zur Schule ab. Doch wie lange? Bis die Mührbergs ausgewandert sind? Nein, gewiß nicht. Denn eines Tages kommt das Mädchen, blaß und dünn, mit splirrigen Zöpfen und in einem blau-grünen Häkelkleid, Eka zu besuchen. Doch befiehlt der Onkel: «Die Göre kommt mir nicht ins Haus.» Erschreckt rennt die Besucherin fort. Stellt Frau Assmus ihren Schwager nun zur Rede? Holt ihre Tochter auch am nächsten Morgen ihre Freundin ab? Es ist unwahrscheinlich.

Die letzte Erinnerung, die Eka an ihre Mitschülerin besitzt, verbindet sich mit einer Singstunde in der vierten Volksschulklasse. Der Lehrer ruft die Zehnjährigen einzeln zum Vorsingen auf. Jeder Junge, jedes Mädchen singt ein Hitlerlied. Neugierig warten alle, was Rosemarie Mührberg machen wird. Endlich wird sie aufgerufen und singt mit ihrem dünnen

Stimmchen «Die Glocken stürmten vom Bernwardsturm» – kein NS-, doch «nationales Liedgut».

Bedrückt fragt sich Eka fünfzig Jahre später, ob sie Rosemarie Mührberg gern gemocht hat, und wenn ja, warum. Und wenn nein, warum nicht. Oder ob sie aus Mitgefühl bei den Mührbergs klopfte, und wenn ja, warum dann dieses Mitgefühl so schnell verging. Vergeblich sucht sie nach Zügen, die typisch für die Klassenkameradin waren. Unverwechselbar bleibt sie allein als Jüdin im Gedächtnis. Nicht ein Blitz aus heiterem Himmel entzündete die Synagogen.

Der Tag, an dem die Swinemünder Synagoge brannte, wird Eka und ihren Klassenkameradinnen in der Swinemünder Oberschule, Eva-Marie und Inge, bis an das Ende ihres Lebens unvergessen bleiben. Eva erfährt als erste, was in der Nacht geschehen ist. Ihre Mutter bittet sie, noch vor der Schule einkaufen zu gehen. Auf dem Weg zum Fleischer sieht sie in der Färberstraße eingeschlagene Fensterscheiben und verwüstete Verkaufsräume jüdischer Geschäfte. In der Neuen Straße brennt die Synagoge. Das Mädchen wundert sich, daß die Feuerwehr zwar an die Brandstätte angrenzende Hausfassaden bespritzt, aber ihre Wasserschläuche nicht auf den Brandherd richtet. Wieder zu Hause, fragt die Dreizehnjährige den Vater: «Wie ist das eigentlich mit der Feuerwehr? Spritzt die in den Brand? Oder spritzt sie scharf daneben?» Der Vater kehrt sich schweigend ab.

Als Eva in ihre Klasse, die Quarta der Fontane-Schule, kommt, stehen die Schülerinnen aufgeregt zusammen und erzählen sich, was sie auf ihrem Schulweg gesehen haben. Einige wollen noch glauben, die Synagoge sei von selbst in Brand geraten, doch die meisten kennen schon die Wahrheit.

«Habt ihr schon gehört?» ruft aufgeregt ein Mädchen. «Der Rabbiner läuft verstört mit seiner Thora durch die Stadt.»

«Nein», schreit eine andere, «er ist mit verbrannt!»

Im Unterricht wird nicht über die Verwüstungen gesprochen.

Nach der Schule wollen einige gemeinsam die ausgebrannte Synagoge ansehen. Zu ihnen gehören auch Eka und Gertraude, die beiden Fahrschülerinnen aus Ahlbeck. Sie radeln in die Neue

Straße. Neugierig, schaulustig und sensationsbegierig stehen die beiden vor der qualmenden Ruine, warten, ob noch irgend etwas geschieht, gaffen in den Rauch. Dann fahren sie weiter zum Friedhof der Jüdischen Gemeinde, um dort umgeworfene Grabsteine und von Stiefeln zertretene Gräber zu besichtigen. Ihr Bericht zu Hause mag ähnlich wie der vom Zapfenstreich geklungen haben.

Hat sich in die Schaulust an den Orten des Verbrechens kein Gran Betroffenheit gemischt? Eka wagt nicht zu antworten.

Als Eva-Marie nachmittags nach Hause kommt, bemerkt sie, wie schmutzig ihre neuen Schuhe sind, und will sie sogleich putzen. Wenig später findet die Mutter ihre Tochter kreideweiß, mit aufgerissenen Augen in der Küche, die Rechte vor den Mund gepreßt, um das Würgen zu unterdrücken.

«Der Schuh hier riecht nach Judenfriedhof!»

«Was für ein Unsinn, Kind!»

«Merkst du es denn nicht? Jetzt riecht schon die ganze Küche! Je mehr ich putze, um so durchdringender wird der Geruch.»

«Beruhige dich doch, Eva! Leg dich einen Augenblick hin.»

Jetzt spürt Eva den Geruch des Judenfriedhofs durch den Flur in alle Zimmer ziehen. Im Schlafzimmer legt er sich über Plumeaus und Kissen. Von Weinkrämpfen geschüttelt, liegt die Dreizehnjährige im Bett.

In der Wohnung über dem einstigen jüdischen Kaufhaus Schlomann in der Großen Kirchenstraße sind die Vorhänge geschlossen. Weinend hält Frau Schlomann die Hände ihres kranken Mannes. Die Polizei ist dagewesen. Sein Zustand, vom Schlaganfall im letzten Jahr herrührend, hat den alten Mann zwar vor der Festnahme bewahrt, doch muß er sich nun täglich melden.

«Erich, sind wir denn Verbrecher?» schluchzt Frau Schlomann. Sie kann einfach nicht begreifen, was geschieht. Sind sie, die Schlomanns, nicht genauso gute Patrioten wie die anderen Bürger? Ihr Mann ist aus dem Weltkrieg mit dem Eisernen Kreuz gekommen, und als Hitler an die Macht kam, hat er noch gesagt: «Wenn es zum Krieg kommt, mach ich wieder mit!» Und jetzt: der Friedhof und das Gotteshaus verwüstet, die jüdischen Männer abgeführt –

Ach, vielleicht wäre es richtiger gewesen, gleich damals, 1933, fortzugehen, denkt Erna Schlomann. Aber dann erinnert sie sich wieder: Hatten sich am Boykottag im April nicht selbst die SA-Männer vor dem Geschäft bei ihr entschuldigt? Und hatten Freunde und Nachbarn nicht beschwichtigt: «Das gilt nicht Ihnen, Frau Schlomann! Sie haben absolut nichts zu befürchten!» Jetzt traut sich Erna Schlomann nicht einmal mehr aus ihrer Wohnung. «Erich, wir müssen unsere Kinder aus dem Land bringen», sagt sie zu ihrem Mann.

Ein paar Straßen weiter sitzt Inge Fahlenbock mit ihrer Mutter beim Abendbrot. Wie die anderen in ihrer Klasse ist auch sie ein begeistertes Jungmädel und stolz auf die rot-weiße Führerschnur. Aber: den Juden die Kirche runterbrennen – das versteht sie nicht. Die entsetzte Mutter will noch am Abend die in der Nähe wohnende jüdische Frau des Zahnarztes besuchen, mit der sie manchmal in der Dunkelheit spazierengeht. Man muß doch versuchen, den armen Menschen irgendwie zu helfen.

Wenige Tage später stirbt Waldi, eine schwarze Promenadenmischung zwischen Terrier und Dackel, die Freude der Familie, ihr Lieblingshund. Eine Verordnung besagt, daß tote Hunde nur in eigenen Höfen oder Gärten begraben werden dürfen. Doch Fahlenbocks haben weder Hof noch Garten. Wohin mit dem toten Tier? Fahlenbocks besorgen eine Kiste, legen den Hund hinein und fahren ihn abends mit dem Handwagen heimlich auf den Judenfriedhof. Dort schaufeln sie ein Grab für Waldi und bedecken es mit Tannen. Hier liegt er sicher, hier kommt keiner hin.

Lange noch schleicht sich Inge Fahlenbock nach der Schule zum Friedhof der Jüdischen Gemeinde, um an Waldis Grab zu weinen.

DIE SWINEMÜNDER OBERSCHÜLERIN

Swinemünde – das war für die Ahlbecker ebenso wie für die Sallenthiner und die vom Achterwasser, aus dem Lieper Winkel, die überzeugendste Verkörperung ihrer Vorstellung von einer Stadt, für manche sogar der Inbegriff von Welt; und obwohl dies Städtchen mit seinen fünfundzwanzigtausend Einwohnern im Vergleich zu den durch ihre Backsteingotik berühmten alten Hansestädten an der Ostsee doch unbedeutend, provinziell war, versanken alle Inselorte, selbst so feine Bäder wie Bansin und Heringsdorf, im Vergleich mit dieser Kreisstadt in dörfliche Bedeutungslosigkeit.

Was war es eigentlich, das diesem Swinemünde auf beiden Inseln einen so ungebührlich hohen Rang verlieh? Waren es vielleicht nicht Stadt und Hafen, sondern eher die Herren Inspektoren und Sekretäre vom Eich-, Kataster- und Finanzamt, die den Dörflern mit ihrem scheuen Blick auf Amtspersonen übermäßig imponierten? Bedeutungsvoller wird gewesen sein, daß Swinemünde so viel Verschiedenes und für jeden etwas bot: als See- und Solbad eleganter als Bansin und Heringsdorf, als Ostseehafen in einem Atemzug genannt mit Pillau oder Kiel, als Garnison und Flottenstützpunkt Standort hoher Offiziere, Heimathafen von Zerstörern und Torpedobootflottillen. In Swinemünde gab es vieles, was in keinem anderen Inselort vorhanden war.

Frauen überkam festliche Geschäftigkeit, wenn sie, ihre Kinder an den Händen, den Inselzug bestiegen, der am frühen Nachmittag in Richtung Swinemünde fuhr.

Natürlich trug man Sonntagskleidung, wenn man in die Kreisstadt kam. Den kleinen Mädchen wurden hellblaue oder rosa Schleifen in die Zopfenden geflochten; und auf dem in breiten Wellen ondulierten Haar der Mütter, nicht mehr im geflochtenen Dutt zusammengehalten, sondern im gedrehten Knoten, saß eine dunkle Filztoque, mitunter auch eine Mütze, aus Seidengarn gehäkelt.

Den Bahnhofsvorplatz überquerend, eilte das Gros der Angekommenen die Färberstraße hoch. An dieser Zufahrtstraße zum Großen und zum Kleinen Markt sowie in der Gegend um die Christuskirche und die Löwenapotheke, wo in seinen Kinderjahren Theodor Fontane lebte, lagen sowohl die bevorzugten Läden der Frauen vom Land, hauptsächlich Textilgeschäfte, als auch Rösslers Chemische Reinigungsanstalt, in die man allerlei zum Färben brachte, und Eisenwarenhandlungen, in denen Aufträge der Männer zu erledigen waren.

Nach den Besorgungen drängten die Kinder zum Hafen, wo sie auf Bänken unter alten Bäumen Schiffe einfahren sahen, die Frischgemüse aus den Oderniederungen brachten oder Alteisen aus Limhamn und Holz aus Tromysund, und die große Autofähre setzte über nach Ostswine.

Mindestens einmal im Jahr kamen auch die Väter und erwachsenen Kinder in die Kreisstadt mit: Im Oktober fand der Swinemünder Jahrmarkt statt. Die Frauen suchten nach billigen Haushaltsartikeln und nach warmen Filzpantoffeln für den Winter; sie kauften Steinpflaster, einen besonderen Honigkuchen, für die Weihnachtsteller ein. Den ausgestreckten Daumen unterm Kinn, Mittel- und Zeigefinger in die dicke rote Backe eingegraben und den Kopf leicht geneigt, standen sie vor den Ständen mit dem Bunzlauer Geschirr und überlegten, wieviel eingelegte Heringe man wohl in den Steinguttopf hineinbekommen würde. Die kräftigen Bauern- und Fischerjungen, denen die Groschen in den Taschen tanzten, zog es zu den Schiffsschaukeln, die sie hoch zum Himmel schwenkten, zu Kraftproben in den Ringerzelten, mit den Haut-den-Lukas-Hämmern oder gar mit einem richtigen Bären. Eka entzückte der Gedanke, mit einem der Hauptgewinne eines Los- oder Glücksradstandes, einem Sofakissen oder Silberlöffel, ins Dorf zurückzukehren, doch heimste sie beim Jahrmarktsglücksspiel höchstens kleine an Gummis wippende Plüschäffchen ein. So tröstete sie sich in Guckkastenbuden, wo man für einen Sechser, das linke Auge zugekniffen und mit dem rechten durch die Vergrößerungslinsen blickend, die seltsamsten, aufregendsten Bilder sehen konnte: die Seeschlacht bei Trafalgar, gewaltige Vulkanausbrüche, Venedigs Dogenpalast und die Niagarafälle …

Wie durch eine Laterna magica sah Eka von Kindheit an die Kreisstadt durch die Linse ihrer Phantasie als aus der Ostsee wieder aufgetauchte goldene Stadt Vineta und wähnte, ihrem Dorf zur Hälfte schon entflohen zu sein, das Tor zur Welt erreicht zu haben, als sie im Frühjahr 1936 in die Sexta der Fontane-Schule aufgenommen wurde.

In Deutschland wurde aufgerüstet. Die Flotte wuchs erheblich, und auch in Swinemünde wurden zu dieser Zeit neue Kasernen und Befestigungen gebaut. Besonders an den Wochenenden bestimmte Militär das Bild der Stadt. In den Straßen nah dem Bollwerk und auf der Promenade vor dem Kurhaus flanierten Fähnriche und Offiziere von den Kriegsschiffen im Hafen; hier und da ging einer, der als Zeichen seines Ranges goldfarbenes Eichenlaub am Rand des Mützenschirms und mehrere gleichfarbige Ärmelstreifen trug. Zwischen Rudeln von Mädchen, Maaten und einfachen Matrosen mit ihren flatternden schwarzen Bändern an den Tellermützen spazierten Marine-Artilleristen von der Küstenflak in Grüngrau und mit Käppchen, Flieger vom nahen Flugplatz Garz sowie «Silberlinge», Herren aus den Verwaltungsstellen der Marine.

Die Swinemünder waren stolz darauf, daß ihre Stadt derart an Ansehen und Gewicht gewann. Und wie Angehörige der Marine, besonders Offiziere, etwas Besonderes zu sein wähnten, eine militärische Elite, so dünkte auch die vaterländisch gesinnten, dem Führer treu ergebenen Bürger, daß sie, eng verbunden mit der allerfeinsten Waffengattung, etwas Besseres seien.

Ihre Augen glänzten, wenn das Musikkorps der III. M. A. A. vor dem Haus des Festungskommandanten zur Parade aufmarschierte und der Große Zapfenstreich erklang. Ihre Herzen schlugen höher, wenn die «Deutschland», die «Graf Spee» und andere «große Pötte» zur Flottenschau nach Swinemünde kamen. Dann eilten Erwachsene und Kinder zum Kaiserbollwerk, wo U-Boote und Minensucher zu besichtigen waren, und ruderten zwischen hin und her flitzenden Barkassen zum Eichstaden hinüber, wo die Kreuzer und die Linienschiffe lagen. Ein «richtiger» Swinemünder Junge bekam von seinem Vater zum Geburtstag winzige, naturgetreu bemalte Nachbildungen von Panzerkreuzern und Zerstörern – ein neues Stück für seine Flottensammlung. Ein Swinemünder Lehrer – war es nun der Direktor des Tirpitz-Gymnasiums, Dr. Schmidt, oder jener Studienrat, den man Marine-Müller nannte? – trug an Stelle der Zensuren Eins bis Vier in sein kleines Notenbuch ein L, ein P, ein K und Z ein, worunter Linienschiff, Panzerkreuzer, Kleiner Kreuzer und Zerstörer zu verstehen waren; und Fünfer gab er nicht. Schon vor dem Ersten Weltkrieg war eine Schüler-Matrosen-Division gegründet worden, deren Mitglieder, in Marine-Uniform und unter Leitung von Marine-Müller, auf einem vom Kaiser geschenkten Schulschiff Signalisieren an Deck, militärischen Drill und Geschützbedienung lernten. 1936 wurde derartiges bei der Marine-Hitlerjugend eingeübt; ihr anzugehören (und nicht der gewöhnlichen HJ) galt den Swinemünder Jungen als Privileg.

Eka war darauf gefaßt, in eine ihr vertraute Welt zu kommen, zu der sie durch Herkunft wie durch Überzeugung selbst gehörte und die jetzt erst, auf der Oberschule in der Stadt, ihren Reichtum und ihre Weite offenbaren würde.

Das war in ihren Augen der größte Fortschritt in der neuen Zeit: Kasten, Klassen, Stände waren aufgehoben, die Deutschen eine große Volksgemeinschaft, unterschieden nur nach Leistung und dem Grad der Pflichterfüllung. Das nahm sie ernst, und es bedeutete ihr viel.

Doch noch bevor sie Wurzelziehen lernte und die Anfangsgründe der Physik, begriff die neue Oberschülerin aus Ahlbeck, daß in der Fontane-Schule eine Rangordnung, eine Schülerinnen-Hierarchie bestand, an der gemessen ihr Gerede von der

Volksgemeinschaft dummes Zeug war. Das höchste Ansehen genossen die Töchter höherer Offiziere sowie Mädchen aus den besseren Kreisen der städtischen Gesellschaft, vorausgesetzt, sie waren nicht allzu dumm.

Zwar war das Tragen von schwarzsamtenen Schülermützen, Kennzeichen der Lyzeumsschülerinnen, verboten, weil auch die höhere Tochter per Verordnung abgeschafft worden war, doch legten jene Mädchen nicht nur mit Reitstiefeln oder weißen Tennisröckchen, sondern selbst mit Schlips und Knoten, in der Einheitskleidung der Jungmädel, die beneidenswerte Unbekümmertheit und heitere Selbstsicherheit höherer Töchter an den Tag, wie sie in den noch immer gelesenen Backfischromanen vergangener Jahrzehnte so anschaulich beschrieben worden waren. Dabei verhehlten die Töchter der höheren Marineoffiziere nicht, daß sie noch in einer anderen Welt zu Hause waren, als sie Stadt und Schule boten. Sie fühlten sich als Junioren eines exklusiven, traditionsbewußten Klubs, dessen Familien, von einer Garnison zur anderen ziehend, nirgends heimisch werden konnten und ihr Bedürfnis nach Zugehörigkeit in ihrer Bindung an den Klub befriedigten.

Diese Schülerinnen, von denen viele in den schön gelegenen Marinesiedlungen wohnten, wurden nicht zusammen mit den Mädchen aus der Stadt, sondern vom Marinepfarrer konfirmiert. Ihre Mütter sangen nicht in einem Swinemünder Kirchenchor, sondern musizierten unter sich oder trafen sich zum Kränzchen bei der Frau des Admirals. Und die Väter dachten nicht daran, zu den Festen im Kasino Zivilisten einzuladen. Ab und an erschien einer dieser Väter in seiner feinen dunkelblauen Ausgehuniform vor der Tür des Lehrerzimmers und rief den Verdacht wach, eine solche Offiziersmontur, verbunden mit der Männlichkeit und den Manieren des Trägers, verschaffe auch der dümmsten Tochter die Versetzung.

Einige Schülerinnen, die aus städtischen Geschäftshaushalten kamen, hielten zu Marine-Mädchen eher freundliche Distanz. Bei Gesprächen mit ihnen zogen sie wie Menschen, die mehr wissen als sie sagen, manchmal die Brauen leicht hoch, und in ihren Mundwinkeln saß Spott, denn durch ihre Väter, Kaufleute und Kantinenpächter, waren sie im Bilde, wie hoch die Offiziersfamilien in der Kreide standen. Bedacht auf Standesmäßigkeit, führten diese ein gesellschaftliches Leben, das oft in keinem Verhältnis zu ihren Einkommen stand. Keine andere Gruppe in der Stadt ließ so viel anschreiben, hatte so viel Schulden wie die Offiziersfamilien. Doch ihr Selbstbewußtsein und ihr Hochmut blieben davon unberührt.

Bei den Ahlbecker Jungmädeln sprach man vom neuen «Adel der Arbeit». In der Swinemünder Oberschule zählte weiterhin, in welcher Gegend eine wohnte; denn gute Gesellschaft, Mittelstand und «kleine Leute» lebten in verschiedenen Vierteln.

Wohlhabende Bürger, vor allem Ärzte, Rechtsanwälte und sonstige Akademiker, wohnten mit ihren Kindern in den ruhigen Parallelstraßen zur Promenade und zum Strand, in der Gegend um den Tattersall, die Tennisplätze und den Kurpark. Die Schülerinnen aus den Geschäftshaushalten kamen aus der Innenstadt, und an deren Rand, in der Nähe der Kasernen, lag das Viertel der Beamten. Wer das Unglück hatte, in der Altstadt beheimatet zu sein, wo sich auch das Armenhaus befand, oder in den Neubausiedlungen beiderseits der Bahnschienen, schämte sich etwas der Adresse, und einige Mädchen waren darauf aus, sich auf andere Weise Geltung zu verschaffen: als Solistinnen im Schulorchester, als Sportskanonen oder Jungenschwarm.

Ganz unten rangierten in der Oberschule zweifellos die Mädchen, die nicht in Swinemünde wohnten: Fahrschülerinnen, die morgens mit dem Zug oder Rad aus den umliegenden Dörfern in die Kreisstadt kamen und zu denen Eka zählte. Sie kamen als Fremde in eine Gruppe, die sich aus der Volksschule und dem Jungmädeldienst her kannte. Auf ihren Dorfschulen hatten sie meist weniger gelernt als die Swinemünder Mädchen, und in ihren Elternhäusern fand sich keiner, der ihnen französische Grammatikregeln oder Algebra erklären und bei den Schularbeiten helfen konnte. Traurig registrierten diese Inselmädchen, zu keinem Geburtstag in die Kreisstadt eingeladen zu werden – eine Erfahrung, die umgekehrt die jüdische Klassenkameradin machte, bevor sie dem Holocaust durch die Flucht nach USA entging. Als Eva Lifschitz ihre besten Freundinnen zum Geburtstag einlud, mußte sie erleben, wie erst die eine, dann die andere sich entschuldigte, weil es die Jungmädelführerin verboten hatte, ins Judenhaus zu gehen.

Konfrontiert mit dem offenkundigen Widerspruch zwischen Ideologie und Wirklichkeit, den markigen Sprüchen von der Volksgemeinschaft und den real existierenden Klassentrennungen in der pommerschen Provinz, entschied Eka sich, an die Ideologie zu glauben, an die Schimäre Volksgemeinschaft, das Trugbild der Zukurzgekommenen und solcher, die sich dafür hielten. Über tatsächliche und eingebildete Kränkungen half ihr die Dorfkarriere als Jungmädelführerin hinweg – und eine Schülerfreundschaft, die zu einer Lebensfreundschaft wurde.

Eines Tages kam ein Mädchen in die Klasse, dem sich Eka bald verbunden und besonders nahe fühlte. Es trug so unmoderne, an den Ärmel angestrickte Kleider wie sie selbst und graue Pulswärmer im Winter. Es hatte auf den Hüften und, wie man beim Turnen sah, auch an den Oberarmen und Schenkeln soviel Babyspeck wie sie. War es aufgeregt, so plinkerte es heftig mit dem linken Auge. Und wenn Ursula Meinken auch nicht zu den Fahrschülerinnen gehörte, so wohnte sie doch nah den Bahnschienen in der Stadt und war aus Treptow an der Rega zugezogen – so ungefähr das Letzte für die Swinemünder.

Beide Mädchen entwuchsen ihren Elternhäusern, ohne anderswo Halt zu finden. Sie suchten nach Identität, irrten im Niemandsland umher. Dabei versuchte die eine die andere zu stützen. Von der theatralischen Vorstellung besessen, sozial deklassiert und dabei ungleich mehr zu sein, als man von ihnen hielt, kämpften sie zu zweit um Selbstbehauptung. Je weniger beide auf Anerkennung angewiesen blieben, desto eher fiel sie ihnen zu. In ihren letzten Schuljahren wußten beide, was sie wollten. Die eine wollte Lehrerin für Nadelarbeit werden, die andere Redakteurin. Und das erreichten sie. Ihr Leben lang fand Eka bei der Freundin Verständnis und Geborgenheit.

Im Wachtraum streift Eka wieder über den alten Jahrmarktsplatz in Swinemünde. Vorbei an Kettenkarussells und einem Spiegellabyrinth drängt es sie zum Eingang jener Geisterbahn, die in ein großes, nach allen Seiten abgedecktes Zelt einfährt, aus dem man Jauchzen und Furchtgeheul vernimmt und in das sie sich als Kind nie traute. Sie schlüpft in einen der kleinen offenen Wagen – schon ruckt er an, schon geht es los, schon rast sie in das Dunkel. Scheinwerfer blitzen auf – in grellem Rot, Gelb und Lila sieht sie ihre Lehrer: mit grotesk verzerrten Mienen schütten sie Gelächter über Eka aus, geschrumpft zur Zwergengröße hängen sie sich an ihren Wagen, um ihn aufzuhalten ... Nie wieder wird sie zwischen Traum und Wachen in das Geisterzelt einfahren, um der Enttäuschung über ihre Lehrer Herr zu werden.

Was hatte sie denn eigentlich erwartet? Wollte sie die Foren ihrer «goldenen Stadt» mit Halbgöttern beleben? Hoffte sie am «Tor zur Welt» Schriftsteller und Philosophen zu entdecken?

War der lispelnde, ungepflegte alte Herr, der Mathematik, Physik, Chemie an der Fontane-Schule lehrte, nicht ein fürsorglicher und gütiger Mensch? Die Schülerinnen mokierten sich über Speisereste auf seinen zerknitterten Jacketts, über seine feuchte Aussprache und den schlechten Geruch, der seinem Mund entströmte. Eka sah, daß er sich weder Ruhe noch Respekt verschaffen konnte. Während er monoton und unverständlich leise vor sich hin sprach, lärmte es in allen Ecken. Irgendwann, meist unerwartet, geriet er außer sich. Wütend jagte er ein Mädchen vor die Tür, war nicht ansprechbar, schrieb Rügen. Sein Beruf muß für diesen liebenswürdig verschrobenen Menschen ein Martyrium gewesen sein; oft wirkte er erschöpft. Bubi wurde er genannt.

Dagegen wirkte der Geschichtslehrer bösartig verschroben. Als einziger unter seinen Kollegen kam er an politischen Feiertagen in SA-Uniform zur Schule. Die meisten Schülerinnen zitterten vor ihm. Die Schultern leicht gebeugt, die Hände auf dem Rücken, so ging er durch die Bänke und dozierte. Würde er im nächsten Augenblick höhnen, gleichmütig weiterreden oder, unvermittelt Fragen stellend, wütend werden: Alles Mumpitz! Deine Eltern sollten dich zum Gänsehüten schicken! Fürs Abitur verlangte er, in der Innenpolitik Steins, Bismarcks und Hitlers möglichst viel Gemeinsamkeiten zu entdecken und die Hohenzollern, insbesondere den Soldatenkönig, als Vorläufer des Nationalsozialismus zu schildern. Die hervorstechendste Charaktereigenschaft dieses Lehrers, sein Sadismus, kam, ohne daß ihm das vielleicht bewußt geworden ist, dem herrschenden System zugute; wo er auftrat, rief er durch sein Erscheinen eine latente Furcht hervor.

Eine andere Art von Furcht, unabhängig von der Person und im Widerspruch zu ihrer Anerkennung, konnte im Biologieunterricht entstehen, den Fräulein Dr. Büttner gab. Als sie, die Lieblingslehrerin der Klasse, in der Quarta Aussehen sowie Eigenschaften der Ostjuden beschrieb – der Lehrplan sah nun Rassenkunde vor –, bekam es Eva-Marie Grünberg mit der Angst zu tun. Sie legte ihr Gesicht auf ein weißes Stück Papier und zeichnete, so gut es eben ging, ihr Profil nach. Könnte sie jüdisch sein, ohne es zu wissen? Oder würde einer, durch ihren jüdisch klingenden Namen mißtrauisch geworden, sie nach ihrem Aussehen für eine Jüdin halten?

Doch als sie das nachgezeichnete Profil, überdies Haare, Füße und Charakter mit den Beschreibungen der Lehrerin verglich, beruhigte sie sich: «Hängende Unterlippe, dicke, sechsförmig gebogene Nase, blauschwarzes, dickes krauses Haar und Plattfüße» – nein, das traf alles nicht auf Eva Grünberg zu. Zwar war sie oft unzufrieden mit sich, aber «einzig nur bedacht auf Geldvorteile, nie zuverlässig, stets verschlagen» – nein, das war sie nicht.

Ein paar Wochen später, wiederum im Biologieunterricht, quälte Gertraude Peterleuss die Angst, von einer Erbkrankheit befallen zu sein und zu jenen, den Staat schwer schädigenden, erbuntüchtigen Menschen zu gehören, von denen «die Büttner» nun berichtete. Wie, so fragte Gertraude ihre Freundin Eka, wenn bei einer von ihnen beiden Jugendirresein oder Epilepsie ausbräche? Die Betroffenen, hatte die Lehrerin erklärt, würden sterilisiert und «unter den besonderen Schutz des Reichs gestellt». Die Mädchen überlegten, was das zu bedeuten habe, und sie ahnten, daß «Schutz» nicht Schutz bedeutete.

Darüber waren sich Eka und Gertraude mit allen in der Klasse einig: Was Fräulein Dr. Büttner lehrte, stimmte. Sie war jünger als die meisten Studienrätinnen, erst vor kurzem von der Universität gekommen und galt an der Fontane-Schule als beste Pädagogin und engagierte Wissenschaftlerin. Niemand sah sie je in Uniform; niemand hätte dieser sympathischen jungen Frau Fanatismus unterstellt. Im Gegenteil, ihr Wesen, ihre Art des Vortrags ließen sie als sachlich und von nüchternem Verstand erscheinen. Die Büttner sei ihr Schwarm, sagten manche Mädchen, und anerkennend fügten andere hinzu: «Bei der kann man was lernen!» Unbeabsichtigt von der Lehrerin stellten sich einige Mädchen für ein paar Augenblicke vor, zu «den anderen», den Opfern, zu gehören, und gerieten in panikartige Aufregung.

Die älteren Studienrätinnen an der Schule, auch die Direktorin, gehörten zur ersten Generation weiblicher Akademiker in Deutschland. Sie liebten ihren Beruf, waren tüchtig und in der Mehrzahl resolut und nüchtern. Doch bei einigen ließen jüngferliche zarte Röte etwa beim Erklären der Geschlechtsorgane oder ein durchgedrücktes steifes Kreuz Verklemmungen vermuten. Ein entspanntes Verhältnis zu Männern und zu ihrer Umgebung schienen die wenigsten zu haben. Zur «guten Gesellschaft» konnte ein Studienrat mit seiner Frau gehören, seine Kollegin kaum. Besonders wenn sie älter wurde, lebte sie außerhalb der Schule, wenig beachtet und anerkannt, häufig mit einer Freundin still dahin.

Ins Schwärmen gerät Eka über ihre Lehrer nicht. Beinahe unterschiedslos verübelt sie ihnen, ihr keine Zweifel am NS-Staat eingepflanzt zu haben. Wäre das zuviel verlangt gewesen? «Ja», erwidern die Mitschülerinnen von einst. «Das konnten wir von keinem verlangen.»

«Hat ein Lehrer, der es besser wußte und seine Schüler trotzdem in ihrem Unglauben ließ, als Pädagoge nicht versagt?»

«Er hätte sich zu stark gefährdet!»

Ist damit die Frage aus der Welt? Ist es nicht verständlich und auch legitim, daß jemand, der von 1933 bis 1944 zur Schule ging, nicht nur nach seiner eigenen Verantwortung, sondern auch nach der der Lehrer, der Erwachsenen fragt?

«Bist du denn sicher», gibt Heinz Zöger zu bedenken, daß

keiner deiner Lehrer je versuchte, dich auf Unrecht aufmerksam zu machen? Hast du immer genau zugehört? Warst du für Andeutungen empfänglich?»

Eka wußte damals nicht, wer von ihren Lehrern dafür und wer dagegen war. Erst Jahrzehnte später klärte ihre letzte Klassenlehrerin sie darüber auf. Der Geschichtslehrer trug offenbar aus Überzeugung das Parteiabzeichen. Andere waren bereit, sich anzupassen, um ihre Existenz nicht zu gefährden. Schließlich hatten sie erlebt, daß ihre Kollegin Schumacher (die Schwester des späteren Vorsitzenden der SPD) nur noch an der Volksschule, nicht mehr am Lyzeum unterrichten durfte. Wie von ihnen gefordert wurde, erwarben sie die Mitgliedschaft im NS-Lehrerbund sowie in der Nationalsozialistischen Volkswohlfahrt, der NSV, und lehrten, was die Lehrpläne verlangten. «Manchmal dachte man, man müßte aufhören, man könnte das nicht weitermachen», erinnert sich die Studienrätin Fischer. «Aber man hatte ja auch Angst.»

Vor allem die Direktorin war verpflichtet mitzumachen.

Im März 1933 Schulleiterin zu werden war eine große Seltenheit; die meisten Frauen wurden aus solchen Stellen verdrängt. Eka ahnt, in welche Konflikte «die Direx» gekommen sein muß, als sie Fräulein Fischer die Auflösung ihres Mädchen-Bibelkreises gebieten mußte. Diese weinte sehr, als sie das hörte, doch es nutzte nichts. Was aber tat die Direktorin, als ihr Kollege Schmidt, als Alter Kämpfer mit einem höheren SS-Rang ausgezeichnet, so lange nicht zum Fahnenappell erscheinen, so lange nicht dort reden wollte, wie sich unter den Angetretenen eine jüdische Schülerin befand? Sie entließ die Mädchen in ihre Klassen, rief Herrn Schlomann an und bat ihn, seine Tochter Edith am nächsten Morgen nicht zum Unterricht zu schicken. So wurde die Fahne nachträglich geweiht.

Die Direktorin nahm sich nach dem Krieg das Leben. Der Direktor des Gymnasiums, Dr. Schmidt, der Fahnenweiher, starb hochbetagt und immer noch von ehemaligen Schülern hoch verehrt «in der Verbannung», womit er seinen Alterssitz und Pensionsbezugsort Schleswig-Holstein meinte. Ein Wort des Bedauerns über seine politische Vergangenheit ist Eka weder von ihm noch von den meisten seinesgleichen zu Ohren gekommen. Alles spricht dafür, daß er unbelehrbar war.

Jener Lehrer, den die Schülerinnen Bubi nannten, verhungerte nach dem Krieg. Als er 1937 die inzwischen von der Schule abgegangene Edith Schlomann auf der Straße traf, entschuldigte er sich «für all das, was du unter mir hast leiden müssen», und er versprach dem Mädchen, ohne daß es ihn darum gebeten hätte, «all das an deiner jüngeren Schwester wiedergutzumachen». Es gab doch Menschen mit empfindlichen Gewissen unter Ekas Lehrern; nur hat sie es nicht erkannt.

Neugierig und gespannt war Eka stets auf Deutsch, ihr Lieblingsfach. Obwohl die Studienrätin Fischer wie angewurzelt auf der Erde stand, versuchte Eka immer wieder, mit ihr in den Dichterhimmel zu entschweben. Sie deklamierte innig Gretchens Kerkermonolog, Annemarie Fischer verwies auf die Folgen von Liebesabenteuern ohne Gottes Segen. Sie hauchte Hölderlinsche Hymnen, die Fischer kam mit Raabe: «Sieh nach den Sternen, gib acht auf die Gassen.» Empört sah Eka darin den Versuch, hehre Gefühle in den Staub zu ziehen.

Sie mag der Deutschlehrerin mit Recht vorwerfen, ihre moralischen Maßstäbe seien für die Bewertung von Liebespaaren der deutschen Klassik zu eng und altmodisch gewesen – in der Bewertung der Politik haben sie sich bewährt. Diese Christin hat keine Schülerin in ihrem Unterricht verhetzt. Gewiß kam sie nicht umhin, germanische Monatsnamen einzuüben, womöglich auch zu akzeptieren, wenn eine vorschlug, jenen, die von Sauce statt von Tunke sprachen, dafür einen Fünfer abzunehmen, aber soweit es eben ging, hielt sich Fräulein Fischer fern von Politik an die Schillersche Gedankenlyrik, an Goethes Verhältnis zur Natur und an die Balladen Theodor Fontanes. Seine Romane haben die Schülerinnen der Fontane-Schule allerdings im Unterricht nicht kennengelernt. Galt er als zu liberal, seine *‹Effi Briest›* als anstößig für junge Mädchen? In der Schule erfuhren sie jedenfalls nicht, daß die Hafenstadt Kessin, in der Baron von Instetten als Landrat residierte, weitgehend identisch mit Swinemünde ist.

Ohne Hilfe der Studienrätin Fischer schlug Eka eine Brücke zwischen den Dichtern und dem Hakenkreuz. Johann Wolfgang von Goethe erschien ihr als feste Größe, als eine Art Nationalpreisträger des NS-Staats. Denn kaum ein Jungmädel-Schulungsheft, kaum eine Rede des Reichsjugendführers Schirach ohne Goethe: «... Hammer oder Amboß sein.» Goethe-Interpreten trugen braune Hemden, schwarze Schlipse sowie Stiefelhosen der SA und warteten auf Einsätze bei Morgenfeiern, auf denen man auch Anacker, Weinheber und Britting rezitierte.

Gern orientierte Eka sich am *Reich*, dem neuen Wochenblatt für die gehobenen Stände. Im Einspalter rechts auf der Titelseite wurde Hölderlin zitiert. Da fuhr sie zu dem greisen Pastor Hörstel, der als Dichter gelten wollte, und bat ihn, mit ihr über Hölderlin zu sprechen. Der Pastor las ihr aus *‹Hyperion›* vor und sagte ausdrücklich, daß es Hyper*i*on heißen müsse, und beide, das Mädchen und der alte Mann, wischten sich die Tränen ab, weil ihnen beim Lesen so feierlich zumute wurde.

Ekas Lektüre bestand aus Rilke und dem *Reich*. Zur gleichen Zeit, als sie Lessings Schauspiele entdeckte, las sie begeistert Walter Flex. Fortan liebte sie Lessings Minna und den Leutnant Wurche. An dem Fräulein gefiel ihr das Damenhafte, Heitere, Zivile, seine Art, sich durchzusetzen. Wie selbstsicher und freundlich die Barnhelm das Vernünftige tat, falschen Stolz, verquere Ehrbegriffe mit leichter Hand zur Seite schob. Und genauso wie Minna es beschrieb, stellte sich Eka Verwirrung durch die Liebe vor: «Wenn alle Mädchen so sind, wie ich mich jetzt fühle, so sind wir sonderbare Dinger: zärtlich und stolz, tugendhaft und eitel, wollüstig und fromm ...»

An Ekas Frauenbild waren sowohl ihre Lehrerinnen als auch die Nazis unbeteiligt. Dafür hatten die Heesters und die Herren auf deren Sammeltassen, die deutschen Klassiker, gesorgt.

Bei Leutnant Wurche aus Flex' *‹Wanderer›* fand Eka die Bereitschaft, fern der Wirklichkeit dem Außerordentlichen, dem Idealen nachzustreben, dem Erhabenen und Reinen. In seinem Tornister trug der Leutnant Goethe, Hölderlin und Nietzsche. Ihr erschien er wie ein großer Bruder, wie ein edler Krieger und ein schöner Held. Von den vielen großartig-unbestimmten Sätzen des *‹Wanderers zwischen beiden Welten›* gefiel ihr einer ganz besonders: «Rein bleiben und reif werden ist die schönste und schwerste Lebenspflicht.» Was hätte sie darum gegeben, mit weisen Lehrern über solches Wort zu reden. Was meinte es genau? Und was hieß «rein»? Vielleicht wäre sie darauf gekommen, daß ihre Minna jedenfalls nicht um Wurches willen nach Berlin gekommen wäre. Lessing hätte es verboten.

Eka erinnert sich nicht gern an ihre Schulzeit. Was hatte sie erwartet? Auf Vaterersatz ist sie wohl ausgewesen und auf mütterliche Freundinnen. Zuwendung ersehnte sie; verehrungswürdige Lehrer hoffte sie zu finden, die sie bei der Hand nehmen würden, um sie ins Leben einzuführen. Probleme wollte sie erörtern, über Ideale und den Sinn des Lebens sprechen. Sie suchte Vorbilder. Doch die Menschen, nach denen sie sich sehnte, sind ihre Lehrer nicht gewesen. Rüstzeug für das Leben hat sie kaum erworben.

ÜBERLEBEN UNTER GLEICHGESINNTEN

Minna Zöger und der Stötteritzer Steinsetzmeister mit seiner Frau, die Wirtsleute der Treptes, geben der kleinen Trauergemeinde im Krematorium des Leipziger Südfriedhofs einen Anstrich von Gediegenheit. Wie sie in der üblichen Beerdigungskleidung den Mittelgang nach vorn schreiten, auf der Marmorstufe ihren letzten Gruß ablegen (Buketts aus Sommerblumen und Tannengrün) und dann, die ausgestreckte Rechte über das linke Handgelenk gelegt, andächtig am Sarg verharren, mag der Mann vor dem Harmonium einen Augenblick glauben, es sei dies eine ganz normale Trauerfeier.

Eine kleinbürgerliche, hätte Ella Messerschmidt gesagt.

Wie sollen denn ihre Freunde die Kommunistin Ella Messerschmidt im dritten Nazijahr bestatten? Durch Gesten, deren Sinn sich nur dem Gleichgesinnten offenbart, setzen sie gegen kleinbürgerliche Gediegenheit und Händels ‹*Largo*› unauffällig Zeichen der Genossenwelt. Heinz ist im offenen dunkelblauen Hemd gekommen; an der Friedhofsmauer steht sein Rad. «So war es richtig», sagt hinterher der Bruder. «So hätte es Ella sicherlich gewollt.» Martha trägt den dunkelgrünen Bolero und die dazugehörige Schleife, die sie mit der Freundin selbst geschneidert hat. Der Schwarze von der Oberelster hat eine rote Nelke mitgebracht.

Besorgt blicken die zwölf Trauergäste zu Hans Trepte. Er sitzt allein in der ersten Reihe, rechts vom Mittelgang. Vor den Mund hat er ein weißes Taschentuch gepreßt, um sein Schluchzen zu ersticken. Ein Weinkrampf schüttelt seine Schultern. Wenn dieser Tag nur erst vorüber wäre, denkt der jüngere Bruder. Was ist das für ein Redner, der jetzt spricht? Hauptsache, kein Nazi. Mit den weißen, wehenden Locken und dem starren Fernblick seiner hellen blauen Augen erinnert er an einen Goethe-Imitator aus der Leipziger Vorstadt, der sein Geld, sich selbst zitierend und den Mann aus Weimar, auf Beerdigungen und Hochzeiten verdient. Einen Nazi hätten die Genossen aus der Freidenkerbewegung, die zum Verein für Feuerbestattung übertraten, nicht an Ellas Sarg geschickt.

Dreißig Jahre ist sie alt geworden. In den letzten Jahren stand ihr die Schwindsucht schon im blassen, hohlwangigen Gesicht, zog schwarze Kreise um die Augen. Immer wenn ein schwerer Hustenanfall kam, legte Hans Trepte den Arm um seine Frau und wischte ihr den Blutschaum von den Lippen. Mehrfach pumpten die Ärzte Luft in ihren Brustraum, um die Lungen zu entlasten. Danach ging es eine Zeitlang besser. Euphorisch redete sie davon, nach Prag zu fahren, um illegales Material zu holen. Es bedrückte sie, für die illegale Arbeit viel zu schwach zu sein. Als sie die Ärzte in ein Sanatorium überwiesen, hoffte sie, geheilt zu werden. Ein paar Tage nach der Rückkehr starb sie an Tbc.

Niemand hört dem Beerdigungsredner zu. Als der Sarg versenkt wird, singt Heinz Zöger lautlos und ohne die Lippen zu bewegen die ‹*Warschawianka*›.

Am Abend sitzen die Freunde bei Hans in Stötteritz zusammen. Der Schwarze, immer noch in seiner Laube, macht sich Sorgen, weil er nichts von Kuddel hört. Die letzte Karte aus der Minsker Gegend kam vor einem halben Jahr. Arthur und Hanne sind verheiratet, haben einen kleinen Zeitschriftenvertrieb gegründet und freuen sich auf ihr erstes Kind. Hans Trepte könnte jetzt gutes Geld beim Bau der Autobahnen verdienen, doch das will er nicht. Lieber arbeitet er als Hilfsarbeiter für den Steinsetzmeister. «Wir bleiben zusammen», versprechen sich die Freunde. Doch mit Ellas Tod zerfällt der Trepte-Kreis.

Nichts ist mehr wie vorher. Heinz spürt es auf Schritt und Tritt, wie Leipzig sich verändert hat, während er in Bautzen war. Hoffnungen auf ein schnelles Ende des Faschismus, wie damals, 1933, hegt jetzt keiner mehr. Zwar sind die Leipziger keine überschwenglichen Nazi-Anhänger geworden und sagen lieber «guten Tag», statt den Arm zum neuen Deutschen Gruß zu heben, aber von Aufsässigkeit, von Zorn ist nichts zu spüren.

Die meisten aktiven Kommunisten sind entweder inhaftiert oder emigriert. Eine illegale Leitung existiert nicht mehr. Auch 1933 entstandene Widerstandsgruppen in einzelnen Betrieben haben entweder aufgegeben, oder die Gestapo hat sie ausgehoben. Viele Genossen haben resigniert, züchten Tauben. «Politik? Ach, laß mich in Ruhe, red von was anderem.»

Im Sommer 1936 begegnet Heinz auf dem Treppenflur der Berlitz School seinem früheren Lieblingslehrer Brauer, der als kommunistischer Schulreformer von den Jungen sehr bewundert wurde. Schorsch, wie sie ihn nannten, hatte die Klasse in kleine Gruppen aufgeteilt und zu selbständiger Arbeit angeregt. Bevor sie zum Wandern ins Erzgebirge fuhren, beschäftigten sich die Arbeitsgruppen mit der Pflanzen- und Tierwelt, der Anlage der Dörfer, der wirtschaftlichen Struktur der Gegend und trugen die Ergebnisse der Klasse vor. Der Schorsch, der hatte Mut. Am Verfassungstag, wenn das Deutschlandlied erklang, schritt er hocherhobenen Hauptes aus der Aula. Der Schorsch war kein Pauker, eher ein Freund und Bruder. Lebhaft erkundigte er sich bei dem Schüler Zöger nach dessen neuester Lektüre, nahm den Wissensdurst des Jungen ernst und belohnte seinen Fleiß und sein Interesse in Deutsch und Geschichte mit der Ernennung zum Wandzeitungsredakteur. Unter dem Einfluß seines großen Bruders sowie dieses Lehrers war er Kommunist geworden.

Und nun das Wiedersehen auf dem Treppenflur der Berlitz School:

«Na, Heinz, was machst du denn hier?»

«Ich nehme Russischunterricht. Und Sie, Herr Brauer?»

«Ich lerne Italienisch.»

Und zur Erklärung fügt Herr Brauer an, daß er nach der Entlassung aus dem Schuldienst eine Anstellung in einem metallverarbeitenden Betrieb gefunden habe, wo auch viele Italiener tätig seien. Dort sei er vor einigen Monaten zum Leiter der Personalabteilung aufgerückt.

«Na, denn alles Gute, Junge.»

An mehr als einem flüchtigen Händedruck scheint dem früheren Lieblingslehrer nicht zu liegen. Als er sich zum Gehen wendet, wird unter seinem offenen Mantel am Revers der Jacke der «Bonbon», das NSDAP-Abzeichen sichtbar.

Gleich nach seiner Haftentlassung hatte Heinz versucht, bei Bär & Hermann seine Lehre fortzusetzen. Doch die wollten nichts mehr von ihm wissen. «Wir betrachten das Lehrstellenverhältnis als aufgelöst», hatte der Personalchef gesagt. Auch in anderen Druckereien will keiner einen vorbestraften Lehrling.

Monate vergehen. Was soll werden? Einfach abhauen? Emigrieren? Aber wohin soll er ohne Verbindungen, Sprachkenntnisse, Berufsausbildung? Ein früherer Kollege rät ihm, zur Deutschen Arbeitsfront zu gehen. Nach langem Zögern entschließt Heinz sich dazu.

Er gerät an einen jovialen Amtswalter, der die kommunistischen Aktivitäten dieses Zwanzigjährigen für jugendliche Verirrungen hält, die durch die Haftzeit abgebüßt worden sind, und der verspricht, sich für ihn zu verwenden. Einige Wochen später steht ein neuer Lehrvertrag bei der Firma Priess GmbH in Aussicht, vorausgesetzt, der junge Mann erklärt sich zum Eintritt in die DAF bereit. Er tut's: Um auszulernen, wird er Arbeitsfront-Mitglied. Dann macht er sich Vorwürfe, aber es beruhigt ihn, als er von einem Aufruf der kommunistischen Auslandsleitung hört, die DAF solle durch den Eintritt von Genossen unterwandert werden. Wenigstens schreibt ihn die Musterungskommission wehrunwürdig; den Musterern ist das eher peinlich, ihm jedoch ganz recht.

Viel hat sich verändert, seit Hitler an die Macht gekommen ist, aber die Leute, mit denen Heinz verkehrt, haben sich nicht verändert.

Die Kollegen im Betrieb, der früheren Hirschfeldschen Drukkerei, an der nach ihrer «Arisierung» die DAF beteiligt ist, sind in ihrer Mehrzahl frühere Gewerkschafter und SPD-Mitglieder, die gleichgültig oder widerwillig Betriebsappelle und den Gemeinschaftsempfang von Führerreden über sich ergehen lassen.

Die Inhaber der Läden, in denen Heinz einkauft, sind nach 1933 aus ihren Stellungen geworfene Linke, die ein Geschäft gegründet haben. Wer dagegen ist, kauft möglichst nur bei jenen, die auch dagegen sind.

Wenig für die Nazis übrig haben auch die verschiedenen Kursisten, die mit Heinz zusammen Russisch und in einer Gymnastikschule Jiu-Jitsu lernen. Anhänger Alfred Rosenbergs bereiten sich woanders als bei Berlitz auf den Marsch nach Osten vor, und wer sich 1936 in privaten Gymnastikschulen trifft, flieht meistens vor Geländesport und Keulenschwingen mit dem Hakenkreuz vorm Busen. Herbert und Aurora zum Beispiel aus dem Jiu-Jitsu-Kurs, die sich vom ambulanten Verkauf ätherischer Öle sowie aus Dörrobst selbstgemachter Kleinfiguren ernähren, sind zum Beispiel so mit sich beschäftigt: mit der Bronzebräune ihrer schönen Körper durch Freilicht sowie Höhensonne, mit Baden, Lieben, Tanzen und den strengen Regeln der japanischen Selbstverteidigung, daß für die uniformvernarrten Nazis nur Verachtung übrigbleibt.

Wie erkennt er Gleichgesinnte, Menschen, die dagegen sind? Heinz prüft Aussehen, Kleidung, Gesten. Abzeichen, Uniformteile und ein Militärhaarschnitt sprechen für Nazis, Sandalen und zivile Umgangsformen für Gegnerschaft. Wer im protestantischen Leipzig mit einem fröhlichen «Grüß Gott» daherkommt, ist gewiß kein Nazi. Wer seinen Lederol-Mantel noch trägt und dazu eine Baskenmütze, ist sicher ein Genosse. Wie grüßt einer, und wie redet er? Wie hoch hebt er den Arm, in welchem Ton kommt das «Heil Hitler»? Die beiseite gesprochene spöttische Bemerkung, halbe Wendungen, Blicke können Erkennungszeichen des Dagegen sein. Wie verhält sich einer, wenn er einem Juden begegnet? Wo verkehrt er? Könnte er ein Spitzel sein? Unbefangenheit erlaubt sich Heinz nur unter Freunden und mit seinen Freundinnen, die, sonst kaum vergleichbar, doch gemeinsam haben, weder bei den Jungmädeln noch im BDM zu sein.

Der junge Mann ist Anfang Zwanzig, er brennt auf die Bekanntschaft von Uschi, Mausi und Marie. Ungestüm umworben folgen sie auf dunkle Kinoplätze, in schummerige Caféecken und des Vaters Gartenlaube. In warmen Sommernächten lustwandelt Heinz mit jungen Schönen, die in der Kunstakademie Modell stehen, händchenhaltend, flüsternd, öhrchenküssend im Leipziger Rosenthal und beeindruckt auf ungezählten Parkbänken durch sein feuriges Drauflos. Um Unmut durch Verwechslungen auszuschließen, umwirbt er die Mausis, Uschis, die Maries, Namen tilgend, durchweg als «Verehrungswürdige».

Aber jenes ideale Wesen, das durch seine Träume geistert, lebt nicht hier auf Erden: aufreizend-verrucht als Gespielin seiner Lüste, warmherzig wie Tante Lehmann, gebildet, doch auch anschmiegsam, naiv. Mutter, Schwester, Geliebte in einem soll sie sein. Unruhig irrt er lebenslang zwischen Gespielinnen und Partnerinnen hin und her, trennt Kopf und Körper, Lust und Liebe: ein kommunistischer Don Juan.

Es lassen sich kaum größere Gegensätze denken als die Buchhändlerin Liesel Bosse, die mit ihm verhaftet worden ist, und die Schönheitstänzerin Lily, der er im Tanzcafé «Eden-Arkadia» begegnet. Wenn Heinz mit Liesel tanzen geht, trägt sie ihr Hochgeschlossenes aus schwarzem Samt, Schulterteil und Ärmel aus durchbrochener Spitze. Lily tanzt eingehüllt in schwarze Schleier und mit lila Straußenfedern. Zu ihren Requisiten gehören feuerrot leuchtende Perücken und glitzernde, klitzekleine Dreieckshöschen. Von Operettendiven hat sie sich die schlangenartigen Bewegungen, schwungvolles Schlendern, den verheißungsvollen Augenaufschlag abgeguckt. Liesel wirft mit knappem Schwung das kurze, glatte Haar zurück und spaziert mit kleinen, festen Schritten an Zögers Arm den Ring entlang. Die Schönheitstänzerin heilt ihren gutgebauten, kräftigen Verehrer von dem Irrtum, Augenblicke höchsten Glücks nur abgekehrt von Menschen zu erleben. Geredet wird zwischen beiden nicht sehr viel.

Mit Liesel dagegen redet Zöger stundenlang. Sie bringt ihm bei, wie man systematisch liest und sich ein literarisches Urteil bildet. Er beneidet sie um ihre Ausbildung, das Abitur, auch um die Fixigkeit im Denken. Oft, wenn sie zusammen sind, geben sie sich gegenseitig Rätsel auf: Einer erzählt den Anfang oder das Ende eines Romans, und der andere muß Titel sowie Autor raten. Wenn die Freundin freudig auflacht, weil ihr ein neuer Rätselstoff eingefallen ist, sieht Heinz auf die gerade Reihe ihrer schönen weißen Zähne, die Grübchen in den rosa Backen, beugt sich zärtlich vor und nimmt behutsam ein Katzenhaar von ihrem Kleid.

Die kluge Liesel Bosse ist eine Katzennärrin, die nicht davor zurückschreckt, ihrer silbergrauen Mimi (so genannt nach dem Kätzchen Rosa Luxemburgs) und ihrem schwarzen Kater Murr (so genannt nach seinem literarischen Vorbild) weiße Mäuse vorzusetzen. Lily bewohnt ein Apartment in der Nähe des «Eden-Arkadia». Liesel und Heinz haben sich einen Lagerraum der Bosseschen Buchhandlung möbliert. Samstags fahren die beiden, sie im Trachtendirndl, er mit kurzen Hosen, in die Dübener oder Dahlener Heide, an die Lübschützer oder Gallener Teiche. Dort trifft sich übers Wochenende, wer dagegen ist, darunter eine kleine Gruppe ehemaliger Sozialistischer Schüler, der Liesel schon seit ihrer Schulzeit angehört.

Getarnt als harmlose Naturfreunde und Wanderer, versuchen junge Linke, die hier draußen in Grüppchen aufeinandertreffen, an schönen Plätzen lagern oder sich auf Wanderungen begeben, so gut es geht, Kontakt zu halten, sich gegenseitig beizustehen.

Informationen werden ausgetauscht. Die verhaftet waren, erzählen von ihren Knasterfahrungen. Darauf bedacht, nicht aufzufallen und als Gegner erkannt zu werden, ziehen sie mit Rucksäcken und Klampfen über Heidewege durch den Wald und singen Wanderlieder. Andere wiederum sitzen mit Zeichenblocks auf einer Wiese und setzen ihren vor Jahren begonnenen Unterricht bei einem linken Maler fort. Atsch, einer von den Sozialistischen Schülern, hat Text und Melodie eines neuen Liedes von Brecht/Eisler aufgetrieben. Da verscheuchen sie die vage Furcht, es könnten Gestapospitzel mit ihnen wandern, hocken sich in eine Mulde, umgeben von Wacholderbüschen, und Atsch singt ihnen leise, kaum vernehmbar vor: «Und weil der Mensch ein Mensch ist / drum hat er Stiefel im Gesicht nicht gern. / Er will unter sich keinen Sklaven sehen / und über sich keinen Herrn. / Drum links, zwei, drei! / Drum links, zwei, drei!»

Unter all den Grüppchen und Zirkeln, in denen sich Heinz bewegt, wird der Kreis um die Gebrüder Völkel bestimmend für sein Leben. Doktoranden werden später die Überlebenden dieses Kreises nach ihren Erinnerungen befragen; in Dissertationen finden die Altgewordenen ihre Namen wieder. Es begann bei Völkels, und es endete in Zuchthaus und KZ.

Gleich nach seiner Rückkehr aus dem Bautzner Gefängnis macht sich Heinz Zöger auf den Weg zu Völkels, um den Brüdern Heinz und Werner für die vielen Briefe, für den Zuspruch, für ihr Sichkümmern in der Haft zu danken. Werner, der Hilfsregisseur, beabsichtigt, mit der Schauspielerin Agnes Straub nach Berlin zu gehen. Heinz Völkel entwirft Werbeblätter für die Innenseiten von Zigarrenkistendeckeln. Die Kunstakademie darf er als Kommunist nicht mehr besuchen; das Stipendium ist gestrichen.

«Und was macht der Völkel-Kreis?» fragt Heinz. «Wo sind all die linken, lustigen Kunststudenten, die seit Jahren hier verkehren?»

«Ich fürchte, sie verlaufen sich», entgegnet ihm der Freund. «Manch einer kommt nur noch, um ade zu sagen – sei es, weil er mit dem Studium fertig ist, sei es, weil es nicht mehr opportun erscheint, mit Kommunisten zu verkehren.»

Bis in die Nacht hinein erinnern sich die Freunde: wie sie sich zu Beginn der dreißiger Jahre in der Marxistischen Arbeiterschule zum erstenmal begegnet sind und der um einige Jahre ältere Völkel Zöger mit in seinen Kreis gezogen hatte.

«Ihr hattet noch weniger Geld als ich, der Lehrling!»

Jeder versuchte, irgendwie an Geld zu kommen, zog übermütig mit anderen los, um Hofmusik zu machen, oder sie tanzten auf der Straße und gingen mit der Mütze rum. Und danach gab's für alle Wermut oder billigen Rotwein.

Verrückte Leute waren dabei. Einer lief immer mit Frack und kurzer gelber Hose rum; ein anderer schob sein Spinett zwischen seiner Bude im Parterre und dem Leihhaus hin und her.

Zusammen mit den Freunden der geselligen und heiteren Brüder Völkel hatte Heinz sich früher progressive Filme wie *‹Kuhle Wampe›* und *‹Mutter Krauses Fahrt ins Glück›* angesehen und war während der großen Pause ins Leipziger Schauspielhaus geschlichen, um von den Stehplätzen im vierten Rang kostenlos den zweiten Teil des neuen Bruckner- oder Kaiser-Stücks zu sehen. Und an Sonntagnachmittagen las Werner den Anfang seines sechsten unvollendeten Romans vor oder rezitierte Rilke.

Erst jetzt, bei ihrem Wiedersehen nach bald zwei Jahren, erfährt Heinz Zöger, daß damals, 1933, auch die kommunistischen Leipziger Maler Frank, Maßloff und Krause verhaftet und ihre Bilder beschlagnahmt, von der Gestapo womöglich gar vernichtet worden sind. Zusammen mit ihnen hatte Heinz Völkel der Assoziation revolutionärer bildender Künstler, der Asso, angehört, deren Mitglieder noch auf der Großen Leipziger Kunstausstellung im Winter 1932/33 in einer eigenen Abteilung ausstellten: Zeichnungen und Ölgemälde wie *‹Demonstration›*, *‹Roter Aufmarsch›*, *‹Straßenkampf›* und *‹Agitpropgruppe in nächtlicher Aktion›*.

Wie oft waren damals die Leute aus dem Völkel-Kreis in diese Ausstellung gepilgert und hatten mit den «Proletmalern» über den Sinn der Kunst gestritten. Malen als Klassenauftrag? Kunst als Waffe – wie es die Asso-Maler sehen wollten? Die einen berauschten sich an der Idee, als Künstler dem Proletariat zu dienen, beriefen sich auf Käthe Kollwitz, auch auf Masereel und schrieben sich in Kurse für «Malen und Zeichnen vom Standpunkt revolutionärer Weltanschauung» ein. Andere bestanden darauf, daß Kunst doch immer Kunst bleiben müsse. Wie lange schien das her zu sein ...

Aber wider Erwarten erlebt der Völkel-Kreis jetzt, 1935, einen neuen Aufschwung, und zwar durch eine junge Pianistin, die Heinz Völkels Freundin und dann seine Frau wird. Ursula Dreyer, genannt Mouche, sichert dem Völkel-Kreis das Überleben, und die später hinzukommenden Kommunisten Maßloff und dann Herbert Bochow machen ihn zu einem Ort des Widerstands.

Mouche ist eine künstlerisch begabte, temperamentvolle junge Frau, deren Kopf voll großartiger Ideen steckt, und zugleich ein mädchenhaftes, zartes Wesen, das mit träumerischen, großen blauen Augen, ihrem langen, vom Madonnenscheitel seitwärts auf die Schulter fallenden Haar und einem leicht verkrüppelten, beim Gehen nachgezogenen Fuß Schutzbedürfnis bei den Männern weckt. Sie bringt neue Leute in den Völkel-Kreis: den Schauspieler Albert Matterstock und gelegentlich den Dichter Günter Eich, vor allem jedoch Musiker und Musikstudenten. Häufig wird jetzt musiziert; es geht weniger ausgelassen, ernsthafter als früher zu, aber wieder ist die Völkel-Wohnung ein Treffpunkt junger linker Künstler, viertel-, halb-, dreiviertelbegabt, die mit den Nazis nichts zu tun haben wollen.

Heinz Zöger schlägt freundschaftliche Anerkennung entgegen. Sie gilt dem Menschen, der für seine Überzeugung ins Gefängnis ging, dem jungen Arbeiter, der für linke Bürgersöhne zum besseren Teil der Menschheit, zur auserwählten Klasse zählt. Er wiederum ist glücklich, an einem Leben teilzuhaben, wie es intelligente Arbeiter im besten Fall aus Büchern und aus ihren Träumen kennen. Fasziniert hört er zu, wenn Mouche Klavier spielt, über Rothes neue Shakespeare-Übersetzung oder Joyces *‹Ulysses›* diskutiert wird. Fasziniert hören ihm die anderen zu, wenn er blitzartig Tatsachen und Ideen in Zusammenhänge bringt, auf die sie nie gekommen wären. Wie der Zauberer aus dem Zylinder zaubert dieser junge Mann aus der Firma August Priess GmbH, in den Dogmenkasten des Marxismus greifend, die wundersamsten Welterklärungen. Dabei kommt ihm neben der Beherrschung zahlreicher marxistischer Formeln sein Talent zugute, kühn zu spekulieren. Und da er verhältnismäßig wenig weiß (mehr zu wissen hätte nachdenklich gemacht), stürmt er wagemutig gegen die sichersten Gebäude der Kunstbetrachtung und -geschichte an, verblüfft durch die Griffigkeit seiner Dogmen, die Neuartigkeit seiner Behauptungen und durch seine Sicherheit. «Ich hatte was von einem Ernsten Bibelforscher», sagt der alte Zöger. Doch er hatte offensichtlich auch ein sicheres Gefühl dafür, was Bürgertöchter und was Bürgersöhne mit Anwandlungen eines spätbürgerlichen schlechten Gewissens von ihm, dem Arbeiter, erwarteten.

Man hätte meinen können, in diesem durch gegenseitige Sympathie, Widerwillen gegen die Nazis und vage Vorstellungen von links zusammengehaltenen Künstlerkreis lebe wie auf anderen, ähnlich kleinen Inseln die Republik von Weimar fort. Doch dann kommt das Malerehepaar Kurt und Gertrud Maßloff in den Kreis und mit ihm ein neuer Ton, ein anderer Sinn.

Trude bleibt blaß in der Erinnerung. Meistens sitzt sie still dabei. Vielleicht ist Trude müde. Seit dem Berufsverbot gegen ihren Mann malt sie Mittelgebirgslandschaften und ähnlich Unanstößiges für den Lebensunterhalt. Seit den Hausdurchsuchungen und der Beschlagnahme von Bildern, die dem Ehepaar besonders wichtig sind, überstreicht sie einzelne Gemälde aus der Asso-Zeit mit einer deckenden Substanz und malt auf die Rückseiten den Gardasee im Abendsonnenschein.

Maßloff beeindruckt. Die meisten jungen Leute aus dem Völkel-Kreis kennen den Mitte Vierzigjährigen als einst prominenten kommunistischen Maler aus Leipzig, haben noch sein auf der Großen Kunstausstellung 1932/33 gezeigtes Gemälde *‹Befreiung der proletarischen Gefangenen 1917›* vor Augen.

Alles an ihm ist breit und kräftig: die Nase, das ausgeprägte Kinn, das knochige, fast viereckig wirkende, ruhige Gesicht. Er könnte ein Bauer aus Westfalen sein. Hochmütig-verachtend blicken die leicht gewölbten großen Augen, wenn er von den Nazis spricht. Freundlich nimmt er Anteil am persönlichen Geschick der jungen Leute. Mit trockenem Ernst doziert er Marx und Lenin. Das ist nicht nach jedermanns Geschmack. Zunächst den meisten gar nicht bewußt, teilt sich die Völkel-Runde in einen von Kommunisten gebildeten, inneren politischen Zirkel, der sich an den Musikabenden von Mouche – hier wechseln auch die Gäste – zu einem größeren Kreis erweitert.

Maßloff will mehr als Mozart-Interpretation durch Mouche. Er hat drei Jahre Zuchthaus hinter sich. «Jetzt wollen wir weitermachen», sagt er. «Man muß die Augen offenhalten, genau verfolgen, was die Nazis unternehmen. Wie wirkt es sich auf

Anhänger und Gegner aus? Wo sind Schwachstellen und Reibungsflächen des feindlichen Systems? Wie reagiert das Ausland?»

Wer einen halbwegs guten Radioapparat besitzt, hört Auslandssender. Heinz Zöger, auf Besuch beim Bruder, wirft Dekken über Kopf und Radio, damit der Steinsetzmeister im Parterre nichts mitbekommt, und dreht so lange an den Knöpfen des neuen Nauen-Telefunken, bis durch das Rauschen eine ferne Stimme dringt: «Achtung! Achtung! Hier spricht Moskau!»

Im Goebbels-Rundfunk hören die Freunde, daß der Sowjetmarschall Tuchatschewski und andere höhere Sowjetoffiziere hingerichtet und zahlreiche Bolschewiki, darunter einstige Mitarbeiter von Lenin, verhaftet worden seien. Die Nazis lügen! Dann schnappt einer in einem Auslandssender auf, daß Sinowjew und Kamenew, Rykow, Bucharin und andere in Moskau als Verräter und Spione gelten. Wer soll das begreifen? Maßloff beschwört die irritierten Freunde, doch jetzt nicht, umgeben von den schlimmsten Feinden, an den besten Freunden, an Stalin und der bolschewistischen Partei zu zweifeln. Säuberungen? Schauprozesse? Eine Verschwörung wie schon vor Jahren bei den Industrieprozessen, die die GPU zerschlug!

Eka will das nicht verstehen. Da erzählt Heinz von andauernden erregten Diskussionen, aber was sich auch ereignet – diese gläubigen Kommunisten geraten nie in einen ihre Sicherheit beschädigenden schmerzenden Konflikt. Zweifel scheinen sie nicht zu kennen – weder im Blick auf ihr Phantasialand und auch dann nicht, als angesichts der deutschen Siege die Zukunft des Kommunismus und damit ihre eigene besiegelt zu sein scheint. Im schlimmsten Fall sind sie irritiert, begreifen nicht sogleich, hören die ferne Stimme aus dem Nauen-Telefunken, und alles «klärt sich auf».

«Heinz, wie sollen wir denn deinen Freunden näherkommen, wie versuchen, ihnen gerecht zu werden, wenn sie sich Zweifellos, gleich Marsbewohnern unverwundbar geben?»

«Wir befanden uns nicht in der bevorzugten Situation von Menschen, die sich Zweifel leisten können.»

«Heißt denn, den Untaten seiner Feinde Widerstand entgegenzusetzen, die der eigenen Freunde gutzuheißen?»

«Offensichtlich kannst du nicht begreifen, wie isoliert wir lebten und wie gering unsere Möglichkeiten waren, das, was wir erfuhren, auf seine Zuverlässigkeit zu prüfen. Alles, was die Nazis schrieben, verwarfen wir als Lüge. Terror, Schauprozesse, Hinschlachten der alten Garde – das schienen uns zunächst sattsam bekannte Gerichte aus der antikommunistischen Giftküche zu sein.

Dann, in einer späteren Phase, vertrauten wir Persönlichkeiten, verehrten Schriftstellern wie Andersen-Nexø oder Friedrich Wolf, die in Radio Moskau sagten, man habe wirklich Verschwörungen gegen Stalin aufgedeckt.»

Als Kronzeuge nennt er Peter Weiss: «In der engen Küche, in der Coppis Vater auf und ab ging ... konnten wir uns nichts anderes denken, als daß die Taten der Angeklagten, denen seit einem Jahr der Prozeß gemacht wurde, in jeder Einzelheit erwiesen waren, hatten doch auch Autoren wie Feuchtwanger, Heinrich Mann, Lukács, Rolland und Barbusse, Aragon, Brecht und Shaw den Aufdeckungen Glauben geschenkt und sich vom Beweismaterial überzeugen lassen. Kein Zweifel durfte aufkommen an der Rechtmäßigkeit des Verfahrens, jetzt, da der Antikominternpakt zwischen Deutschland und Japan abgeschlossen worden war, da die chinesischen Armeen sich aus Shanghai zurückzogen, Nanking bombardiert und Peking bedroht wurde, da nach der Eroberung Äthiopiens der Beitritt Italiens zum Pakt bevorstand, da die Deutschen und Italiener, unterstützt durch die Nichteinmischungspolitik Frankreichs und Englands, ihre Hilfe an Franco verstärkten, und da immer lauter vom Großdeutschen Reich, vom Anspruch auf Kolonien, vom Drang nach Osten geredet wurde» *(‹Die Ästhetik des Widerstandes›)*.

Das Zitat, entgegnet Eka, besage doch nur, daß die Reaktion im Völkel-Kreis typisch für die Reaktion von Kommunisten war. Aber sie will bei Kommunisten nicht verteidigen, was sie den Nazis, sich selbst nicht ausgeschlossen, vorwirft: Verbrechen kritiklos hingenommen zu haben. Erklärungen, Entschuldigungen lassen sich stets finden. «Hat sich in das Urteil der Genossen nicht ein Gran Betroffenheit gemischt?»

«Mehr als nur ein Gran! Von der Rechtmäßigkeit des Verfahrens schließlich überzeugt, fragten wir uns doch, wie es dazu hatte kommen können, was bewährte, alte Bolschewiki bewogen haben könnte, sich gegen Stalin zu verschwören. Doch solche Zweifel verdrängten wir sofort aus Furcht, daß sie uns zu Kumpanen der Nazis machen könnten. Zwischen ihnen und Kommunisten durfte es in unseren Augen nichts Verbindendes geben.»

Und dann verbünden sich Moskau und Berlin: Hitler und Stalin schließen den Nichtangriffspakt.

Nach dem ersten Schock setzte bei den Leipziger Freunden wieder jener Rechtfertigungsmechanismus ein, an dessen Ende aus Schwarz Weiß geworden ist. «Wem nützt das Abkommen denn?» fragt Maßloff. Sei es nicht das Interesse Großbritanniens und Frankreichs, Deutschland auf die UdSSR zu hetzen? Nur so erhalte das 1938 gegen die Interessen der Tschechoslowakei geschlossene Münchner Abkommen, die Einigung der Westmächte mit Deutschland und Italien, seinen Sinn. Mit dem mit Deutschland geschlossenen Nichtangriffspakt habe die Sowjetunion ihre Feinde auseinanderdividiert, eine geschlossene Anti-Moskau-Front verhindert! Sollen die anderen sich gegenseitig nur den Kopf einschlagen, die Sowjetunion wird herausgehalten. Also ist der Pakt als taktisches Manöver für begrenzte Zeit, als kluger Schachzug Stalins zu verstehen!

Wenige Tage später sehen die Freunde sich bestätigt. Hitler erklärt den Krieg, Polen wird überfallen. Sagen es die Kommunisten nicht seit langem: Hitler bedeutet Krieg! Ihre Bestürzung vermischt sich mit Triumphgefühlen von Menschen, die recht behalten haben. Und sie schöpfen neue Hoffnung. Jetzt, so ermutigen sie sich gegenseitig, ist auch das Ende des Faschismus abzusehen. Ob beim Betriebsappell in der Firma August Priess GmbH oder auf den Leipziger Straßen – nirgends sieht Heinz Kriegsbegeisterung. Überall liest er in den Gesichtern Unruhe, Bedrückung, ängstliche Erwartung. Die deutschen Armeen, dessen ist er sicher, werden geschlagen werden.

Vertraute, die erfahren möchten, was der Einmarsch der Roten Armee in Ostpolen und den baltischen Staaten zu bedeuten habe, werden aufgeklärt, daß es sich um eine vorübergehende, notwendige Präventivmaßnahme des Sowjetstaates handele, da ja der Überfall auf Polen, wenn es nach dem Willen der Faschisten gehe, nur ein Anfang sei. Sagen es die Kommunisten nicht seit langem: Die Sowjetunion ist in Gefahr! Der erste Arbeiter-und-Bauern-Staat soll von der Landkarte verschwinden!

Und erneut sehen die Freunde sich bestätigt.

Der 22. Juni 1941 ist ein schöner, ruhiger Sommersonntag, dazu geeignet, den Krieg für ein paar Tage zu vergessen. Die Sonne scheint; die Sonntagszeitung bringt Fotos von fröhlichen Soldaten, die sich beim Eselreiten und Tierefüttern in Griechenland vergnügen. Die jungen Eheleute Zöger, verheiratet seit erst vier Wochen, entschließen sich beim Morgenfrühstück in ihrem möblierten Lagerraum, den Vorortzug in Richtung Eilenburg zu nehmen; sie wollen mit Atsch und anderen in der Mulde baden.

Schon von weitem sehen sie die Freunde in der Bahnhofshalle aufgeregt zusammenstehen. Habt ihr denn nicht Radio gehört? Deutsche Truppen haben die Sowjetunion überfallen! Wie betäubt steigen Heinz und Liesel in den Zug. Auch den Leuten im Abteil ist der Schrecken anzumerken. Sie sprechen von der unheimlichen Weite Rußlands, kramen Geschichtskenntnisse über Napoleon hervor. Niemand triumphiert. Einer meint, daß dies jedenfalls kein Blitzkrieg werden würde.

Widerstreitende Gefühle, Unruhe, Angst und Zorn, bewegen Zögers und die Freunde. Anders, als sie es sich früher dachten, sehen sie nun ihr Schicksal mit dem der UdSSR verbunden. Dieser Überfall, das ist ihnen klar, wird die Kriegsentscheidung bringen, und von dieser hängt das Schicksal von Millionen Menschen und auch ihre eigene Zukunft ab.

Auf dem Sandplatz an der Mulde fragen sich die Freunde, auf welche unmittelbaren Veränderungen sie sich einstellen müssen. Mit dem abrupten Ende des deutsch-sowjetischen Paktes geht die relative Schonzeit für den Widerstand zu Ende. Das ist ihnen klar. Die Gestapo wird von jetzt an jede Rücksicht fallenlassen und härter als zuvor zuschlagen. Doch gleichzeitig, auch das ist ihnen bewußt, wird die KPD-Führung beschließen, daß der Widerstand verstärkt werden muß.

Anfang Juli wird Heinz aufgefordert, sich unauffällig in der Wohnung der Genossin Hanke einzufinden. Auch Atsch, Max Zaspel, der Militärarzt Steude und zwei weitere Genossen sind gekommen. Gerhard Ellroth, später in der neugebildeten illegalen Leitung, eröffnet ihnen, die Hauptfelder des Widerstandes seien jetzt die Wehrmacht und die Rüstungsindustrie. Seien sie bereit, sich daran zu beteiligen? Natürlich. Dann müßten Kontakte zu anderen Genossen aufgegeben werden; unnötige Gefährdungen seien zu vermeiden. Bei einem zweiten Treff werden konspirative Verhaltensregeln eingeübt, Dreiergruppen sollen gebildet werden, und es wird erörtert, wie es am unauffälligsten gelingen könnte, Verbindungen zum Militär und zur Rüstungsindustrie zu schaffen.

Ob es zu einem weiteren, dritten Treff gekommen ist, hat Heinz Zöger nicht erfahren. Am 25. Juni 1941 wird Herbert Bochow in Berlin verhaftet. Und in den folgenden Wochen holt die Gestapo die meisten seiner Freunde, darunter auch die Zögers ab.

Wer war Herbert Bochow?

Erschreckt liest Eka, wie der Kommunist Herbert Bochow von DDR-Historikern beschrieben wird: Mit Meßlatten sind sie auf ihn losgegangen, entkleideten ihn seiner Individualität, maßen ihn allein daran, ob er der Linie folgte, und degradierten ihn auf solche Weise zu einem gefallenen Soldaten der Parteiarmee, dem sowenig wie anderen aus dem Widerstand erlaubt ist, ein eigenes Gesicht zu haben.

Wer beschreibt Bochow so, wie er gewesen ist?

Auf Ekas Schreibtisch steht sein Bild. Gestern noch der Erinnerung an ihre mit Schirach-, Flex- und Miegel-Texten durchsetzten Weihereden hingegeben, will sie heute die Gedanken und Gefühle eines von den Nazis hingerichteten aktiven Kommunisten wiedergeben. Ausgerechnet sie?

Die Beschäftigung mit der eigenen Vergangenheit bewirkt

neue, quälende Befangenheit. Wie soll sie sich Bochow nähern? Auf sein Foto blickend, sieht sie sich als Sechzehnjährige in der Jungmädeluniform und fragt beklommen, ob ihre Beschreibung ihn beleidigen könnte. Und wenn sie das von vornherein besorgt, ob sie nicht sein Bild verzeichnet?

Im Fernsehen der Beisetzung Andropows folgend, begreift sie, daß die kommunistische Welt von heute kaum noch jener Bochows gleicht. Im Stechschritt eines wilhelminischen Garde du Corps begleiten Sowjetoffiziere die Lafette, auf der der fünfte Nachfolger von Lenin liegt. Sowjetbürger, nach ihren Erwartungen befragt, wünschen sich, daß Frieden bleibe. An die Zukunft des Kommunismus knüpft keiner mehr Hoffnungen und Wünsche. Und wer denkt denn, daß die Sowjetführer, jene auf dem Dach des Lenin-Mausoleums aufgereihten steifen Herren, irgend etwas mit dem zu tun haben, an das Bochow glaubte?

Werden junge, unbefangene Historiker, für die die Bindungen und Verstrickungen früherer Generationen nur noch Forschungsgegenstände sind, Leben und Tod des Herbert Bochow verstehen und beschreiben können?

«Wann sahst du ihn zum erstenmal?»

«Ich glaub 1939, an einem jener Abende bei Völkels. Ich kam etwas später, er saß auf der Couch, mit anderen im Gespräch.»

«Wie sah er aus?»

«Schlank ... mittelgroß ... Als er Tee nahm, sah ich, wie schmal seine Hände waren. Das Eindrucksvollste an ihm war das weiche, durchgeistigte Gesicht mit der hohen Stirn, den schön geschwungenen, schmalen Lippen. Er sah so aus, wie wir uns als Vierzehnjährige junge Dichter denken, Schiller oder Hölderlin. Ich kenne keinen anderen Menschen, dessen Augen so viele Stimmungen ausdrückten und so viel von seinem Wesen preisgaben wie die Augen Herbert Bochows. An manchen Abenden sah ich darin eine Härte, die ich nicht an ihm vermutete. Dann wieder leuchteten uns seine Augen an. Wenn Mouche Mozart spielte, träumten sie. Sie konnten Übermut und Ernst ausdrücken, Mitleid, Witz, Ungeduld, Melancholie.

Was er am Leib trug, war ihm ganz egal. Ich meine mich zu

erinnern, ihn meistens in dunkler Manchesterhose und offenem Hemd gesehen zu haben ... leicht abgerissen und fast ärmlich. Er schien auf die Welt geschickt zu sein, um in Dachkammern zu dichten und holden Damen seine Verse vorzutragen.»

«Was wußtest du von ihm?»

«So gut wie gar nichts. Es hieß, Maßloff habe einen Bekannten aus Dresden mitgebracht.»

Seine Lebensdaten stehen in Publikationen aus der DDR:

Herbert Bochow, geb. 20. Nov. 1906 in Eberstadt/Hessen. Bürgerliche Herkunft. Philosophiestudium in Leipzig. Zunächst Mitgl. des völkischen Jungdeutschen Ordens, ab 1929 KPD. Mitgl. einer ihrer Agitpropgruppen und der proletarischen Schriftsteller. Verdient sich nach dem Abbruch des Studiums seinen Lebensunterhalt u. a. in der Berliner Geschäftsleitung des Arbeiter-Theater-Bundes und als Buchhalter beim Reichsorgan der Roten Hilfe. Verfasser meist unveröffentlichter Gedichte, Novellen und Theaterstücke.

Nach 1933 zunächst im KZ Sachsenburg, 1934–36 wegen Vorbereitung zum Hochverrat Gefängnis. Nach seiner Entlassung Reisender mit Bürstenwaren und Seifen. Fortsetzung der politischen Arbeit im Sinn der KPD ...

«Wie wirkte er auf dich?»

«Wie auf uns alle: faszinierend. Er war ein von der Politik besessener Mensch, doch das Gegenbild des Funktionärs. Als Schriftsteller und Revolutionär sollten wir ihn sehen. Wenn Mouche den Flügel schloß, las er uns seine Verse vor. Er kam zu einer Zeit in unseren Kreis, als manche wegen der deutschen Siegeszüge sehr bedrückt gewesen sind.

Bochow blieb ganz unbeirrt; die Realität focht ihn nicht an. An manchen Abenden sprach er wie ein Träumer, der, Ideen und Visionen hingegeben, in fiebrigem Halbschlaf redet.

Ein begeisterungsfähiger, leidenschaftlicher Mensch – ein jugendlicher Held; und wir: sein hingerissenes Publikum. Die Frauen, Mouche und Trude, Lotte Zimmermann und Wertzlaus Frau, liebten ihn. Wir Männer, auch Maßloff, haben ihn bewundert. Er war so umgänglich, so liebenswürdig, daß ihn jeder gern haben mußte. Manchmal stellte ich mir vor, daß er wohl noch selbst im hohen Alter etwas Schwärmerisches, überschwenglich Jugendliches haben würde.»

Aus Büchern kennt Eka die Beschlüsse der nach Moskau emigrierten KPD-Führer aus dieser Zeit. Sie gaben den illegalen Kadern Order, die von der Gestapo zerschlagene Parteiorganisation neu aufzubauen, die an verschiedenen Plätzen noch oder wieder existierenden Gruppen konspirativ miteinander zu verbinden. Bochow müssen diese Beschlüsse bekannt gewesen sein, denn in ihrem Sinn hat er gewirkt – ob in Verbindung zu höheren Funktionären oder auf eigene Initiative, weiß man nicht.

Jedenfalls schaffte er sich zunächst in Dresden, dann auch in Leipzig und später in Berlin Zutritt zu verschiedenen Gruppen. In der Mehrzahl handelte es sich um linke Künstlerkreise, in denen Kommunisten wie die Maler Frank und Krause in Leipzig und der Dresdner Maler Schulze eine ähnliche Rolle wie Maßloff bei den Völkels spielten. Allein schon dadurch, daß nun ein Genosse sowohl hier wie da verkehrte, war eine Verbindung zwischen ihnen hergestellt. Doch Bochow ging noch weiter. Er führte Menschen aus den einzelnen Kreisen auch direkt zusammen, wirkte daran mit, daß jene, die sich nicht länger in einem bestimmten Atelier begegnen konnten, Anschluß an andere Kreise fanden, und war darum bemüht, daß aus freundschaftlichen Begegnungen regelmäßige Treffs zum Zweck des Informationsaustausches, des Zusammenhalts, der Schulung wurden.

«Hat er euch regelrecht geschult?»

«Das kann man sagen. Er fühlte sich als unser Lehrer und politischer Führer, und wir haben ihn anerkannt.

Bochow hielt Vorträge über die politische Lage und die Aufgaben der Hitlergegner. Er sorgte auch dafür, daß regelmäßig ausländische Sender abgehört und die Nachrichten besprochen wurden. Er sagte, daß wir auch unter den Bedingungen des Krieges und der Diktatur, abgeschnitten von der übrigen Welt, zu allen Fragen einen klaren Standpunkt haben müßten, um, wo immer möglich, auf andere Menschen einzuwirken.

Auf allen nur möglichen Wegen versuchten wir Kommunisten zu erfahren, was die Auslandsleitung der KPD beschlossen hatte. Oft mißlang das, wir blieben Jahre hinter dem Geschehen zurück. Durch Bochow erfuhren wir dann Näheres darüber, daß die Kommunistische Internationale 1935 auf ihrem VII. Weltkongreß die Volksfront-Politik beschlossen hatte, das Bündnis aller Nazigegner unter unserer Führung. Da sagten wir uns, so eine Volksfront im kleinen hätten wir im Völkel-Kreis ja schon geschaffen. Darum war der Kreis für Bochow politisch auch so wichtig: Wir lebten so, wie die Führung es wollte.

Irgendwie war es ihm gelungen, ein oder zwei alte Exemplare der deutschsprachigen Komintern-Zeitschrift *Rundschau* zu beschaffen – ein Kleinod, das ihn in unseren Augen zum Krösus machte. Diese *Rundschau*-Exemplare enthielten Reden und Berichte von einem Schriftstellerkongreß, der vor mehreren Jahren, 1934, in Moskau zusammengetreten war. Bochow erzählte uns, weltberühmte Autoren wie Malraux, Andersen-Nexø, Aragon und Toller seien dabeigewesen; Gorki, Gladkow, Ehrenburg hätten auf dem Kongreß gesprochen – wir fühlten uns wie Gläubige, die, abgeschnitten von der Kirche, fern von Rom, vom Kardinalskollegium von Konzilbeschlüssen hören.

Es ging um unser Thema, um die gesellschaftliche Funktion der Literatur und Kunst. Der Leningrader Parteisekretär Schdanow hatte ein Grundsatzreferat gehalten und den Sozialistischen Realismus zur kommunistischen Kunstdoktrin erhoben. Bochow fühlte sich als Schriftsteller durch den Parteisekretär bestärkt, Maßloff und Völkel sahen sich als Maler auf dem richtigen Weg; in ihren Arbeiten hatten sie seit langem schon versucht, in realistischer Form Haß auf Monopolkapitalismus und Faschismus und anfeuernden Optimismus im Blick auf die sozialistische Zukunft auszudrücken.

Auf Widerspruch stieß Schdanows Urteil über die bürgerliche Literatur und Kunst: geprägt von Zersetzung, zu bedeutenden Werken nicht mehr fähig, im Zustand des Zerfalls, der Fäulnis. Dagegen wurden Thomas Mann und Joyce, Bruckner, auch Hesse ins Feld geführt. Ist Joyce kein großer Künstler, weil er nicht den Klassenkampf beschreibt? fragte Liesel Bosse, die jetzt öfter mit zu Völkels kam. Wo bleiben in der Kunst Schmerz,

Einsamkeit und Schuld? wollte Mouche erfahren. Einige sahen einen unverständlichen Widerspruch darin, bürgerliche Autoren als Künstler abzuwerten und als Volksfrontpartner zu umwerben. Den Musikern leuchtete nicht ein, wie der Sozialistische Realismus auf die Musik zu übertragen sei. Darüber redeten wir uns die Köpfe heiß.»

«Hattet ihr Angst, beobachtet, entdeckt, von der Gestapo abgeholt zu werden?»

«Zunächst überhaupt nicht. Als dann Maßloff und noch andere Kommunisten zu uns kamen, sind wir vorsichtiger geworden. Aber nicht, weil wir fürchteten, von der Gestapo observiert zu werden. Wir verhielten uns so, wie alle Nazi-Gegner sich verhielten: Wir wollten niemanden stuzig machen, kein Mißtrauen wecken, uns lag daran, nicht aufzufallen. Maßloff achtete darauf, daß wir nicht alle zusammen aus der Völkel-Wohnung gingen, und wenn wir besonders heftig diskutierten, bat irgendeiner Mouche, sie solle zwischendurch mal wieder spielen. Ein Musikabend – nichts weiter, sollten sich die Nachbarn sagen. Jedenfalls lag mir der Gedanke an Verhaftung fern. Ich erinnere mich auch nicht, daß Bochow von Gefahren sprach.»

«Ihr habt doch nichts gemacht! Ihr habt nicht heimlich Flugblätter gedruckt! Ihr habt nicht ‹Rotfront› an eine Mauerwand geschrieben! Schon gar nicht habt ihr Munition versteckt. Ihr habt doch nichts gemacht ...»

Beschäftigt mit solch nachträglicher Verteidigung für ihren Mann, als hülfe sie ihm noch und wende Schlimmes ab, sieht Eka zur Erinnerung an die eigene Jugend den Jahrgang 1940 der *Swinemünder Zeitung* durch und liest von der Verurteilung mehrerer Bürger, die beim Abhören ausländischer Sender überrascht worden sind: Dem gesunden Volksempfinden «erscheint es nur bedauerlich, daß solche Verräter an der Volksgemeinschaft nur mit Zuchthausstrafen davonkommen, statt wie regelrechte Landesverräter um einen Kopf kürzer gemacht zu werden».

Wo nahm Heinz die naive Hoffnung her, nicht bedroht zu sein?

KRIEGSALLTAG AUF USEDOM

So einen Sommer haben die Ahlbecker seit langem nicht erlebt. Ein mitteleuropäisches Hoch treibt die Temperaturen auf über dreißig Grad. Die teuersten Hotels und billigsten Privatquartiere, alle Ferienunterkünfte sind bis unters Dach belegt. Gäste ohne Zimmerreservierung klappern Haus für Haus ab, um irgendwo noch Platz zu finden, und nehmen vorlieb mit Kirchenbänken oder Ruhebetten der Warmbadeanstalt. Die Pensionen und Fremdenheime suchen Aushilfsserviererinnen und Aushilfszimmermädchen, und die Inhaber der Andenkenläden bestellen bei den Grossisten Seemöwen aus Elfenbein, Bernsteinketten und Muschelkästen nach. So ein Geschäft haben sie seit langem nicht gemacht.

Ende Juli 1939 werden Ersatzreservisten ausgehoben, und bisher zurückgestellte Wehrpflichtige haben sich zu melden. Freunde und Verwandte, die zu Hause nach den Wohnungen und Posteingängen sehen, schicken Gestellungsbefehle in die Ferien nach. Doch für jeden, der sich melden muß und abreist, kommen neue Gäste nach.

Während die Kinder wie eh und je aus nassem Strandsand Türme kleckern und kreischend sich bespritzen, fragen die Erwachsenen in den Strandkörben zur nächsten Burg hinüber: «Meinen Sie, daß Krieg kommt?»

«Genauso wier dat domols, inn Summer viertehn», sagen die Alten.

Abends und in den Nächten stürzen sich die Badegäste so versessen in Vergnügungen, als ahnten sie, daß es für lange Zeit das letzte Mal sein kann: Sie spazieren durch die italienische Lampionnacht auf dem Ahlbecker Konzertplatz. Sie schlagen sich im Swinemünder Kurhaus lachend auf die Schenkel, wenn die Stimmungskanone Ludwig Manfred Lommel Witz auf Witz abfeuert. Sie tanzen bis zum Morgen in der «Strandterrasse», und was danach in den Dünen geschieht, da sieht man besser gar nicht hin.

Am 17. August berichten die Zeitungen von antideutschem Terror in Polen und Grenzverletzungen im Osten. In den folgenden Tagen häufen sich Meldungen über Massenverhaftungen von Deutschen. In Swinemünde läuft ein Dampfer mit Flüchtlingen aus Polen ein. Der Nichtangriffspakt zwischen Berlin und Moskau verwirrt die meisten, und einer fragt den anderen, was man davon halten soll. In Heringsdorf singt Willy Domgraf-Fassbaender Verdi- und Rossini-Arien. Die «Seemöwe», die «Adria» und «Toska» stechen, beladen mit Urlaubern, in See. Doch statt den Möwen Brosamen zuzuwerfen und die Gesichter in den Wind zu halten, fragen die Leute auf den Bänken, was wohl werden wird.

«Bloß keinen Krieg!», so sagen die einen. Doch andere meinen, daß die Zustände unhaltbar seien und sich niemand bieten lassen könne, wie es die Polen jetzt mit Deutschen trieben.

«Wir haben die Industrie, aber keine Rohstoffe», wird eingeworfen. «Die Engländer lassen uns an nichts ran. Das muß anders werden.»

Auf der Tanzfläche des Seebrücken-Restaurants beginnt jeden Abend, wenn es dunkel wird, der von Fuchsien und Geranien umrankte Springbrunnen zu plätschern. Über ihm dreht sich langsam eine in verschiedenen Farben angestrahlte, mit Spiegelglasfacetten besetzte majestätische Kugel. Und während sich um dieses jahrmarktartige, halb exotische Arrangement der Wirklichkeit entfliehende Paare drehen, melden die Nachrichten um Mitternacht, polnische Divisionen, riesige Truppenmassen bewegten sich nach Westen, bereiteten einen Handstreich auf Schlesien vor und hätten Danzig eingekesselt.

Sind die Menschen wirklich überzeugt, das kleine Polen

wolle Deutschland überfallen, und notgedrungen müsse es verteidigt werden? Die Goebbels-Propaganda in den letzten Wochen vor dem deutschen Überfall auf Polen ist so perfekt, daß sicherlich die Mehrheit glaubt, Polen habe die Verantwortung für diesen Krieg zu tragen – für einen Krieg auf europäischem Boden, den Hitlers Anhänger allerdings nun auch seit längerem erwarten: trotzig-hoffnungsvoll, um die «Schande von Versailles» zu tilgen, auch etwas bänglich und kaum einer mit einer halbwegs realistischen Vorstellung davon, was Krieg bedeutet.

Am Montag, dem 28. August 1939, endet die Saison mit einem Schlag. Auf dem Bahnhof wird eine amtliche Bekanntmachung angeschlagen, daß von diesem Tag an viele Züge nicht mehr fahren werden und die Reichsbahn keine Garantie mehr für Privatbeförderungen übernimmt. Jetzt weiß jeder, daß der Krieg ganz nahe ist. Die Badegäste werfen Andenken, Mitbringsel, Badesachen in die Koffer, bezahlen die Rechnung, hasten auf den Bahnhof und quetschen sich in überfüllte Züge. Nach 24 Stunden sind fast alle Fremden fort. Die Eisbudenbesitzer stellen die Eismaschinen ab, und die Droschkenkutscher bringen ihre Pferde in den Stall. Die Zimmermädchen, Hausdiener und Kellner, die gestern die Arbeit kaum noch schaffen konnten, sind über Nacht arbeitslos geworden. Noch ein paar Tage pendeln leere Motorboote zwischen Bansin und Swinemünde hin und her, dann hört ihr Getucker auf. Diese Ruhe plötzlich ...

Auf dem leeren Konzertplatz steht verloren ein Mann herum, der Merkblätter über das richtige Verhalten bei Luftalarm verteilen soll. «Mensch, es geht los!» ruft Hänschen.

Und dann beginnt der Krieg: ein Krieg ganz ohne Eka. Ein Krieg, den sie nicht direkt sehen und hören kann, ein Krieg, von dem sie wenig spürt – und weder im Ort noch auf der Insel geschieht etwas, was ihr der großen Zeit, in der sie sich jetzt wähnt, halbwegs zu entsprechen scheint. Die einheimischen Kinder toben auf dem leeren Strand, und ihre Mütter machen körbeweise Gurken und Tomaten ein. Das soll der Krieg sein? Niemand von Ekas näherer Verwandtschaft ist beim Militär.

Für die Vierzehnjährige findet dieser Krieg im Rundfunk, in

der Zeitung und im Kino statt. Wie die anderen hängt auch sie am Radio, und Sondermeldungen über immer neue Siege schwächen die Enttäuschung ab.

Im Radio wird gemeldet, was jetzt verboten ist und schwer bestraft wird, zum Beispiel Auslandssender hören und unbedacht etwas vom Betrieb erzählen: «Willst du siegen, sei verschwiegen!» Im Radio werden die polnischen Soldaten aufgefordert, sich den Deutschen zu ergeben: «Uwaga! Uwaga! Warszawa!» Und im Radio beginnt nun das allseits so beliebte Wehrmachts-Wunschkonzert, Ekas Lieblingssendung. Heinz Goedecke sagt an, und Wilhelm Strienz singt Ekas neuestes Lieblingslied «Gute Nacht, Mutter» (oder war es «Heimat, deine Sterne»?).

Das eigentliche Kriegsgeschehen verfolgt sie im Kino, in der Wochenschau. Wie da die deutschen Stukas Rumpf und Flügel drehen, mit Höllenlärm im Sturzflug auf Warschau niedersausen und im letzten Augenblick die Bombenketten lösen – doll! Immer längere Gefangenenzüge kommen ins Bild. Hat sie in ihrem Kinosessel nicht das Gefühl, das Defilee der Geschlagenen abzunehmen? «Mit Mann und Roß und Wagen hat sie der Herr geschlagen» – Eka kennt nicht die Siegeshymne der Prophetin Mirjam aus der Bibel und nicht ihre im preußischen Befreiungskrieg erfolgte Rhythmisierung; sie hört dieses Wort zum erstenmal in einer Führer-Rede nach dem Polenkrieg und ist davon gefangen.

Die Kreiszeitung betreut und mobilisiert die Heimatfront. Als sich Eka vierzig Jahre später in der Berliner Staatsbibliothek über Kriegsjahrgänge der *Swinemünder Zeitung* beugt, begreift sie, in welchem Ausmaß dieses kleine Blatt nicht nur auf seinen Vorderseiten, sondern auch in seinem Lokalteil und unter der Rubrik «Vermischtes» sich darauf verpflichtet hatte, den Krieg gewinnen zu helfen und zu diesem Zweck die Menschen zu Einschränkungen und Opfern zu bewegen.

Unablässig werden den Volksgenossen gute Ratschläge erteilt: An Stelle von Wurst hier ein Rezept für Hefeaufstrich, den idealen Wurstersatz; an Stelle eines neuen Mantels wende man den alten, und, siehe da, er wirkt wie neu! Und wer auf seiner Kleiderkarte nicht mehr genügend Punkte für ein Paar Strümpfe hat, der schneidere sich nach der genauen Beschreibung seiner Zeitung zu

Hause auf der Nähmaschine aus drei alten ein Paar neue Strümpfe. Krieg macht erfinderisch, erscheint abwechslungsreich, fast lustig.

Die Lektüre ihrer Heimatzeitung in der Berliner Bibliothek ruft auch in Erinnerung zurück, was Eka fast vergessen hatte: Kaum hat der Krieg begonnen, beginnt auch schon das Sammeln. Das Kreisblatt ruft zu immer neuen Sammlungen auf. Gesammelt werden: Eierschalen, Messingteller, Lungenkraut und Lumpen, Korken, Knochen, Blei und Schlehdornblüten, Fortsetzungsromane aus der Zeitung sowie Stanniolpapier und leere Tuben, Schallplatten, Kupfer, Altpapier, Wollfäden, Zinn und Queckenwurzeln. Auf Behördenspeichern und in Geschäftsstellen der NS-Volkswohlfahrt häuft sich Plunder. Besonders erfolgreiche Sammler werden mit Medaillen ausgezeichnet; Schüler, die Altmaterial mit Handwagen in den Schulhof karren, erhalten im Zeugnis einen lobenden Vermerk.

Für die «Erfassung» unzähliger Gegenstände, deren Abgabe als unerläßlich für den Endsieg gilt, werden besondere Kreisbeauftragte ernannt, und besondere Einsatzstäbe werden gebildet, als die «Entgitterung» beginnt: Die Bevölkerung wird aufgefordert, für die Rüstungsproduktion, für den Bau von weiteren U-Booten, Panzern und Kanonen Eisengitter herzugeben, sowohl die, die vor Häusern und vor Gärten stehen, als auch die, die Gräber rahmen. Als die Menschen zögern, die Gräber ihrer Angehörigen zu demolieren, appelliert das Heimatblatt an ihren Schönheitssinn: «Wir dürfen überzeugt sein, daß unsere Friedhöfe durch die Entfernung der Gitter an Schönheit und an Würde nur gewinnen werden ...» Als sich Pietät stärker als der Schönheitssinn erweist, ernennt sich das Heimatblatt zum Testamentsvollstrecker: «Es entspricht sicher dem Wunsch und dem Willen der Verstorbenen, die Grabgitter dem Volke zu geben, dem sie angehörten und das auch sie geliebt haben.»

Wen auch das nicht überzeugt, dem wird das Friedhofsgitter einfach abmontiert.

Im siebenten Monat nach dem Kriegsbeginn geschieht in Ahlbeck endlich etwas, was Ekas Vorstellungen von Mit-Dabei-

und möglichst Mittendrinsein wenigstens nahekommt. In die Fremdenheime und Pensionen am Strand wird Waffen-SS einquartiert. Auch in der Prinzenstraße 9, bei der Witwe Assmus, beziehen SS-Soldaten die nach dem Meer und Hof gelegenen Fremdenzimmer. Doch was zunächst wie eine aufregende militärische Aktion auf Eka wirkt, erweist sich nach wenigen Tagen als hinterstes Etappenleben: Die Einquartierten sieht sie Knobelbecher putzend in der ersten Frühlingssonne hinterm Haus, Wäsche waschend auf dem Hof und Fußball spielend auf der Promenade. Achtzehn-, neunzehnjährige Burschen aus dem Erzgebirge, die sich freiwillig gemeldet hatten, Handwerksgesellen aus der sächsischen Provinz verwandeln sich im Handumdrehen in «leve Jungs», in «min lütten Otto» und «de gaude Albert», die Ekas Tanten in der Freizeit Kohlen aus dem Keller holen, Gärten umgraben und Geräte reparieren. Dafür werden sie auch richtig rausgefüttert, sowohl mit Streuselkuchen wie mit eingelegtem Hering.

Ein Vorfrühlingsidyll im Krieg – der rechte Augenblick für Ekas ersten Kuß. Wie hieß er nur, der unbeholfene blonde SS-Rottenführer, der beim Waldspaziergang zärtlich wurde? Vergeblich forscht sie in ihrem Gedächtnis nach dem Namen, den Gesichtszügen und der Farbe seiner Augen... Er blieb ihr in Erinnerung als der Soldat Ich-bin-so-frei, denn bei Frau Assmus zum Nachmittagskaffee eingeladen, nahm er kein Stückchen Kuchen, keine Tasse Kaffee, ja nicht einmal das Kännchen mit der Milch, ohne vorher artig sein Ich-bin-so-frei zu sagen.

Noch schneller als die Feriengäste verschwindet die SS. Eines Morgens ist sie fort. Und wieder, wie im vergangenen August, dieser rasche Wechsel von heiterem Trubel zu melancholisch stimmender Abgeschiedenheit. Am nächsten Tag wird dann gemeldet, daß deutsche Truppen in Dänemark und Norwegen gelandet sind. Es ist der 9. April 1940, der Tag, an dem Lütt-Otto fällt.

Noch heute zerbricht Eka sich den Kopf, warum gerade dieser Überfall sie in solche Backfisch-Seligkeit versetzte. Sie sieht sich seitenlange Briefe schreiben – die Schule hatte Briefpatenschaften für in Norwegen stationierte Soldaten vermittelt – Episteln, in denen von «unsagbarem Stolz» die Rede war, von «unendlicher Dankbarkeit», sich eine Deutsche nennen zu dürfen, von Ringen, Reich und Heldentum, von Sieg und Pflichterfüllung jedes einzelnen an seinem Platz und in denen überhaupt alles groß und schön und, wie gesagt, unendlich und unsagbar war.

War das die Form, in der sich Backfische damals auszudrükken pflegten? Krause Ideen von einem Germanenreich spukten in Ekas Kopf herum, und es ist möglich, daß sie dachte, der Führer habe die den Deutschen nah verwandten Skandinavier wenn schon nicht «heim-», so doch «ins Reich» geholt, und eine solche Tat sei folgerichtiger und unbedenklicher, als Polen oder Frankreich, «nicht germanisches» oder doch «nicht rein germanisches» Territorium zu besetzen.

Doch es ist auch möglich, daß Ekas Flex-Begeisterung in dieser Zeit ihren Höhepunkt erreichte und sie in deutschen Landsern und SS-Soldaten lauter kleine Wurches sah. Wonach er suchte, der Gemeinschaft, wonach er strebte, dem Vorbildhaften, das hatte er im Krieg gefunden. Also war der Krieg die höchste Bewährungsprobe für den Menschen, und die deutschen Krieger waren auserwählt, sie zu bestehen.

Eka, fasziniert vom Heldischen bei Flex, vergaß das Menschliche: Mitleid mit der leidenden Kreatur. Während Menschen an allen Fronten sinnlos starben, bei Luftangriffen unter Erdmassen erstickten, in KZs und Zuchthäusern ermordet wurden, las sie von dem «sonnenfrohen Jungen» Wurche, der das «helle Schwert» mit «heißem Herzen» liebte und nach dem so lang ersehnten «echten, rechten Sturmangriff» mit einer Sonnenblume in der Hand ins Heldengrab zum Heldenschlaf gebettet wurde. Welch ein Erlebnis! Sich am warmen Ofen durch den Heldentod von sonnenfrohen Jungen zu erbauen und, vom Dichterfreund ermuntert, nicht zu fragen, sondern zu vertrauen.

Was ging bloß in dem Mädchen vor?

Es übersah, daß der Krieg, der ihm doch viel zu fern ablief und den die SS mit fortgenommen zu haben schien, einen Schritt weiter auf die Insel zugekommen war: Durch die Swinemünder

Marinesiedlung gingen schwarzgekleidete junge Frauen mit verweinten Augen. An der Eroberung Norwegens und Dänemarks hatten auch Kriegsschiffe aus Swinemünde teilgenommen. Noch stand unter den Traueranzeigen für die mit ihren Schiffen untergegangenen Matrosen «In stiller Trauer» und «In unfaßbarem Schmerz». Noch empfanden die Hinterbliebenen keine «stolze Trauer».

1940, im ersten Kriegssommer, fahren die Feriensuchenden, jedenfalls die Mütter mit den Kindern, wieder nach Ahlbeck, Heringsdorf, Bansin. Fremde, die wiederkommen, haben für Veränderungen einen Blick: Auf den Konzertplätzen spielen jetzt häufig Militärkapellen, und unter den Zuhörern sieht man verwundete Soldaten. In den Dünen stehen mit Netzen getarnte Küstenbatterien sowie Funkmeßgeräte, und es lagern dort auch Nebeltonnen, später bedient von kleinen, flinken Italienern: Waffenbrüder, die die Einheimischen verächtlich Makkaronifresser nennen und von deren sexuellen Bräuchen Schreckenerregendes berichtet wird.

In den Dienstboteneingängen und Küchen der großen Pensionen sehen die Feriengäste manchmal Frauen mit einem großen angenähten P aus Stoff: Polinnen, amtlich und auch sonst Fremdarbeiterinnen genannt. Im Ort wird erzählt, Männer vom Arbeitsamt in Swinemünde reisten selbst nach Polen und besorgten dort die Fremdarbeiter. Manche würden einfach auf der Straße aufgegriffen.

Bei Kernbachs, die auch ein Fremdenheim besaßen, standen eines Tages zwei Polinnen im Flur, Studentinnen aus Krakau, hieß es, und nun Küchenhilfen. «Studentin» – das war ein Sehnsüchte, geheime Zukunftswünsche benennender Begriff, und da Eka deutschen Studenten bisher nicht begegnet war, übertrug sie ihre Bewunderungsbereitschaft auf die beiden polnischen. Sie: die Oberschülerin – die: Studentinnen – es entstand so etwas wie stumme Kollegialität auf ihrer Seite. Reden konnte man nicht miteinander, das scheiterte an Sprachbarrieren, und so lächelte man sich gegenseitig an.

Mit dieser Erinnerung im Kopf schlägt Eka im Winter 1983 die *Swinemünder Zeitung* auf und liest nach, was dort im November 1940 über die Behandlung polnischer Zwangsarbeiter geschrieben wurde:

«... die Tatsache, daß dieses Volk durch zwanzig Jahre hindurch deutschen Boden verkommen, deutsche Straßen, Kanäle, Industrieanlagen in einem widerrechtlich angeeigneten Lande verrotten ließ, weist ihnen von vornherein ihre Stellung als Dienende in einem Führungsvolke zu ...»

Es folgen praktische Anweisungen: Verboten ist, mit den Polen die Tischgemeinschaft oder gar die Schlafräume zu teilen, die Mahlzeiten aus der gleichen Schüssel einzunehmen, ihnen Fahrräder zu borgen, Meinungsverschiedenheiten vor Polen auszutragen, sie zur Kinderbetreuung statt zu schwerer körperlicher Arbeit einzusetzen, polnisches Gesinde und deutsche Arbeitskräfte in irgendeiner Weise gleichzusetzen.

Entsetzlich! Noch am gleichen Tag und in den folgenden Wochen dieses Winters 1983 erzählt Eka Freunden und Kollegen von ihrer Entdeckung in der Zeitung. Auch die empfinden es so: entsetzlich.

Aber das war es auch damals. Der naheliegende Beschwichtigungsversuch, so etwas habe man damals nicht gelesen, hilft ihr nicht. Sie weiß inzwischen, daß dieser Artikel keine Ausnahme gewesen ist, und wenn nicht diesen, so hat sie andere, ähnliche gelesen. Da leuchtet ihr schon eher ein, wenn jemand zu bedenken gibt, daß wiederholte Aufforderungen dieser Art ja dafür sprechen könnten, daß sie nicht ausreichend befolgt worden seien. Ja, so könnte es gewesen sein: Am Prinzip «Polen sind Dienende» ist bei ihr zu Hause nicht gezweifelt worden. Ekas erste Begegnung mit leibhaftigen Polen hat sie nicht nachdenklich gemacht, ob ihr Kindheitsbild von «Polacken» vielleicht nicht stimmen könnte. Hänschen, der einen Polen wie selbstverständlich mit «du» anredete, antwortete, nach dem Warum gefragt: «Weil du ein Pole bist und ich ein Deutscher.»

Ähnlich wie in ihrem Verhältnis zu den Juden, entschlossen sich kleine wie auch größere Nazis, Ausnahmen zu machen, «Haus-Polen» wie «Haus-Juden» zu halten; wenn es um den einzelnen, Bekannten ging und kein Nachteil zu befürchten war, gestatteten sie sich menschliche Verhaltensweisen.

Als die erste Kriegssaison vorüber ist, rufen die Partei und ihre Gliederungen in allen größeren Orten der Inseln Usedom-Wollin zu Großkundgebungen auf, um die Menschen auf die nächste Kriegsetappe einzustimmen, auf den «Endkampf», der gegen den «Weltfeind England» ausgetragen werden soll. Auch nachdem die geplante Invasion (was damals nicht bekannt wird) im Herbst 1940 auf unbestimmte Zeit verschoben wird, läuft die Anti-England-Propaganda auf den Inseln weiter.

Zum erstenmal sind Mutter und Tochter nicht gleichermaßen mitzureißen. Ella Assmus kann nicht vergessen, daß ihr Otto die Briten mehr als jedes andere Volk geschätzt hat, und wenn sie abends von einer der Versammlungen nach Hause kommt, mokiert sie sich, der Redner habe sich in seinen Anklagen gegen die Engländer eines geradezu ordinären Vokabulars bedient; es sei da von «auf Profit versessenen Ausbeutern», von «mit dem USA-Imperialismus verbündeten Kapitalisten und Geldsäcken» gesprochen worden. So etwas mag sie nicht; das ist ihr zu plebejisch.

Ganz anders die Tochter: Sie hat nur dafür Ohren, daß sich mit der bevorstehenden «Revolution der Habenichtse gegen die Besitzenden», wie es der Landrat ausdrückt, ein Lebenstraum erfüllen kann. Den Gaurednern folgen Schulungsleiter des Reichskolonialbundes auf die Dörfer, die auch nach Kolzow, Lebbin, Pritter, Ulrichshorst und Ahlbeck Deutschlands Kolonialforderungen tragen und jene koloniale Begeisterung entzünden sollen, die schon längst in Eka brennt.

Als Fräulein Fischer nach Berufswünschen in der Klasse fragt, erfährt sie, daß die Jungmädelgruppenführerinnen Gisela Ternieden und Eka Assmus in die Kolonien wollen: Gisela, die weitaus Bessere in der Schule, die schon genauere Erkundigungen über den Besuch der Reichskolonialschule in Rendsburg eingezogen hat, in der relativ bescheidenen Absicht, als Farmsekretärin nach Deutsch-Südwest zu gehen, Eka, unpraktisch, manuell ganz unbegabt, mit dem verwegenen Wunsch, Farmerin zu werden. Obwohl die Redner des Kolonialbundes versichern, die Schwarzen fragten ungeduldig, wann die Deutschen endlich kämen, versäumen es die beiden Mädchen, sich für den Suaheli-Lehrgang einzuschreiben, der neuerdings in Swinemünde angeboten wird.

In den ersten Sommertagen 1941 erwarten die Usedomer noch immer den Endkampf gegen England sowie – den Zirkus Busch. Während auf dem Swinemünder Sportplatz schon die Zelte aufgeschlagen werden, können sich die Leute auf Plakaten an den Litfaßsäulen und auf Handzetteln, die verteilt werden, informieren, was sie da erwartet: «Schmetternde Klänge wirbelnder Zirkusmusik, Dressuren mit Vollblütern aus den namhaftesten Gestüten Europas und das Raubtiergebrüll prachtvoller Königstiger, Clownerien, Lichtfülle, chinesische Jongleure und spanische Artisten», eine Schau der Sensationen, die am 23. Juni, abends 20 Uhr, eröffnet wird.

Die Vorfreude auf den Zirkus vergeht den Usedomern einen Tag davor. Ob überzeugter Nazi oder einfacher Mitläufer, politisch oder unpolitisch, alle packt gleichermaßen Angst und Schrecken, als die Deutschen am 22. Juni Rußland überfallen – Rußland, so sagen die Leute, mit dem noch keiner seiner äußeren Feinde fertig wurde, nicht einmal Napoleon, das so groß ist und so weite Ebenen hat, daß es den Feind verschluckt. Auch Onkel Hans jubelt nicht an diesem Tag, und Mutter ist sehr bang.

Während alte Männer auf Landkarten, die in Amts- und manchen Wohnstuben hängen, mit Hilfe rot- und blauköpfiger Nadeln den Frontverlauf anzeigen, versuchen Mutter und Tochter Assmus sich ein ungefähres Bild zu machen, wie man sich so unbekannte, weit entfernte Gegenden wie den Don-Bogen und die Sewernaja-Bucht, so unbekannte Städte wie Bialystok und ein Meer wie das Asowsche vorzustellen habe. Sie hören im Radio von Umfassungs- und Vernichtungsschlachten, von unaufhaltsamen Vormärschen und gewaltigen Siegen. Es scheint dies, meinen sie nun, ein Siegesfeldzug wie die bisherigen zu werden. Eka weiß nicht, ob sie und ihre Mutter der Schlagzeile der Kreiszeitung vom 14. Juli 1941, ‹Der deutsche Endsieg im Osten gesichert› Bedeutung zugemessen haben. Sie waren ja solche Schlagzeilen gewohnt. Aber als Hitler dann im Herbst erklärt, der Gegner sei gebrochen und werde sich nicht mehr erheben, sind sie sicher, daß die russische Kapitulation nun nicht mehr lange auf sich warten lassen wird.

So beginnt der Winter.

Es wird ein Schreckenswinter. Frau Assmus und ihre Tochter schlagen die Hände vors Gesicht, wenn sie in der Wochenschau die Bilder aus dem Osten sehen: verfrorene Männer mit weißen Tarncapes über ihren grauen Wehrmachtsuniformen kauern in verschneiten Löchern, um sich weißgraue Ebenen, auf denen Schnee und Nebel liegt; andere kämpfen sich in eisigen Stürmen und bei Kältegraden bis zu dreißig Grad langsam und gebückt auf Straßen fort. Das also ist der Krieg, denkt das erschreckte Mädchen. Fronturlauber sagen, daß ihre Ausrüstung für einen solchen Krieg ganz unzulänglich sei. Während Frauen von der Frauenschaft Kaffeewärmer und Schlummerrollen aufräufeln und in Kniewärmer und Kopfschützer verwandeln, werden Soldaten in Lazaretten erfrorene Gliedmaßen amputiert. Heldentum und heldenmütig – jetzt meint Eka genau zu wissen, was das heißt.

Auf der anderen Seite dieser Front im Osten denkt sie sich Horden, bestehend aus kaum zu unterscheidenden, schlitzäugigen asiatischen Gestalten, stumpfen, asozialen Wesen, eher Tieren als Menschen ähnlich. Erst kürzlich hat die Sechzehnjährige bei Walter Flex von vorbrechenden und zurückgeworfenen «Russenhorden» des Zaren gelesen; doch schon die Sechsjährige hatte sich ein Russenbild gemacht. Auf einer der Farbtafeln ihres Lieblingsbuches über den Alten Fritz hatte sie oft genug den König im niedergebrannten Küstrin gesehen: erschüttert über die «furchtbaren Verwüstungen durch die russischen Horden» und die Erzählungen der wenigen Überlebenden, welch «roher Wut und Grausamkeit» die Toten anheimgefallen waren.

Und nun, im Winter 1941, berichtet einer über seine Erfahrungen in Rußland, dem Eka blindlings traut und doch wohl trauen darf: kein Amtswalter der NSDAP, kein Goldfasan, nein, einer der wenigen Akademiker im Ort, Hausarzt in der Prinzenstraße 9. Er hat Eka durch alle Krankheiten gebracht, er war immer für sie da. Ach, wie oft hat sie ihren Kopf in seinen Arm gelegt und sich ausgeweint, und er hat ihr die Tränen abgewischt, hat sie getröstet. So einen möchte sie später mal als Mann. Und dieser vertrauenswürdige Doktor, der jetzt als Oberstabsarzt an der Ostfront liegt, berichtet nun im Kreisblatt über seinen Eindruck von den Russen: im Gesichtsausdruck «teils roh, teils blöde», «seelenlos», «schlapp und verfallen und doch tierisch asiatisch, ohne Disziplin, ohne jede Haltung ... blöde Horden ... asoziale Riesenhorden» und unter ihnen kommunistische «Bestien in Menschengestalt, die Augen ausstechen, Zungen ausreißen, Schwangeren den Bauch aufschlitzen und die Brüste abschneiden ...»

Im vierten Kriegsjahr werden die Lebensmittel knapp. Ella Assmus kocht zu Mittag Schweineflundern in Bier oder Magermilch und schickt die Tochter los zum Schnorren: für ein markenfreies Brot in der Bäckerei, die den Eltern einer Schulfreundin gehört, oder ein Päckchen Kakao aus KLV-Beständen. «Du magst nicht betteln? Dir ist das peinlich? Aber essen magst du gar zu gern! Also zieh dich an und geh!»

Marken- und bezugsscheinfrei ist nur noch Tinnef: aus Leuchtmasse hergestellte Schmuckbuchstaben oder Porträts von Kriegshelden im Postkartenformat. Der Damenfriseur verlangt Brikettabgabe. In den meisten Häusern am Strand sind jetzt Schulklassen aus dem Rheinland, aus Berlin und anderen bombardierten Städten einquartiert. Kinderlandverschickung, KLV, heißt das Unternehmen. Nachts heulen jetzt auch in Ahlbeck die Sirenen. Die Apothekerin, Frau Ernst, weiß eine halbe Stunde früher als andere Bescheid. «Bärbel, aufstehen!» ruft sie die Tochter. «Die Kaninchen trommeln!» Die Ernst-Kaninchen kündigen die britischen Bomber an und hören erst wieder auf zu trommeln, wenn diese über die Insel hinweg ihr Ziel ansteuern. Die Fontane-Schule wird auf die Insel Wollin, nach Misdroy, verlegt, und die Schülerinnen der beiden letzten Klassen, die in der Stadt bleiben dürfen, lernen, wie man Phosphor-Bomben löscht, und werden zu Brandwachen befohlen.

Die alten Ahlbecker vermissen, daß Arthur Timm nicht mehr Trompete bläst. Sie hatten sich daran gewöhnt, daß Arthur ihnen am Geburtstagsmorgen, versteckt hinter einer Gartenhecke, «Aus der Jugendzeit» vorbläst. Aber seit er die Nachricht hat, daß sein Sohn gefallen ist, mag Arthur nicht mehr blasen. Der Ortsgruppenleiter humpelt als Todesbote durch die Straßen: Helmut Timm gefallen, Dieter Anders, Hanni Meissner, Ekas Spielfreunde, Jungen aus der Nachbarschaft. Am Heldengedenktag erinnern Redner an die Worte großer Deutscher: «Wenn die Deutschen zusammenhalten, so schlagen sie den Teufel aus der Hölle» (Otto von Bismarck).

Eka legt sich ein kleines Buch mit solchen Sprüchen an und klebt dazwischen Kunstpostkarten mit der sanft lächelnden Totenmaske der Unbekannten von der Seine, der anmutig Knienden von Kolbe und einigen unnatürlich muskulösen, marmornen Arno-Breker- oder Thorak-Kämpfern, die ihr heroisch, männlich-schön erscheinen.

Nachdem Goebbels den Totalen Krieg ausgerufen hat, wenden sich Eva Grünberg und einige andere aus der Klasse an die Direktorin: ihnen sei klargeworden, daß der Krieg nur noch durch den persönlichen Einsatz jedes einzelnen gewonnen werden könne; deshalb wollten sie die Schule jetzt verlassen und sich für die Arbeit in Munitionsfabriken melden. Das redet ihnen die Brendel aus, zumal die Mädchen jeden Sommer längere Zeit Kriegsdienst leisten müssen. Einige, darunter Eka, werden zu diesem Zweck als Lagermannschaftsführerinnen in KLV-Lager gesteckt – eine Tortur für die Siebzehnjährige, durch die sie schwer erkrankt und einsehen lernt, zum Führen, Leiten und Befehlen kein Talent zu haben. Hilflos findet sie sich zwischen heulende Heimwehkranke, Bettnässerinnen, sentimentale Backfische, jungenversessene oder lesbisch angehauchte und im Fallenstellen geübte, freche Großstadtgören versetzt, in einen Haufen pubertierender Berliner Mädchen, die mit dieser Inselblüte nichts zu tun haben wollen und bei ihren Weihereden prusten.

Während die Rekonvaleszentin noch blaß und müde zu Hause vor der Haustür sitzt, schlägt Onkel Hans den Aalverkäufer Malzahn, genannt Holtbock, in den Dünen grün und blau, obgleich der Schläger später zugeben muß, daß Holtbock das unglückselige Unternehmen nicht aus niedriger Absicht initiierte. Holtbock ist ein Mensch, der langsam denkt. Seit nun zehn Jahren ist ihm unverständlich, warum so viele Leute bei Hitler hochgekommen sind und nur sein Freund Hans, der Alte Kämpfer der SS, nichts geworden ist: wenigstens Kreisleiter oder Verwalter eines großen Guts im Warthegau, vielleicht auch irgendwo Direktor. Zehn Jahre lang hat Holtbock nachgedacht, um schließlich zu erkennen: Sie haben Hans vergessen, ja, ja, vergessen, und werden es, des Versäumnisses gewahr geworden, selber nicht begreifen.

Von nun an wartet Holtbock auf jenen Augenblick, in dem sich alles ändern wird: für Hans, vielleicht aber auch für ihn. Und der Augenblick kommt: Vor der Prinzenstraße 10 fährt ein schwerer Horch vor; der pommersche Gauleiter Schwede-Coburg und seine Begleitung steigen aus und gehen – Holtbock, der gerade vorbeikommt, will es zuerst noch gar nicht glauben – auf das «Strandcasino» zu. Dort sieht Holtbock durch die Fenster das hohe Tier an einem der Holztische beim Bier.

Holtbock rennt, so schnell er kann, nach nebenan zu seinem Freund, der gerade Urlaub hat und im Hintergarten Madenfallen an den Obstbäumen befestigt.

«Hans, Befehl vom Gauleiter! Er will dich sofort sprechen!»

Ein Befehl, durch den dwatschen Aalverkäufer überbracht? Beträchtliche Zweifel des Schlossermeisters werden durch den Hinweis auf die Anwesenheit des Gauleiters gedämpft. Auch mag ihm Holtbock eingeredet haben, Schwede-Coburg sei von jemand über Hans, den Alten Kämpfer, unterrichtet worden. Jedenfalls läßt er sich überzeugen, eilt ins Haus, wirft sich in seine alte Uniform, schreit nach dem schwarzen Helm und stülpt auch den noch über, betritt mit stark erhöhtem Blutdruck und von der Helmsuche zusätzlich echauffiert das «Strandcasino», eilt mit großen Schritten auf die Runde da beim Bier zu, knallt die Hacken vor dem Gauleiter zusammen, wirft die Hand zum Hitlergruß nach vorn ...

Holtbock und Eka sehen durch die Fenster, wie der Gauleiter unwillig den Kopf hebt, und erkennen an seiner Haltung und der Miene, er muß so etwas sagen wie: Kann man denn nirgends in Ruhe sein Glas Bier zu Ende trinken? Muß man überall belästigt werden? Abtreten, Mann!

Freund Hans hat das «Strandcasino» noch nicht verlassen, obwohl er dies in Windeseile tut, als der Aalverkäufer schon in Richtung Dünen flüchtet. Dort holt ihn der Schlosser ein.

Etwa ein halbes Jahr danach, kurz vor Weihnachten, erhält Onkel Hans ein Päckchen, mit dem der Reichsführer SS seinen Alten Kämpfern auf vorgedruckter Karte ohne Unterschrift als Dank für ihre Verdienste um die nationalsozialistische Bewegung einen Tonleuchter mit Runenschmuck zuschickt. Nachdem Eka die Strohwolle entfernt hat, knallt der Empfänger das Reichsführer-SS-Geschenk wortlos auf den Boden. Vielleicht stößt ihm die Erinnerung an das «Strandcasino» auf; vielleicht meint er, das Geschenk sei ihm nicht angemessen, denn der Schlossermeister ist ein wichtiger Mann geworden: Er arbeitet in Peenemünde.

Auf einem Inselzipfel, von Ahlbeck gut vierzig Kilometer weiter westlich, inmitten einer von Eichen und Kiefern bestandenen Dünenlandschaft, eingefaßt von Wasser, Strand und Wäldern, liegen die Baracken, Werkstätten und verdeckten Prüfstände der «V-Waffen-Heeresversuchsanstalt Peenemünde», wo im Oktober 1942 zum erstenmal der Abschuß einer automatisch gesteuerten Großrakete, der späteren V 2, gelungen ist. Die Ahlbecker sehen manchmal, wie so eine Versuchsrakete, nur an ihrem Feuerschweif erkennbar, über die Swinemünder Bucht hinwegzieht und in östlicher Richtung irgendwo am Horizont verschwindet, und sie erzählen sich phantastische Geschichten über die Wirkungskraft der Wunderwaffe, die da in Peenemünde jetzt entstehen soll. Mehr wissen jene, die an dem Unternehmen beteiligt sind: Geheimnisträger wie Onkel Hans, doch über dessen Lippen kommt kein Wort. Er leitet eine der Schlosserwerkstätten und ist mit seiner

Familie in eines der weißen Reihenhäuser umgezogen, die in der Nähe des Versuchsgeländes für die Techniker und Ingenieure errichtet worden sind.

Seine Frau, Tante Lenchen, ist mit den kleinen Kindern auf Besuch in Ahlbeck, als britische Bomber in einer Augustnacht 1943 aus der westlichen Inselspitze eine Kraterlandschaft machen. Ihre Luftminen und Bomben zerstören militärische Anlagen, aber auch die Wohnsiedlungen und die Barackenlager, in denen Hunderte von KZ-Häftlingen und Zwangsarbeitern sterben. Mit anderen aufgeschreckten Menschen läuft auch Eka an den Strand und sieht den Himmel über der Insel rot verfärbt.

Nun hat sie ihren Krieg.

EINWEISUNG IN DIE ZUCHT- UND KORREKTIONSANSTALT

Mitte März 1942 überbringt der Belegschaftsführer dem Untersuchungshäftling Zöger die Vorladung des Volksgerichtshofes, im Prozeß gegen Herbert Bochow auszusagen. Schon ein paar Wochen sitzt Heinz, von Leipzig überführt, im Dresdner Gerichtsgefängnis. Nach zwei weiteren Tagen holt ihn ein Beamter aus der Zelle und führt den Häftling über Galerien, Treppen, Gänge bis zu jener schweren Eisentür, die das Gefängnis vom Gerichtsgebäude trennt. Dort wird er einem Gerichtsbeamten übergeben, und dieser bringt ihn in den Vorraum des großen Schwurgerichtssaales am Münchner Platz. Gewöhnt an den Gefängnislärm, erschreckt ihn die Stille im Gericht.

Dann sieht er die beiden Männer, wie er als Zeugen vorgeladen; sieht die Verlassenheit in den Gesichtern, ihre reglosen Gestalten in der verschossenen dunkelblauen Gefangenenkluft. Näherkommend wird er gewahr, daß sie gefesselt sind. Bis ihre Namen aufgerufen werden und jeder in eine andere Zelle eingeschlossen wird, stehen die drei ein paar Minuten flüsternd beieinander. Heinz erfährt, daß die beiden, Fritz Schulze und Karl Stein, in enger Zusammenarbeit mit Bochow maßgebend am Dresdner Widerstand beteiligt waren. Schon vor Bochow sind sie verhaftet und vor wenigen Tagen angeklagt worden, vermutlich vor dem gleichen Volksgerichtshof, der jetzt gegen Bochow tagt.

Haben sie es Heinz gesagt oder das Schreckenswort nicht ausgesprochen? Heinz liest es in Steins Gesicht und in Schulzes

Blicken; er hat es gleich gewußt, als er die Fesseln sah – an diesem Märztag 1942 begegnet er zum erstenmal Genossen, die zum Tod verurteilt worden sind. Stein, benommen und verstört, kann kaum sprechen. Seine verhärmten Züge drücken Erschütterung und Schmerz aus. Schulze, dem kommunistischen Kunstmaler aus Dresden, steht Erschöpfung im ausgezehrten wächsernen Gesicht; doch wirkt er ruhig und gefaßt. Und als er erkennt, in welche Verwirrung der junge Leipziger durch die Begegnung geraten ist, legt der Gefesselte ihm beide Hände auf die Schultern und spricht Heinz leise Mut zu: «Durchhalten, Genosse!»

Ja, durchhalten, das will er. Jetzt und später. Aber seit diesem Frühjahr 1942 wird er, der doch so unerschütterlich im Glauben an die Niederlage seiner Feinde ist, in Erwartung aller sonstigen künftigen Ereignisse, die sein Leben berühren, meistens das Schrecklichste erwarten, von abgrundtiefem Mißtrauen erfaßt immer wieder vergebliches Bemühen, Fehlschläge, neue Niederlagen prophezeien. Jedwede Veränderung der eigenen Situation wird als Veränderung zum Schlechteren hin gesehen. Weder Widerspruch noch gegensätzliche Erfahrung können daran etwas ändern. Die Einweisung ins Waisenhaus – die Züchtigung durch den Pflegevater – die Gefängniszeit in Bautzen und jetzt dies Grauen – er glaubt nicht mehr daran, daß von Menschen Gutes kommen kann.

Etwa eine halbe Stunde sitzt Heinz in seiner Zelle, dann wird er in den braun getäfelten hohen Saal des Schwurgerichts geführt. Als die Mitteltür, durch die er am hinteren Ende des Saales eingetreten ist, sich wieder schließt, sieht er im Halbdunkel des Riesenraums, rechts und links vom Mittelgang, durch den er gleich nach vorn zum Zeugenstand gehen wird, zwei große Felder leerer brauner Stühle und dahinter, vorn im Licht, das Volksgericht: Richter in blutroten Roben und als Beisitzer zwei Offiziere.

Während seine Personalien aufgenommen werden, entdeckt er, außerhalb des hellen Rechtecks für die Richter und Soldaten, im Halbdunkel, und von diesem fast verschluckt, Herbert Bochow und neben ihm eine mitangeklagte Frau: Else Glasmacher, eine Freundin Bochows, wie er sehr viel später hört. «Blicken

Sie mich an! Sehen Sie nach vorn!» befiehlt der Richter. Noch bevor Heinz zum zweitenmal versuchen kann, hinüber zu Bochow und der Frau zu blicken, wird er schon hinausgeführt und wieder in die Zelle eingeschlossen.

Bis zum frühen Nachmittag wartet er nun auf den nächsten Aufruf des Gerichts, martert in der Totenstille dieses schmalen Abstellraums für Menschen sein Gehirn, warum ausgerechnet er als Zeuge vorgeladen worden ist. Von Mithäftlingen in Leipzig weiß er, daß auch Mouche, die mit Bochow nach Berlin gegangen war, daß auch die Maßloffs, Pfützner, Lenz und Nolde, wohl über fünfzig Menschen in Leipzig verhaftet wurden und nur jene der Festnahme entkamen, die, wie Völkel, zur Wehrmacht eingezogen wurden. Warum ist gerade er hier? Hat er bei der Vernehmung irgend etwas zugegeben, was Bochow jetzt belasten soll? Nein, ihm fällt nichts ein. Warum also? Was soll er hier?

Nach stundenlangem Warten wird der Untersuchungshäftling wieder abgeführt, ohne noch einmal durch den Volksgerichtshof vorgeladen worden zu sein. Zurückgekehrt in seine Zelle, läßt er sich auf seinen Schemel fallen und schlägt die Hände vors Gesicht. Meinte er nicht, sich auszukennen? Glaubte er sich nicht gewappnet? Jetzt begreift er, daß alles ungleich schlimmer ist als damals, als er zum erstenmal verhaftet worden war. Gewiß, vor der rohen Gewalt der Vernehmer hatte man sich fürchten müssen, aber auf Richter und Gerichte doch noch hoffen dürfen. Mit den Folterern von damals hatte man sich kurz vorher noch beim Straßenkampf geprügelt – diese Strolche kannte man. Ihnen entkommen zu sein bedeutete, das Schlimmste überstanden zu haben. Dieses Danach gibt es jetzt nicht mehr. Die Nazis haben den Terror institutionalisiert. Folterer, Richter, Henker und Vollzugsbeamter erfüllen nur noch unterschiedliche Funktionen innerhalb des gleichen Terrorapparats.

Alles ist anders als in jenen Maitagen 1934, als vor dem Sondergericht in Zwickau eine selbstbewußte Schar junger Kommunisten abgeurteilt worden war. Acht Jahre später, im Frühjahr 1942, als Heinz wieder vor Gericht steht, diesmal vor dem

Oberlandgericht in Dresden, scharrt niemand mit den Füßen, lacht und winkt nun keiner mehr.

Die etwa zehn Angeklagten haben verschiedenen kommunistischen Gruppen bzw. von Kommunisten geleiteten Kreisen in Leipzig angehört und sind sämtlich entweder Freunde oder doch Bekannte Bochows. Lotte Zimmermann zum Beispiel kennt ihn schon seit jenen Zeiten, da er noch für die Roten Fanfaren, ihren Agitprop-Trupp, kleine Stücke schrieb, und Kurt Lenz, wie Heinz und Liesel jetzt wegen des Völkel-Kreises vor Gericht, hat vor 1933 mit seinem Roten Orchester eine von Bochow verfaßte politische Kantate aufgeführt. Der blinde alte Schöffler ist angeklagt, weil er Bochow als Vertreter für Bürstenwaren aus Blindenwerkstätten beschäftigt und ihm so Gelegenheit gegeben hat, illegale Verbindungen mit der Vertretertätigkeit zu tarnen. Der Prozeß vor dem Oberlandgericht ist eine Farce. Er dauert, von einer Pause unterbrochen, kaum einen halben Tag. Die Öffentlichkeit ist ausgeschlossen. Familien Verhafteter unterstützt zu haben, das nennt die Anklage jetzt «hochverräterische Bestrebungen», Zusammensein mit Gleichgesinnten «Bildung eines hochverräterischen Zusammenhalts». Dann beschäftigt das Gericht, daß der Angeklagte Zöger während der Leipziger Frühjahrsmesse 1941 von einem sowjetischen Messestand (noch waren ja Deutschland und die UdSSR durch den Nichtangriffspakt verbunden) ein Exemplar der Sowjetverfassung von 1936 entwendet und mit Hilfe einer mitangeklagten gebürtigen Russin einige Artikel übersetzt hat.

Das Gericht beschließt, den Zeugen Herbert Bochow vorführen zu lassen. Doch die zerfallene Gestalt, die man da nach vorn schleppt, kann, so fragen sich die entsetzten Freunde, doch nicht Bochow sein! Ihr Herbert! Ihr begeisterungsfähiger, leidenschaftlicher junger Freund! Ihr Genosse mit dem weichen, durchgeistigten Gesicht, den schön geschwungenen schmalen Lippen ... Dem Greis, der jetzt vor den Schranken des Gerichts steht, sind die Haare ausgefallen; den zusammengeschrumpften kahlen Kopf hält gelblich-fahle Haut zusammen. Von den Nasenflügeln ziehen sich tiefe Kerben bis zum Kinn.

Was kann das Gericht von diesem Geschundenen noch wollen? Doch wohl schwerlich Aussagen, Beweise. – Sie haben Bochow vorgeführt, um uns zu schrecken, sagt sich Heinz, um uns zu zeigen, was sie mit Menschen machen, wozu sie fähig sind, wenn wir nicht folgen. Er sucht nach Bochows einst so strahlenden Augen, in denen Schalk, Härte und Mitgefühl für Menschen stand. Jetzt liegen sie stumpf und ausdruckslos in dunklen Höhlen. Erschüttert starren die Männer auf den gequälten Freund. Die Frauen weinen. Sie möchten die Barriere, die sie von Bochow trennt, durchbrechen, die Hände in den Fesseln streicheln, den Freund in ihre Arme schließen, ihm Trost zusprechen und ihm Liebes sagen.

Der Vorsitzende klopft auf den Richtertisch, um die Aufmerksamkeit von Bochow weg auf sich zu lenken, und fragt den Vorgeladenen, der Routine folgend, nach den Personalien.

Und jetzt geschieht Unglaubliches: Dieser, so schien es doch, erloschene Mensch beginnt wieder zu leben. Während sich sein schwacher Körper reckt, füllen sich die eben noch stumpfen teilnahmslosen Augen mit Haß. Die Fragen des Vorsitzenden mißachtend, beginnt er mit hoher, den ganzen Saal durchdringender Stimme das Gericht und den NS-Staat anzuklagen:

«Ihr Faschisten werdet hier eines Tages vor Gericht stehen! Angeklagt der Barbarei, der imperialistischen Eroberungskriege, der Versklavung ganzer Völker ...!»

Die Richter, für einen Augenblick aus dem Konzept gebracht, starren entgeistert auf den außer sich Geratenen. Weiß er, wo er ist? Hat er den Verstand verloren?

«Dies ist ein Terrorgericht, das Terrorurteile eines terroristischen faschistischen Systems fällt ...!»

Vergeblich versucht der Vorsitzende, Bochow Einhalt zu gebieten. «Wir Antifaschisten ... Wir Kommunisten ...»

«Hinaus!»

Und da ihm die Stimme zu versagen droht, ballt Herbert Bochow seine dürren Fäuste und streckt sie mit den Fesseln drohend dem Gericht entgegen. Dann wird er aus dem Saal gezerrt.

Einen Augenblick schweigen die betroffenen Richter. Dann wird die Verhandlung fortgesetzt.

Wenige Tage später, am 13. Mai 1942, schreibt Bochow,

schon an seinem Todesort, im Zuchthaus Plötzensee, den Abschiedsbrief an seine Frau: «Es sind schon bessere Menschen um weniger gestorben ...» In den Morgenstunden des 5. Juni wird er zusammen mit Stein und Schulze hingerichtet.

Hohe Zuchthausstrafen erhalten jene, die als engste Mitarbeiter Bochows, als Rädelsführer der verschiedenen Gruppen gelten. Als «unbelehrbarer Staatsfeind», vor dem «die Volksgemeinschaft dauernd geschützt werden muß», soll Kurt Maßloff, in der Haft halb blind geschlagen, bis zum Lebensende ins Zuchthaus. Seine Frau stirbt 1943 an den Folgen der Untersuchungshaft. Dem Kunstmaler Karl Krause gelingt es, aus dem Leipziger Polizeikrankenhaus zu fliehen und im Untergrund zu überleben. Else Glasmacher, Walter Zimmermann und Rudolf Pfützner erhalten jeweils fünfzehn Jahre. Im Vergleich dazu sind andere Strafen relativ gering. Wegen Vorbereitung zum Hochverrat werden Heinz und Liesel zu viereinhalb bzw. eineinhalb Jahren Zuchthaus verurteilt. Doch alle, auch die mit höheren Strafen, wissen, daß nicht das Strafmaß, sondern der Kriegsausgang entscheiden wird, wann sie wieder frei sein werden. «Das Leben beginnt nach Hitler», flüstert Zöger abschiednehmend Liesel zu. Bald darauf wird er nach Waldheim transportiert.

An dieser Stelle angekommen, sind Eka alle Auswege verbaut: der Fluchtweg in die Kindheitsidylle, durch den sie doch so gerne schlüpft, die Tür, die zu den Liebesabenteuern eines jungen Mannes, der Weg, der in den Alltag der pommerschen Provinzstadt führt. Sie hat es ja von Anfang an gewußt und hat es kommen sehen und immer Angst davor gehabt: Kann es einem Menschen, der nie ein politischer Gefangener war, gelingen, das Leben eines im Zweiten Weltkrieg in einem deutschen Zuchthaus festgesetzten Hitler-Gegners so nachzuempfinden, als wäre es sein eigenes?

Als Heinz in der Untersuchungshaft tagaus, tagein in seiner Zelle Präservative über an Stangen befestigte kleine runde Hölzer streift, um ihre Haltbarkeit zu prüfen, hat Eka eine Führerinnenschule der Hitlerjugend besucht. Als das SS-Kommando in das Zuchthaus kam, wanderte sie mit ihrer Freundin durch den

Harz. Und als ihr die Mutter zum Geburtstag Rumpsteak mit Bohnen und hinterher Grießspeise mit Himbeersaft auftischte, weinte der zweite Mann in Zögers Zelle, als er die dünne Suppe mit den Rübenblättern sah, sein Mittagessen.

Was weiß sie von dem kostbaren Besitz eines Stückchen trokkenen Brots, vom Duft, der Würze einer einzigen Scheibe?

Ermißt sie den Wert der beiden Stückchen Zucker, die tschechische Gefangene Heinz als Dank für seine Freundlichkeit zusteckten? Er sagt, es sei das wertvollste Geschenk gewesen, das er bekommen habe.

Ja, seine Freude über den blühenden Kastanienbaum hinter einer Zuchthausmauer kann sie teilen; auch seine ohnmächtige Wut, als Gittel in den Karzer kommt.

Aber wie kann ein Mensch in einer solchen Welt auf Dauer leben? Gewöhnt er sich daran? Findet er sich ab, vergißt gelegentlich den Jammer? Dringt sein Blick mit der Zeit tiefer in das Leben ein, kommt er der Wahrheit näher, oder stumpfen seine Sinne ab?

Immer wieder bedrängt sie Heinz mit Fragen und weiß doch längst, wie ihn das quält.

Er will sich nicht erinnern. Irgendwann hat er diesen Teil seiner Vergangenheit fest verschnürt in einer Ecke seines seelischen Haushalts abgestellt, um nie mehr daran zu rühren. Als sie ihn wieder einmal drängt, darüber nachzudenken, wie dies und das gewesen sei, fährt er sie an: «Denk doch mal nach! Denk doch mal nach! Du fragst wie die Gestapo! Du kommst mir wie die Stasi vor! Nur nachdenken, sagte die! Kommt alles wieder! Machen wir für heute Schluß. Fahren wir morgen mit der Vernehmung fort ...»

Doch es ist niemand sonst da, den sie fragen könnte. Die meisten von Zögers Genossen leben nicht mehr: Liesel Bosse, Völkel, Maßloff – alle tot. Andere sind unerreichbar: Pfützner, der pensionierte Botschafter, oder Erhard Reichert, der pensionierte Oberst in der DDR – in Leipzig Zögers Zellennachbar und in Dresden Mitangeklagter im Prozeß. Schriftliche Auskunftsbitten, gerichtet an Dienststellen der DDR, Zuchthausverwaltungen, Archive, werden nicht beantwortet. So fragt sie also weiter ihren Mann. Vielleicht wird sie wenigstens für Augenblicke spüren: so ähnlich muß es für ihn, für sie, die anderen gewesen sein.

Die für das Deutschland der NS-Zeit so typische Mischung aus Herkömmlichem und moderner Diktatur, aus Tradition und Totalitarismus, prägt auch den Doppelcharakter der Zuchthäuser im Krieg. Im Unterschied zu den KZs, die die Nazis selbst errichtet haben, sind die Strafvollzugsanstalten aus dem wilhelminischen Deutschland und der Republik von Weimar übernommen worden und tragen immer noch Charaktermerkmale der strengen Besserungsanstalt des 19. Jahrhunderts. So sehen die meisten auch von außen aus: Es sind umgebaute alte Festungen, seit langem ausgediente Schlösser oder mit hohen Mauern umgebene graue, gelbe, rote Klinkerbauten, alte Kästen aus der Kaiserzeit, in denen ebenfalls übernommene alte Strafvollzugsbeamte im Unterschied zu der KZ-Willkür der SS Traditionen des Obrigkeitsstaats bewahren, alte Reglements befolgen. Obwohl die Wachmannschaften im Laufe der Jahre mit Leuten von der SA und SS durchsetzt worden sind, ist die Chance, den Krieg im Zuchthaus zu überleben, größer als die im KZ.

Erst im Vergleich zwischen den ersten Jahren des Dritten Reiches und der Kriegszeit werden die durch die Nazis vollzogenen Veränderungen in den Strafvollzugsanstalten sichtbar: Sie sind industrielle Produktionsstätten, Betriebsteile der Rüstungsindustrie geworden, in denen Gefangene als billige Arbeitskräfte eingesetzt sind, deren Körperkraft für kriegswichtige Zwecke mit Verpflegungszulagen erhalten wird.

Aber die alten Zuchthäuser sind auch Terrorstätten des Totalitarismus, wie ihn erst das 20. Jahrhundert kennt. In den frühen Morgenstunden oder abends werden in den Strafvollzugsanstalten – nicht in allen, nicht in Waldheim, doch in Halle, auch in Brandenburg und Plötzensee – Todesurteile vollstreckt. Fast dreizehntausend Menschen sind zwischen 1934 und 1944 in Deutschland hingerichtet worden.

In den deutschen Zuchthäusern des Zweiten Weltkrieges leben auf engem Raum zusammen: Hitler-Gegner, vor allem Kommunisten, Sozialisten aus Deutschland und anderen europäischen Staaten, norwegische Patrioten, tschechische Demokraten, Zigeuner, nach Deutschland verschleppte und später verurteilte Zwangsarbeiter und Kriegsgefangene aus allen überfallenen Ländern, Soldaten, die sich selbst verstümmelt haben, sogenannte Militärstraftäter und verschreckte stille Homosexuelle; dazu Kriminelle aller Sparten: Gauner und furchterregende Schlägertypen, Einbrecher, mehrfach vorbestraft, Hochstapler, Schmuggler, Scheckbetrüger; sentimentale ältere Männer, wegen Sexualvergehen bestraft, und eine besondere Art von Menschen: Spione, auch in der Gefangenschaft aufs Rollenspiel versessen, oft hochmütig, schillernd, phantasiebegabt – schließlich zu Vertrauensleuten der Beamten avancierte Mörder, die sich schnüffelnd zwischen den Gefangenen bewegen und katzbuckelnd um ihre Förderer streichen.

Da politische Gefangene häufiger in Konzentrationslager eingewiesen werden, bilden sie in den Zuchthäusern eine um Zusammenhalt bemühte Minderheit, während Kriminelle dazu neigen, Politische für närrisch und obendrein noch arrogant zu halten. Man hält Abstand voneinander. Wie und ob der Gefangene die Zuchthausjahre übersteht, hängt entscheidend von seiner Verpflegung und den für ihn zuständigen Beamten ab.

Das Essen besteht hauptsächlich aus dünnen Suppen, viel zuwenig Brot, zu lange gelagerten und in den Eßschüsseln schon stinkenden Pellkartoffeln mit Kraut, Salzheringen oder irgendwelchen Saucen. Während der Kriegsjahre ist die Verpflegung so dürftig und so schlecht, daß Gefangene bald an ödemartigen Geschwüren und anderen Mangelerscheinungen leiden und dem Verhungern nahe sind.

Bewacht werden die Häftlinge von älteren, nicht mehr frontverwendungsfähigen Vollzugsbeamten, die, bewaffnet mit Gummiknüppel und Revolver, über die Pensionsgrenze hinaus ihren Dienst versehen müssen. Oft überanstrengt und nervös, je näher das Ende des Krieges kommt, um so mehr darauf bedacht, sich nach beiden Seiten, gegenüber Vorgesetzten und politischen Gefangenen, abzusichern, und zugleich von unterschiedlichstem Verhalten. Der Gefangene kann an einen gutmütigen Oberwachtmeister geraten, der, soweit möglich, «alle fünfe gerade sein läßt» und ihm das Leben erleichtert. Er kann aber auch zusätzlich gestraft sein unter der Fuchtel eines unberechenbaren Belegschaftsführers, der womöglich noch ein forscher Nazi ist. Es gibt Menschenfreunde und Menschenschinder unter den Beamten. Doch je weniger es auf Lebensmittelkarten, Bezugsscheine und im bewirtschaftungsfreien Handel gibt, um so mehr sind die einen wie die anderen aufs «Organisieren» auch im Zuchthaus aus.

In heimlicher Komplicenschaft zwischen Gefangenen und Beamten werden in den Werkstätten unter der Hand Weihnachtsgeschenke für Wachtmeisterkinder und -enkelkinder angefertigt, in den Schneidereien auch einzelne Kleidungsstücke, und gegen Wertgegenstände wie Priem und Zigaretten ausgetauscht. Doch bleiben solche Beziehungen gefährlich und abhängig vom jeweils übergeordneten Interesse des Beamten, für den Gefangenen unberechenbar. Verlaß ist nur auf die Solidarität, die gegenseitige Hilfe der Politischen.

Von außen hat Heinz Zöger die alte «Zucht- und Korrektionsanstalt Waldheim» mit ihren mehreren tausend Gefangenen nie gesehen. Er wird im Frühjahr 1942, mit einem Gefangenentransport aus Dresden kommend, direkt in den Hof der verwinkelten einstigen kurfürstlichen Schloßanlage gefahren.

Während deutsche Truppen bis in die Nähe Moskaus vorgedrungen sind, Leningrad umzingelt haben, auf Stalingrad marschieren, in Afrika und am Atlantik stehen, taucht Heinz nun in das Waldheimer Zuchthausleben ein. Er erlebt Furchtbares und Erträgliches im steten Wechsel, die alte Korrektionsanstalt und das Nazi-Zuchthaus unter einem Dach. Zunächst hat er den Eindruck, daß es in Waldheim fast noch genauso zugeht wie zu jener Zeit, da hier Dresdner Aufständische aus der Revolution von 1848/49 saßen. Wie damals zupfen Gefangene in Einzelzellen zehn Stunden täglich Fäden und Federn, kleben Tüten, stanzen Knöpfe, sortieren Lumpen und erhalten dafür pro Tag 4 Pfennig Lohn. Andere spulen in Werkstätten Leinen und Garne, aus denen, zum Teil auf Handwebstühlen, Handtücher, Wischtücher und Scheuerlappen gewebt werden. Wie damals darf in den Schlafsälen nach dem Einschluß gegen 20 Uhr nicht mehr gesprochen werden, und manche Beamte sehen so aus, als hätten sie noch Karl May bewacht, den später so berühmten Autor, der hier als junger Mann eine Strafe wegen Diebstahls und Betrügereien abgesessen hat.

Der Neuankömmling wird der von Hauptwachtmeister Jäger beaufsichtigten III. Belegschaft zugewiesen, einer Gruppe von etwa hundert Männern, in der Mehrzahl Kriminelle, vielleicht zwanzig Politische dabei, Deutsche sowie einige Tschechen. Die Gefangenen schlafen in einem großen, mit übereinandergestellten Eisenbetten ausgefüllten und nachts vom Gestank offener Urinkübel durchzogenen Saal. Von der Decke und den Wänden bröckelt Putz. Mit ihm fallen Wanzen in die Betten. Manche Gefangene kratzen sich die halbe Nacht, finden keinen Schlaf und sprechen leise mit dem Mann im Nebenbett. Lautlos kriecht der Schlafsaalälteste, ein Lebenslänglicher aus den Reihen der Kriminellen, durch das Dunkel, springt hoch, identifiziert die beiden, die da miteinander tuscheln, und zeigt sie am nächsten Morgen dem Hauptwachtmeister an.

Tagsüber muß Heinz mit anderen in einem zu einer Druckerei und Binderei gehörenden Arbeitsraum gestanzte Briefumschläge falten, kleben und gummieren. Sein Versuch, die Tätigkeit im Stehen zu rationalisieren, Briefumschläge reihenweise in einem Arbeitsgang zu kleben, wird von dem Hauptwachtmeister als regelwidrig untersagt. Er sieht in seinen Umschlagklebern nicht gewinnbringende eingesperrte Arbeitskräfte, sondern unter Aufsicht zu haltende Verbrecher, die während der Beaufsichtigung noch irgend etwas Nützliches verrichten können.

Gibt es irgendeinen Weg, von dieser stupiden Arbeit wegzukommen? Heinz hat Glück. Über ihm im Schlafsaal liegt ein junger Buchhalter, der als Vorarbeiter in der der Belegschaft angegliederten Arbeitsverwaltung beschäftigt ist, einer jener allseits Beneideten, die in Ämtern wie dem des Brotschneiders, Essenausgebers oder Arbeitsverteilers mannigfache Vorteile, vor allem auch größeren Bewegungsspielraum in der Anstalt haben. Dieser Gefangene liebt die Dichtkunst und freut sich, daß er bei Zöger Verständnis dafür findet und ihm heimlich seine unbeholfenen Verse vortragen kann. Deshalb läßt er auch alle seine Beziehungen spielen, um Heinz neben sich an seinen Arbeitsplatz zu bringen. Und wirklich, es gelingt: Vorarbeiterverse korrigierend, steigt Heinz vom Umschlagkleber zum Arbeitsstundenzähler auf. In der Arbeitsverwaltung muß er nun an Hand der Arbeitszettel der Gefangenen für die auftraggebenden Firmen berechnen, wieviel Arbeitsstunden für welchen Auftrag aufgewendet wurden – eine privilegierte Tätigkeit, die auch schon mal eigene Erkundigungen in anderen Werkstätten, vielleicht sogar in Küchenräumen, erfordert und Heinz außerdem ermöglicht, hie und da ein Wort mit zivilen Angestellten zu wechseln.

Das Leben in Waldheim, wie es Zöger bisher kennt, hat etwas Unwirkliches, Groteskes. In Deutschland läuft die Rüstungsindustrie auf vollen Touren, modernste Panzer, Flugzeuge, Geschütze werden produziert, Raketen, Massenvernichtungswaffen konstruiert – und in dieser Zucht- und Korrektionsanstalt ziehen Männer Fäden, zupfen Federn, kleben Tüten und auch Briefumschläge – akkurat: einen nach dem anderen. Die Nazis stecken die halbe Welt in Brand, bringen Millionen um Heimat und Besitz – und in dieser Zucht- und Korrektionsanstalt sollen Menschen, die dagegen aufbegehren, zusammen mit Hochstaplern, Einbrechern und Mördern nach Besserungsreglements des 19. Jahrhunderts in sonntäglichen Schweigestunden in sich gehen, bereuen und so auf ein arbeitsames, demutsvolles Leben vorbereitet werden.

Noch aus dieser Welt des 19. Jahrhunderts kommt auch der Belegschaftsführer: ein Menschenschinder, ein Sadist, gut zu gebrauchen für die neue Zeit. Wer in der sonntäglichen Schweigestunde oder nach dem Einschluß spricht, wer Pellkartoffeln mit der Schale ißt, wer versucht, sich irgendwo ein Stückchen Priem zu tauschen, den zeigt Jäger bei seinen Vorgesetzten an und versucht mit allen Kräften, den Angezeigten in den «Bau» zu bringen.

Während Heinz noch Briefumschläge klebt, erlebt er mit, wie der Hauptwachtmeister den Leipziger Kommunisten Kurt Gittel fertigmacht. Der noch ziemlich junge, knapp dreißigjährige frühere Funktionär des Kommunistischen Jugendverbandes –

Heinz kennt ihn von den Gallener Teichen und der Dübener Heide – ist herzkrank und hat Wasser in den Beinen – ein Leiden, das sich durch die erste Haftzeit Gittels unter Hitler noch verschlimmert hat. Doch bald nach seiner Entlassung hatte der unerschrockene militante Kommunist wiederum illegal gearbeitet und war 1942 zu zwölf Jahren Zuchthaus verurteilt worden. Als gelernter Buchdrucker bedient er nun in Waldheim eine der drei Schnellpressen, die Formulare für Justizanstalten drucken. Um seinen geschwollenen und brennenden Füßen Linderung zu verschaffen, versucht er heimlich, ein kaltes Fußbad zu nehmen. Dabei überrascht ihn Jäger. Der Hauptwachtmeister besteht darauf, daß Kurt Gittel drei Wochen bei Brot und Wasser in den Karzer muß. Wenig später stirbt er an Entkräftung.

Heinz entrinnt dem Schurken Jäger und lernt die andere Seite der Zuchthauswelt von Waldheim kennen, als er von der III. in die XX. Belegschaft verlegt wird und dort in der Schlosserei kriegswichtige Arbeit machen muß. Hier, nur ein paar hundert Meter entfernt von Jägers Machtbereich, geht es nicht um Korrektion und Reue, sondern einzig und allein um Rüstungsproduktion. Hier interessiert nicht, ob Gefangene miteinander sprechen, Hauptsache, die Arbeit wird gemacht. Für einen sächsischen Rüstungsbetrieb werden Flugzeugmotorenteile gefräst, gebohrt und durch den Abschliff scharfer Kanten außerdem entgratet.

Welche Entwürdigung es für einen politischen Gefangenen bedeutet, Waffen für Hitlers Krieg herstellen zu müssen, schert jene, die das angeordnet haben, nicht, im Gegenteil, und wenn es jemand scheren sollte, so kann er doch nichts ändern. Also bleibt nur, sich zu fügen?

Friedrich Schreiter, einem oppositionellen Kommunisten und führenden Mann der KPO, muß der Gedanke, sich nicht wehren zu können, selbst in der Gefangenschaft «mitmachen», Kriegswaffen produzieren zu sollen, unerträglich gewesen sein. Seit es die Nazis gibt, hat er ihnen Widerstand entgegengesetzt: als Dresdner Stadtrat, als Zschachwitzer Bürgermeister, dann nach seiner Flucht, in der Emigration, zuerst an der tschechisch-deutschen Grenze, dann von Kopenhagen aus, und schließlich, als die Wehrmacht Dänemark und Norwegen besetzte, im dänischen Untergrund, wo er aufgespürt und zu fünfzehn Jahren Zuchthaus verurteilt worden ist. Und jetzt soll er für Hitlers Krieg arbeiten?

Als Techniker oder Ingenieur zum Vorarbeiter in der Schlosserei bestimmt, sitzt Schreiter in einem von den übrigen abgetrennten Raum. Der kleine, hagere Mann mit dem weißgrauen Haarschopf und der Nickelbrille auf der Nase muß nach den Zeichnungen des auftraggebenden Betriebs die Drehbänke, Bohr- und Fräsmaschinen für die zu bearbeitenden Werkstücke einrichten und später die fertigen Stücke mit den Zeichnungen vergleichen, also auf ihre Genauigkeit hin kontrollieren. Nach geraumer Zeit wird in der Rüstungsfirma festgestellt, daß hin und wieder die Toleranzen der im Zuchthaus bearbeiteten Flugzeugmotorenteile von dem Vorarbeiter gefälscht worden sind. Wegen Sabotage und Verzögerung der Rüstungsproduktion wird Schreiter zum Tod verurteilt und 1944 in Brandenburg-Görden hingerichtet. Die Menschen außerhalb des Zuchthauses erfahren nichts davon, oder sie nennen es Verrat. Zöger verehrt Friedrich Schreiter. Wenn ein junger Mensch den heute Siebzigjährigen fragt, ob ihm Worte wie Held und heldenhaft noch etwas sagten, erzählt er ihm von Schreiter – und von Thomas, der links von ihm in der Schlosserei gesessen hat und genauso alt wie Heinz gewesen ist: 28 Jahre.

1943, nachdem sich die Reste der 6. Armee in Stalingrad ergeben haben und die Russen zum Gegenangriff angetreten sind, in jenen Tagen, da die Gefangenen, die Wende spürend, unruhig, aufgeregt Zeitungszipfel, Frontberichte zu ergattern suchen, erscheint in Waldheim ein SS-Kommando und lädt jeden Häftling einzeln vor. Die nach der Sitzordnung in der Schlosserei als erste aufgerufen worden sind, informieren die nächsten: Die SS will von jedem einzelnen wissen, ob er bereit sei, gegen die Sowjetunion zu kämpfen.

Zöger glaubt sich sicher, daß es auf diese Frage nur eine Antwort gebe: Ja. Ein Nein kann schlimme Konsequenzen haben, ein Ja vielleicht die Möglichkeit eröffnen, aus Waldheim fortzukommen und bei der ersten sich bietenden Gelegenheit die Front zu wechseln. «Da muß man zustimmen», flüstert er Karl Thomas zu. Im Unterschied zu ihm, das weiß Heinz Zöger, ist sein Nebenmann, ein linker Sozialdemokrat, der zur SAP gegangen war, kein Freund, sondern ein Kritiker der Bolschewiki, was es ihm leichter machen mag, das Ja herauszupressen. Doch Thomas schüttelt nur den Kopf. «Nein, das kann ich nicht.» Und zurück von der Befragung, gibt er Heinz ganz ruhig den Bescheid: «Ich habe nein gesagt.»

Welche Antwort ist die richtige gewesen? Kann es unter solchem Zwang überhaupt eine richtige oder falsche Antwort geben? Und was bedeutet «richtig» oder «falsch»?

Nein gesagt zu haben – das bedeutet für Karl Thomas, umgebracht zu werden. Bald nach der Befragung wird er in das KZ Mauthausen transportiert. Dort treibt ihn die SS eines Tages in den Steinbruch und zwingt ihn, in den Tod zu springen.

Ja gesagt zu haben kann ebenfalls den Tod bedeuten. Gefangene, beim Wort genommen, werden in Einheiten des Strafbataillons 999 eingegliedert und fallen an der Front. Andere wiederum rettet dieses Ja. Fritz Nolde, mit Heinz zusammen 1934 im Gefangenentransport nach Zwickau, läßt sich, von Waldheim als Strafsoldat nach Griechenland gekommen, von den Engländern gefangennehmen und erlebt das Kriegsende als Internierter in Ägypten. Max Zaspel, auch ein Leipziger Genosse, kommt auf diesem Weg von Waldheim zu den Tito-Partisanen. Heinz gehört zu denen, für die die Antwort ohne Folgen bleibt. Ihr Zuchthausdasein setzt sich fort.

VON TOTEN, TRÄUMEN UND DURCHSCHNITTS-DEUTSCHEN

Als Eka im November 1983 das Tonband der Edith Brent aus Stanmore in den Kassettenrecorder legt und die Abhörtaste drückt, hört sie zum erstenmal in ihrem Leben von der Stadt Piaski. In der Kölner Bibliothek Germania Judaica liest sie dann Berichte und Briefe aus Piaski sowie den nahe gelegenen Orten Glusk und Belzyce. Erst seitdem weiß sie, welche unheilvolle Verbindung zwischen ihrer pommerschen Heimat und diesen drei kleinen Städten im ostpolnischen Bezirk Lublin besteht.

Noch 1939 hatten die Deutschen alle Einwohner des Bezirks, die nicht jüdisch waren, umgesiedelt; die ganze Gegend um Lublin sollte nach den Plänen der SS ein riesiges Getto werden. Die ersten Juden aus Deutschland, die schon im Winter 1940 hierher deportiert worden sind, kommen aus dem Regierungsbezirk Stettin. Zu ihnen gehört Erna Schlomann, Mrs. Brents Mutter, die vor nicht allzu langer Zeit zusammen mit ihrem Mann noch das angesehene Kaufhaus in der Swinemünder Innenstadt besaß. Am 17. Februar kommt sie in Piaski an.

Ringsum auf den Feldern liegt der Schnee hüfthoch, und die Kälte schneidet wie ein Messer ins Gesicht. Hinter den hohen Schneehügeln an den Straßenrändern stehen aus Holz gebaute, mit Lehm verstrichene, außen graublau getünchte Häuschen, eigentlich eher Katen, die Anwesen bettelarmer Schneider, Gerber, Mützenmacher – gläubiger Juden, die mit ihren Familien zu ebener Erde in der großen Küche und der danebenliegenden Stube leben. Die Ankömmlinge, zu Tode erschöpft und halb erfroren, viele verzweifelt, andere apathisch, werden in die kleinen Lehmhäuser gedrängt; woanders ist kein Platz. Jetzt schlafen, auf dünnes Stroh gelagert, in einzelnen Stuben bis zu achtzehn Menschen; es ekelt sie vor dem Gestank.

Des größeren Gepäcks und allen Schmucks schon in Lublin beraubt, so lebt die einst so damenhaft gepflegte Erna Schlomann nun umgeben von der Kälte und dem Schmutz Piaskis – frierend, hungernd und allein.

Tagsüber, wenn sie eingehüllt in Decken die von Frost geschwollenen Finger reibt, oder in den Nächten, wenn sie frierend wach liegt, denkt sie zurück an ihr Zuhause: die große Swinemünder Wohnung, im Sommer oft bevölkert von Verwandten aus Berlin, im Winter Treffpunkt der Herren vom Vorstand der Jüdischen Gemeinde oder auch des Reitklubs, zu dem ihr Mann gehörte – wieviel Freunde gingen da aus und ein! In Piaski ist Frau Schlomann ganz allein. Ihr Mann ist kurz vor Kriegsausbruch gestorben, die beiden Töchter sind gottlob in England. Andere hierher Deportierte haben wenigstens den Ehepartner bei sich, ein Kind, die alte Mutter – sie hat niemand, den sie herzen kann, und niemand, der sie herzt.

Im Frühjahr, wenn der Schnee schmilzt, versinken die Menschen mit ihrem abgetragenen Schuhzeug im Morast. Es gibt nur eine gepflasterte Straße in Piaski. Sie führt nach Lublin und weiter Richtung Osten. Juden dürfen sie nicht benutzen. Im Sommer fallen Seuchen, Fleckfieber und Typhus in Piaski ein. Heute hoffen die Lebenden noch auf Zuflucht bei den Söhnen und Töchtern, die nach England und in die USA entkommen sind, morgen packt sie wieder Verzweiflung und die Angst zu sterben.

Erna Schlomann quält der Hunger. Lebensmittel sind so teuer, daß kaum einer sie bezahlen kann. Ein Ei besitzt den Tauschwert eines silbernen Löffels. Die arme Frau muß Kleidungsstücke, ihren warmen Rock verkaufen, um zu etwas Eßbarem zu kommen. Arbeitsmöglichkeiten gibt es nicht. So bleibt nur die Hoffnung auf Päckchen von Verwandten.

Aus Erna Schlomanns letzten Briefen:

16. September 1941: «Ich bin in solcher Not ...»; 19. November 1941: «Ich erhebe meine Augen zu den Bergen. Wann wird

uns Hilfe kommen?»; 12. März 1942: «Ich bin am Ende meiner Kraft ...»

Bald darauf muß sie gestorben sein. Als das Inferno über die Stadt hereinbricht, lebt sie schon nicht mehr. Wenigstens das bleibt ihr erspart.

Es beginnt, als die Gasöfen im nahen Majdanek, in Auschwitz und anderen Vernichtungslagern eingeschaltet werden. Der Lubliner Getto-Bezirk wird zum Warteraum auf den Tod. Von den achthundert pommerschen Juden, die im Februar 1940 nach Piaski, Glusk und Belzyce gekommen sind, überleben zwölf.

Zuerst gehen die Einheimischen, die kleinen Schneider, Gerber, Mützenmacher, mit ihren Frauen und Kindern «auf Transport». Im Oktober 1942 folgen ihnen Tausende zu Fuß bis in die Todesöfen. Andere werden an Ort und Stelle liquidiert. In der Schreckensnacht des 28. Oktober 1942 umstellen SS-Einheiten Belzyce, in dem die überlebenden Stettiner Juden zusammengezogen worden sind, treiben die Menschen im Morgengrauen zusammen und ermorden alle Männer, Frauen und Kinder, deren sie habhaft werden können.

Zu eben dieser Zeit, im Oktober 1942, finden sich im Swinemünder Hotel «Greifeneck» Oberschülerinnen und -schüler zur Tanzstunde der Oda von Freytag-Loringhoven ein. Unter Lämpchen, die dem im Souterrain gelegenen dunklen Saal einen schummrigen, laubenartigen Charakter geben, sitzen sich Elevinnen und Eleven (die Erstgenannten überwiegen) auf Stuhlreihen gegenüber und erhalten zunächst Anstandsunterricht. Wie begrüßt der Herr die Dame? Beim Betreten eines Restaurants sowie auf der Treppe: stets zuerst der Herr. Und nun die Aufforderung zum Tanz: Diener! Und noch einmal! Den Kopf herunter! Ja, so mag es für den Anfang gehen!

«Kleine Mädchen müssen schlafen gehen ...» spielt das Grammophon. Frau Oda klatscht rhythmisch in die Hände: «Und eins-zwei-drei ... Jetzt üben wir die Marschtanzschritte ein.» Unter verschwitzten Jungenrechten raschelt bezugsscheinfreier Taft. Wer bringt wen nach Hause? Dem Marschtanz folgen Rheinländer und Foxtrott. Noch vor dem Tango wird die Quadrille eingeübt. Zum Abschiedsball sind auch die Eltern eingeladen. Manche Väter begrüßen Frau von Freytag-Loringhoven mit Handkuß und als gnädige Frau. Was wissen sie und ihre Kinder von den Verbrechen, die geschehen?

In der Berliner Staatsbibliothek liest Eka vierzig Jahre später, was damals alles in der Zeitung stand. Alle paar Tage wurden die Leser über Zuchthausstrafen und Todesurteile informiert. «Rassenschande» mit einem Polen: sechs Jahre Zuchthaus; Abhören ausländischer Sender: zwölf Jahre; Bibelforscher, berichtete das Blatt, seien zum Tode verurteilt worden. Wie haben die Menschen in Ekas Umkreis darauf reagiert?

«Das betraf *die anderen*, uns ging es nichts an. Wir haben es nicht gelesen», meint eine frühere Klassenkameradin.

«Wir hielten die Urteile für gerechtfertigt», sagt Vetter Hans. «Schließlich hatte man uns eingebleut, wenn ein Volk um Tod und Leben kämpfe, müßten Menschen, die das sabotieren wollten, aus der Volksgemeinschaft ausgeschlossen werden.»

«Man hatte akzeptiert», fügt Eva-Marie Grünberg an, «daß man mit Feinden feindlich umzugehen habe.»

Aber Willi Hacker war kein Feind. Wenn Eka und ihre Freundinnen in Ahlbeck aus der Schule kamen, stand er, auf sie wartend, vor der Wohnung seiner Eltern nah der alten Linde. Seine blonden Haare auf dem runden Schädel waren geschoren; auch im Sommer blieb er blaß. Meistens hatte ihm seine Mutter einen dunkelblauen Pullover angezogen, der stand ihm zu Gesicht. Er war ein stämmiger untersetzter Junge von damals vielleicht siebzehn Jahren. Die Kinder riefen «Willi! Willi!» und liefen auf ihn zu und tanzten um ihn rum. Er lachte töricht, wollte mit ihnen tanzen und quietschte vor Vergnügen. Sie hänselten den Jungen und fürchteten sich lustvoll, wenn er nach ihnen grapschte. Willi, der Dorftrottel.

Eines Tages, während des Krieges, zeigte seine Mutter in der Zeitung Willis Tod an. Fern der Heimat sei er in Pzary – was hatte Willi an diesem unbekannten Ort gemacht? – an den Folgen einer Lungenentzündung verstorben.

«Nanu», sagte der Rendant Peters, «der Willi war doch so gesund.»

«Auf polizeiliche Anordnung mußte der Verstorbene sofort eingeäschert werden», auch das teilte seine mutige Mutter mit. Begriffen die Ahlbecker, daß Willi, ein Opfer der Euthanasie, ermordet worden war?

Aber von der «Endlösung» haben sie nichts gewußt. Hätten sie etwas wissen können? Im Juli 1942 erklärte Gauredner Stubenbaum in einer Kundgebung auf Usedom, der Krieg habe «allein die Vernichtung des Juden und des ihm Hörigen zum Ziel». Dabei könne «im Innern wie im Waffengang kein Mittel scharf genug sein, die Vernichtung restlos durchzuführen». So gab es die Zeitung wieder.

Knapp ein Jahr später fanden überall Betriebsappelle statt, um eine von allen Sendern übertragene Rede Robert Leys zum zehnten Gründungstag der DAF zu hören. «Wir schwören», sagte dieser, «wir werden nicht eher den Kampf aufgeben, bis der letzte Jude in Europa vernichtet und gestorben ist.» Schon längere Zeit davor hatte das Kreisblatt registriert, daß alle Juden Odessas in ein KZ gebracht worden seien. Das konnte eigentlich niemand überraschen, wußte man doch, daß die Juden auch in Deutschland «abgeholt» und in Konzentrationslager eingeliefert wurden.

«Allen war es zur Gewohnheit geworden, sich selbst zu betrügen, weil dies eine Art moralischer Voraussetzung zum Überleben geworden war» (Hannah Arendt, *‹Eichmann in Jerusalem›*).

In Berlin bangten Ekas Onkel Karl und Tante Lisbeth, auch sie, wie Onkel Hans, aus der Alten-Kämpfer-Garde, um das Schicksal des alten jüdischen Hausmeisters Broder, der nur deshalb noch nicht abgeholt worden war, weil seine Frau Nichtjüdin war. Mittags hängte Tante Lisbeth manchmal ein Handtuch aus dem Küchenfenster, um so anzuzeigen, daß die Luft rein sei, und sie stellte einen Tiegel mit warmer Suppe zum Abholen bereit. Als die Gestapo kam und die beiden Alten mitnahm, weinte Tante Lisbeth; sie hatte dem Führer ihre lieben alten Broders opfern müssen. Das schmerzte sie, doch ihr Glaube wurde nicht erschüttert.

Der Freund von Gertraude Peterleuß, als Soldat in Swinemünde stationiert, erzählte den Assmussens von seinem jüdischen Adoptivvater, dem Verleger Henius, der in Auschwitz sei. Dann übersiedelte die nichtjüdische Frau Henius von Berlin nach Ahlbeck, kam zum Kaffee und bat, wie auch ihr Sohn, Ekas Mutter möge doch ein Gesuch an Hitler oder vielleicht an Göring oder Goebbels richten und um die Freilassung des Dr. Henius bitten.

Was tun? Wie reagieren? Diese Frage beschäftigte Frau Assmus und ihre Tochter sehr. Der vergrämten Frau und ihrem Sohn ins Gesicht zu sagen «Nein, das tun wir nicht!» erschien ihnen unanständig. Aber nach Berlin zu schreiben, hielten sie für zu gefährlich. Holte man sich damit nicht die Gestapo in das Haus? Außerdem, so entschuldigte sich Ella Assmus, würde solch ein Gesuch auch gar nichts nützen; die in Berlin würden doch nicht auf eine kleine Ortsfrauenschaftsführerin hören! Vielleicht erkannten Mutter und Tochter dabei zum erstenmal, wie ohnmächtig auch sie, «die Dazugehörigen», waren.

Beim 40. Abiturientinnentag erzählte Irene Unnasch, eine katholische Mitschülerin von Eka, wie sie durch ihren Swinemünder Pfarrer, der Polen half und deshalb ins KZ kam, durch katholische Soldaten, die von den Verbrechen in besetzten Ländern sprachen, durch Bibelstunden und die Sonette Reinhold Schneiders das Böse der NS-Herrschaft begriff. Die Assmussens hingegen hatten dem Faschismus so gut wie nichts entgegenzusetzen. Für sie existierte keine Gegenwelt, in der sie hätten lernen können, Abstand zu gewinnen, andere, eigene Maßstäbe zu entdecken und Abscheu zu empfinden. Für sie sah es so aus, als sei die Geschichte immer nur auf jenen Zustand zugelaufen, in dem sich die Deutschen als Siegende befanden. Unter den Wahlthemen für Ekas Abituraufsatz befand sich die bezeichnende Frage, welche nationalsozialistischen Eigenschaften schon bei den Hohenzollern aufgetreten seien.

Einen Gegensatz zwischen Nationalsozialismus und Christentum sahen Mutter und Tochter zunächst nicht. Die Nazis hatten die Volksgemeinschaft und für die Armen die Winterhilfe eingeführt, und der Pastor segnete ihre Fahnen und Standarten. Junge Ehemänner kamen in SA- oder SS-Uniform zur Trauung, und ihre Kameraden standen vor der Kirchentür Spalier. Selbst bei der Konfirmationsfeier verdrängte die HJ-Uniform das feierliche Dunkelblau.

Im Unterschied zu ihren Vorfahren war Ella Assmus keine fromme Frau. Sie fühlte sich aufgeklärt und bemerkte häufig, an den Gottessohn und seine Auferstehung könne sie nicht glauben, in ihren Augen sei Jesus Christus ein großer Mensch gewesen. Vielleicht hatte ihr Otto das gesagt. Eka ging nur am Reformationstag in die Kirche, wenn in der Schule zwischen Kirchgang und Unterricht zu wählen war; außerdem noch aus gesellschaftlichem Anlaß: zu Taufen, Hochzeiten und der eigenen Konfirmation – wichtig wegen der ersten Dauerwelle, des Konfirmationskleides und schließlich wegen der Geschenke, zum Beispiel Toilettentischgarnituren aus Kristall.

Gewiß, in den letzten Jahren ließ sich der Gegensatz nicht übersehen. In der Schule wurde kein Religionsunterricht mehr erteilt, und an Stelle von Weihnachtsfeiern sollten zuletzt «Lichtfeiern» stattfinden. Gisela Ternieden lernte in einem Schulungskurs, daß das Neue Testament eine nachträgliche Sammlung aus Phantasie und Wunschtraum sei und der Jude Jesus Christus nicht gekreuzigt, nicht auferstanden, sondern von seinen Jüngern nach Indien weggebracht worden sei. Väter von Freundinnen, die der SS angehörten, waren aus der Kirche ausgetreten und gaben an, «gottgläubig» zu sein.

Die Assmussens standen der Kirche viel zu fern, um in einen Gewissenskonflikt zwischen Religion und Weltanschauung zu geraten. Erst in ihrer Leere und Verzweiflung, als ihnen außer dem Leben nichts geblieben war, am Heiligen Abend 1945, gingen sie in die Kirche. Als es ihnen etwas besser ging, ließen sie es wieder sein.

Obwohl es in Ahlbeck schwerlich Leute gab, die sich enger an den Nazi-Staat gebunden fühlten als die Ortsfrauenschaftsleiterin und ihre Tochter, die Jungmädelführerin, hatten auch sie, die

Nazis, Vorbehalte und fragten manchmal sorgenvoll nach Anstand und nach Sitte. Es gab da so Gerüchte, daß der Ley soff und die Frau des Ministers eine Tingeltangel-Tänzerin gewesen sei.

«Und die neue junge Frau des Wehrministers?»

«Ein Flittchen», wisperte die Tante.

Goebbels betrog seine Magda, das wußte ja nun jeder. Frau Assmus und die Tanten schüttelten mißbilligend die Köpfe; so was war nicht gut.

Doch es kam noch schlimmer. Nachdem die SS-Einquartierung abgezogen war, fand Ella Assmus in den Zimmern zurückgelassene Flugblätter, unterschrieben vom Reichsführer SS, mit denen die jungen Männer aufgefordert wurden, angesichts des deutschen Schicksalskampfes auch ohne Urkunde vom Standesamt ihre «hochwertige Erbmasse zu vermehren». Das ging zu weit, befand sie.

Die Unmoral, einmal sanktioniert, hatte ihre Folgen. Ekas Mutter raufte sich die Haare, als sie las, einen Unterschied zwischen ehelicher und außerehelicher Mutterschaft dürfe es nicht mehr geben. Dann pries der Dichter Johst auch noch eine Bäuerin, die nichts dagegen zu haben schien, daß ihr Mann die Magd geschwängert hatte. «Jetzt reicht's aber!» Ella Assmus weigerte sich, irgend etwas mit jenem Kriegsmütterheim in Heringsdorf zu tun zu haben, in dem «rassisch und erbbiologisch wertvolle Frauen» ihre unehelichen Kinder zur Welt bringen konnten. Während täglich zigtausend starben, führte Eka mit ihren Schulfreundinnen Dispute, ob man bis zur Ehe «rein bleiben» müsse.

Dabei gab sie sich – wenngleich auch nicht im Sinn des Reichsführers SS – als stürmische Anhängerin der freien Liebe aus, die für Hingabe keiner amtlichen Bescheinigung, keines Segens am Altar bedarf. Aber wenn es darum ging, Erfahrungen auszutauschen, schlich sie sich davon. Mit Jungen «gehen», Flirts mit Fähnrichen, auf Hausbällen poussieren und, wenn das Licht ausgeht, auch knutschen – all das war ihr unbekannt. In einem graphologischen Gutachten, das der Berliner Onkel über ihre Handschrift hatte anfertigen lassen, stand der geheimnisvolle Satz, daß die Leidenschaften stark vergeistigt seien – ein dunkles Trostwort für das Leben. Nach dem Abitur, im Büro des Mädelbanns, log sie, einen Freund zu haben, schrieb sich selber seine Briefe, fuhr, den imaginären Offizier zu treffen, sogar bis Zinnowitz und behauptete, so gut wie verlobt zu sein.

Das große Glück verheißen Träume; einen, den sie in diesen Jahren träumt, will sie als «Lebenstraum» verstehen: Eka sieht sich versetzt in ein Barackenlager mit schmucklosen, überall gleichen Unterkünften ohne Licht und Farbe. Sie sieht sich eingeschlossen in eines dieser Häuser, eingesperrt in eine Zelle mit nichts weiter als einem Stuhl und Tisch, in der sie, wie eine auftauchende Respektsperson befiehlt, zu lernen habe. Doch noch bevor diese die Zellentür zusperren und den Riegel vorschieben kann, gelingt es ihr zu fliehen. Sie flüchtet aus dem Lager in den nahe gelegenen Wald und versteckt sich dort, um ihren Verfolgern zu entgehen, in einer Scheune. Die Verfolger kommen heran, rütteln vergeblich am verschlossenen Tor und treffen Vorbereitungen, die Scheune anzuzünden. Doch sie gräbt sich mit bloßen Händen unter der Scheune durch ein Loch und entkommt ein zweites Mal. Während hinter ihr die Scheune lichterloh in Flammen steht – eine Zeitlang hört sie noch das Feuer knistern –, läuft sie, läuft und läuft immer weiter. «Die Sahara», ruft ihr unterwegs ein Mensch zu und dann ein anderer «Schottland» und ein dritter «Hier ist Rom». Schließlich erreicht sie eine Straße, an der der Lauf beendet scheint. Auf der anderen Seite türmen sich Eisberge und Schneegebirge vor ihr auf. Doch die Träumende kennt nicht die Angst der Wachen: Sie macht sich auf, die Schnee- und Eishöhen zu überwinden. Auf halber Höhe, festgekrallt im Eis, erschöpft vom Steigen, blickt sie hinunter auf die Straße und sieht dort Menschen müde durch die Ebene ziehen. Eine Frau, die in der Nähe den Gipfel zu erklimmen sucht, ruft: «Da unten gehen jene, die nicht über diesen Eisberg wollen.» Darauf steigt sie weiter. Sie erreicht den Gipfel, hinter dem sich ein verschneiter Wald auftut. «Weißt du, daß du verloren bist?» fragt ein Wesen, das unter einer Tanne hockt. «Der Wald gehört dem Großen Mann, dem niemand, der den Wald betritt, entgehen kann.» Sie weiß, zurück kann sie nicht mehr, und so geht sie vorwärts in den Wald hinein und fürchtet sich vor diesem Großen Mann. Dann steht er vor ihr, und alle Furcht entweicht aus ihrem Herzen. Er muß auf sie gewartet haben. Jetzt nimmt er sie in seine Arme und führt sie durch den Wald bis an ein unscheinbares Tor in einem Felsgestein. Es öffnet sich vor ihnen, und sie stehen in einer Lichterhalle, die keine Wände und kein Ende hat. Alles ist Licht, funkelndes, goldenes, strahlendes Licht. Immer noch hält der Große Mann sie fest umfangen. «Ist meine Mutter auch hier?» fragt sie. Er schüttelt seinen Kopf. «Mein Vater?» Er verneint. «Irgend jemand, den ich kenne?» – «Sie sind alle nicht über den Großen Berg gekommen», sagt der Große Mann. «Wo bin ich hier?» fragt sie. Da wird es dunkel; sie wacht auf.

Der Flucht aus der Welt ins Paradies steht einiges entgegen: der Wunsch der Mutter, ihre Tochter möge den Beruf der Diätassistentin oder Apothekenhelferin erlernen; die Pflicht, gleich nach dem Abitur den Kriegshilfsdienst beim Swinemünder Bann, der Hitlerjugend, anzutreten.

Dort residierten der Bannführer und die Bannmädelführerin. Er: ein pausbäckiger, feister Bursche, der bis zuletzt Sprüche klopfte: «Ein erbärmlicher Feigling und Hundsfott, wer jetzt nicht an Deutschland glaubt!» Privat, in der Nähe seiner Frau, entspannten sich Gesicht und Glieder; das Zackige fiel von ihm ab. Auch wußte man nicht recht, ob er höhere und höchste Braune einfach imitierte, wenn sich seine Rechte auf das umgeschnallte Koppel legte, oder ob er an dieser Stelle über seinem Nabel Halt zu finden hoffte. Wie andere Amtswalter, die es jetzt noch gab, gehörte auch er zum letzten Aufgebot.

Wie die verwöhnte, zu Launen neigende Försterstochter aus der Schneidemühler Gegend zu dem Posten der Bannmädelfürerin gekommen war, wußte niemand recht zu sagen. Sie fiel weder durch besondere Begeisterung für die Nazis noch durch Talente auf und hätte zu normalen Zeiten vielleicht Leiterin einer Anwaltskanzlei sein können. Die hohen Backenknochen und leicht schräg gestellten Augen gaben ihrem Gesicht etwas Apartes, doch lag ein vergrämter Zug darüber, wie ihn Menschen haben, die meinen, zu kurz gekommen zu sein. Sie mag damals Mitte Zwanzig gewesen sein. Eka mochte sie.

Initiativen und Aktionen gingen von diesem Büro, soweit es zu erkennen war, nicht aus. Alles, was wichtig war, zum Beispiel den Schippeinsatz zur Anlage von Verteidigungsgräben an den Ostgrenzen der Provinz, organisierte die Kreisleitung der NSDAP. Doch kamen zum Bann auch besorgte Mütter und legten ein Paket Räucherflundern auf den Tisch, um ihre Söhne oder Töchter vom Schanzen loszukaufen. Eka fuhr häufig, Jungmädelgruppen inspizierend, mit dem Rad über die Insel, hatte jedoch auch noch genügend Zeit, den Eltern ihrer Führerin beim Gartenbau zu helfen. Die Genehmigungen für diese Reisen stellte sie sich selber aus, es lagen genügend solcher Formulare auf der Dienststelle herum. Der Kriegshilfsdienst in Swinemünde ließ sich als relativ harmlose Beschäftigung an. Eka ahnte nichts von ihrer Prüfung.

Wenn sie in dem weißen dreistöckigen Gebäude aus den Gründerjahren zu ihrer Arbeitsstelle im Dachgeschoß hochstieg, mußte sie im ersten Stock an den mit hohen Gittern abgesperrten Diensträumen der Geheimen Staatspolizei vorbei. Hinter diesen Gittern, auf dem offenen Flur, sah sie Menschen stehen, das Gesicht zur Wand und so dicht an dieser, daß kaum noch ein Zwischenraum zwischen Mensch und Wand erkennbar war, und wenn sie mittags essen ging, sah sie oft noch auf die gleichen Hinterköpfe wie am Morgen.

Niemand von den jungen Frauen im Dachgeschoß kannte die Gestapo-Leute. Einer aus den unteren Rängen schien dafür verantwortlich zu sein, die Vorgeladenen und Gefangenen in die Dienststelle zu bringen und sie nach ihren Vernehmungen woanders wieder abzuliefern – vielleicht im Stadtgefängnis, vielleicht in einem der Lager für die Zwangsarbeiter. Bei Begegnungen im Treppenhaus bot er Hilfsdienste der Gefangenen an, und einmal befahl er einem Franzosen, Ekas Rad zu reparieren. Sie stand dabei und guckte zu.

Eines Tages hörten die Mitarbeiter der HJ-Dienststelle aus den Räumen unter ihnen so laute Schmerzensschreie, daß sie verschreckt und aufgeregt zusammenliefen. Die Bannmädelführerin preßte ihre Hände an die Ohren, nahm den Oberkörper leicht nach vorn, um ihren Beinen Kraft zu geben, stampfte unablässig mit den Füßen auf und schrie dabei: «Aufhören! Aufhören!»

Als es wieder ruhig wurde, ging sie ein Stock tiefer zur Gestapo runter, um zu fragen, was geschehen sei. So erfuhr auch Eka, daß Menschen, die nicht aussagen wollten, an einen Stuhl gebunden und mit Lederpeitschen geschlagen wurden.

Vierzig Jahre später fand sie unter Dokumenten, die an den Wänden des einstigen Kölner Gestapo-Kellers hängen, eine als Geheime Reichssache deklarierte Anweisung des Chefs der Sicherheitspolizei und des SD, mit der die «verschärfte Vernehmung» neu geregelt wurde. Aussagen, hieß es dort, könnten auch durch Schlafentzug, Ermüdungsübungen und die Verabreichung von Stockhieben erzwungen werden. In Swinemünde müssen diese Foltermethoden praktiziert worden sein.

Vielleicht nach einem halben Jahr hörte das Schlagen wieder auf. Doch bis dahin vernahmen die jungen Frauen im Dachgeschoß noch öfter die Schmerzensschreie der Gefolterten. Es war dies zu der Zeit, da die *Swinemünder Zeitung* nach dem höflichsten Insulaner und dem bestgelaunten Volksgenossen auf der Insel suchte, im zweiten Halbjahr 1944.

Eka und ihre Kameradinnen bedrückten die mitangehörten Folterungen sehr, und sie sprachen oft darüber. Auch ihrer Mutter und einigen Freundinnen vertraute sich die Achtzehnjährige an. Jeder war betroffen, jeder beschwichtigte: schließlich sei Krieg, schließlich gehe es um Tod und Leben. Vielleicht hätten diese Leute Sabotageanschläge verübt, Menschenleben auf dem Gewissen ... Zu spät erkannte Eka, daß man Folter nicht beschwichtigen darf.

Als ihre Menschlichkeit zum erstenmal erprobt wird, da versagt sie. Statt an Erkenntnis zu gewinnen, verliert sie an Gesicht. Die Erinnerung quält sie. Wie weit kann ein Mensch sich seiner sicher sein?

Im Januar 1945 verwandelte sich Swinemünde in ein Flüchtlingslager. Überall, in den Klassenräumen und Turnhallen der Schulen, im Kurhaus, in den Kinos und Hotels, kampierten Menschen, die mit Schiffen oder zu Trecks zusammengestellten Pferdewagen aus Ostpreußen und Hinterpommern bis hierher geflüchtet waren und alle westwärts wollten. In der Fontane-Schule wurde eine Kranken- und Schiffbrüchigen-Station eingerichtet, und hierher kamen auch die Überlebenden der «Wilhelm Gustloff», die mit fünftausend Flüchtlingen an Bord von einem sowjetischen U-Boot auf der Höhe von Stolpmünde versenkt worden war.

In Ahlbeck hatte jetzt der Kommandierende General Westliche Ostsee Stabsquartier und Befehlsstand aufgeschlagen. Einmal kam der Gauleiter noch in den Ort und berichtete den verdutzten Menschen, daß er nachts nicht schlafen könne, weil ihm kein Name für die geplante Großgemeinde Ahlbeck-Heringsdorf-Bansin einfalle. Irgend etwas mit Goten solle es sein.

Die Leichenfrau, aber auch andere Frauen, deren Bescheid jedoch viel weniger galt, hielten jetzt oft einen an einem Faden befestigten Ring über die Fotos von Soldaten. Bewegte sich der Ring, war man erleichtert; bewegte er sich nicht, begannen die Frauen zu weinen. Andere legten Karten, um die Zukunft zu erfahren. Die Realisten sahen sich nach Verstecken für ihren Schmuck, die Pistole und das Silber um.

Im Februar 1945 wurde zum letztenmal eine Rakete in Peenemünde abgeschossen, und drei Tage später wurde das Werk in den Südharz, nach Bleicherode und Sangerhausen evakuiert. Ella Assmus schöpfte wieder Mut, als Hitler «die geschichtliche Wende» noch für das gleiche Jahr versprach und prophezeite, «am Ende» werde «unser Sieg» stehen. Eka dagegen wußte, daß der Krieg verloren sein würde, wenn die gegnerischen Truppen die deutschen Grenzen überschritten. Aber selbst dieser Überzeugung lag noch Vertrauen in den Hitler-Staat zugrunde: Würden Hitler und die Generäle, dachte sie, nicht alles nur Menschenmögliche unternehmen, den Gegner nicht ins Land zu lassen?

Doch als der März begann, standen die Alliierten schon in

Deutschland. Die Amerikaner besetzten Köln und überquerten bei Remagen den Rhein. Die sowjetischen Truppen hatten das die Insel Wollin vom Festland trennende Flüßchen Dievenow erreicht. Zum erstenmal hörte man in Swinemünde Geschützlärm von der nahen Front. Natascha aus Odessa, die Terniedens als Hausgehilfin zugewiesen worden war, ließ die Hausfrau wissen, sie werde dafür sorgen, daß die zu ihr stets gute Frau von sowjetischen Soldaten nicht gequält, sondern gleich erschossen werde.

Dann kam der 12. März, ein dunstiger, wolkiger Wochenanfangstag. Gleich in der Frühe schaute Ekas Tante Ida aus dem Nachbarhaus herein und bat, irgendein Papier in Swinemünde zu besorgen. Gegen zehn Uhr radelte Eka los. Die Stadt war zur Zufluchts- und Durchgangsstätte für etwa dreißigtausend Flüchtlinge geworden. Es gab jetzt ungefähr so viele Fremde wie Einheimische in Swinemünde. In Bauernwagen, die, mit Planen und Teppichen überdeckt, an Straßenrändern, auf Plätzen und im Kurpark abgestellt worden waren, an den Decks unzähliger Schiffe, die im Hafen lagen, auf Truppentransportern, Schnellbooten, einstigen Ausflugsdampfern sowie auf Hochseekuttern – überall hockten erschöpfte Frauen mit hohen Stiefeln an den Beinen und großen Tüchern um den Kopf, Kinder mit vollgestopften Ranzen auf dem Rücken, alte Leute. Zwischen den hohen Bäumen des Kurparks biwakierten Soldaten, die Reste einer Division, die in Swinemünde noch verladen und an irgendeine Front geworfen werden sollte.

Um elf Uhr heulten die Sirenen: Fliegeralarm! Wer konnte wissen, wo Luftschutzkeller waren? Und wie sollten diese denn die Massen fassen? Auch sorgten sich sehr viele, ihre letzte Habe aus den Augen zu verlieren. Also blieb man, wo man sich befand. Unschlüssig stand Eka auf dem belebten Markt. Gefahr schien nicht zu drohen, denn Stadt und Hafen waren nicht wie sonst vernebelt. Sicherlich würde, wie so oft, sehr bald Entwarnung folgen.

Um halb zwölf krachten die ersten Bomben. Die Menschen auf den Straßen warfen sich auf Fahrbahnen und Trottoirs, schlugen ihre Hände schützend über ihre Köpfe und versuchten, auf Hauseingänge zuzurobben. Eka fand sich in die zu ebener Erde liegende Waschküche eines hohen Mietshauses hineingezogen, umgebaut zum Luftschutzraum und besetzt mit den Bewohnern. Die Bomberstaffeln kamen in mehreren Wellen. Es pfiff, heulte, zischte, krachte – ein ohrenbetäubendes Getöse. Dann wurde es für Augenblicke still, bis die nächste Staffel ihre Last abwarf. Von den Wänden fiel der Kalk. Dann ging auch das Licht aus. Das Haus begann zu zittern und zu schaukeln. Eka weiß nicht, wie sie diese Stunde überstanden hätte, wenn nicht eine Berlinerin ständig auf sie eingeredet hätte: «Schon vorbei! Noch einmal gutgegangen!» Bomben, die man niedersausen höre, hätten anderswo eingeschlagen.

In den Annalen der in Europa eingesetzten amerikanischen Luftwaffe wird der Angriff als Erfolg bezeichnet. Die Sowjets hatten darum nachgesucht, denn sie sahen im Swinemünder Hafen ein noch intaktes Zentrum für deutschen Nachschub über See. 671 Bomber der 8. US-Luftflotte warfen 1609 Tonnen Sprengstoff ab. Sie brauchten eineinviertel Stunden für die Stadtzerstörung.

Als Eka und die verängstigten Bewohner des Hauses aus der Waschküche ins Freie traten, wurden sie des Entsetzlichen gewahr: Wo noch am Morgen festgefügte Häuser gestanden hatten, lag nun ein hoher, von Rauch durchzogener Haufen Schrott. Kaum ein Haus, das nicht beschädigt war. Männer versuchten mit Handfeuerspritzen brennende Dachstühle zu retten; andere blickten vor weggerissenen Vorderfronten entgeistert auf ihre einstigen Stuben und Küchen, in denen noch Tapetenfetzen hingen und ein Ofen in der Ecke stand. Auf den Straßen lagen herausgerissene Türen und Fensterrahmen, Pferdekadaver, umgekippte Bauernwagen, Hausrat, tote Menschen. Herabgefallener Kalk hatte Überlebenden die Haare weiß gefärbt, andere waren mit Ruß bedeckt. Frauen liefen schreiend durch den Schutt und riefen nach verlorenen Kindern.

Am allerschlimmsten sah es im Kurpark und im Hafen aus. Die Bomben waren mitten unter die biwakierenden Soldaten und Flüchtlinge gefallen. Von den alten Bäumen standen nur noch die verkohlten Stümpfe, in Bombentrichtern lagen abgerissene

Gliedmaßen, von Rümpfen abgetrennte Köpfe. Aus bombardierten Schiffen schlugen lichterlohe Flammen, über einem Teil des Bollwerks stand schwarzgrauer Rauch. Und überall Menschen, die dem Inferno zu entfliehen suchten.

In den nächsten Tagen wurden die Toten in Papiersäcke gelegt und auf den Tennisplätzen zusammengetragen. Vom Bollwerk brachte man die Kinderleichen, die dort, sortiert nach Größe, ausgelegt worden waren. Helferinnen der NS-Volkswohlfahrt versuchten, Totenlisten anzufertigen. Für Kinder, deren Eltern bei dem Angriff umgekommen waren, wurde eine Sammelstelle eingerichtet. Immer noch zogen Menschen mit Handwagen und vollgepackten Rädern, einen neuen Angriff fürchtend, aus der Stadt hinaus. Andere flüchteten auf Schiffen. An Bäumen hingen tote Polen und Deutsche, aufgehängt wegen Plünderung und Desertion. Auch sie gehören zu den acht- bis zehntausend Opfern dieses 12. März.

Nie waren Strand und Meer und Dünen schöner als in der Zeit des Abschiednehmens. Wenige Tage nach dem Angriff kam Vetter Hans in Ahlbeck an; er war aus der Nationalpolitischen Erziehungsanstalt entlassen worden, und da zu seinen Eltern in den Südharz nicht mehr durchzukommen war, blieb er bei der Tante. «Genieße den Krieg, der Frieden wird fürchterlich», hieß es, und so lebten sie in diesen letzten Wochen. Die Sonne schien so warm, daß man schon im Strandkorb liegen konnte. Vieles, was bisher verboten war, erlaubte Ella Assmus nun. Eka und der Vetter richteten sich die schönsten Fremdenzimmer ein und fielen über die letzten Vorratstöpfe her. Hänschen briet sich Kandiszucker, und Eka schlug sich Zuckereier.

Über Swinemünde strichen sowjetische Tiefflieger hinweg und schossen kleine Löcher in die zum Trocknen aufgehängten Hemden und Unterhosen des Reichsbahninspektors Meinken. Auf der Promenade übten Hänschens einstige Schulkameraden, die zum Volkssturm eingezogen worden waren, mit Panzerfäusten umzugehen. Und Frau Assmus wanderte zweimal wöchentlich zum Fuß des Zierowberges, um beim verkrüppelten Ortsgruppenleiter mit anderen Frauen schießen zu lernen. Auf dem

Hof der Neuen Schule fand eine letzte Parteiversammlung statt; «Wir werden siegen, wenn wir siegen wollen», hieß das Thema. Holtbock und Tante Meta hatten im Radio erfahren, auch der große Preußenkönig und sein Staat seien erst in allerletzter Minute aus höchster Not errettet worden, und hofften auf das Wunder.

Vieles, was in diesen letzten Wochen um sie her geschah, erfuhren die Ahlbecker in ihrer durch schweres Wetterleuchten unterbrochenen Idylle nicht. Mehrere sowjetische Kriegsgefangene auf der Insel brachten sich in den Besitz einer He 111 und steuerten die Maschine zu den nahen sowjetischen Linien. Beim Oberstleutnant a. D. Freiherr von Wachtmeister in Swinemünde meldete sich Ende März sein Schwiegersohn, der an der Ostfront in Gefangenschaft geraten und nun von einem sowjetischen Bomber in der Uckermark mit einem Fallschirm abgesetzt worden war, um, wie er dem überraschten alten Herrn erklärte, den Kommandanten der Festung Swinemünde zur kampflosen Übergabe aufzufordern. Entsetzt wies ihm der Oberstleutnant a. D. die Tür. Und während Eka zum letztenmal auf der Ahlbecker Seebrücke spazierte, versuchten einige Klassenkameradinnen, vom Arbeitsdienst in Flakstellungen abkommandiert, an Funkmeßgeräten Feindflugzeuge zu orten. In langen Uniformmänteln und mit Filzstiefeln an den Füßen, den Karabiner über ihrer Schulter – so schoben sie wie Soldaten Wache: «Wer da? Parole!» Die hatten schon längst vom Führer und dem Krieg genug.

Am 20. April faßte Ella Assmus noch einmal Hoffnung. Im Rundfunk sprach Minister Goebbels: «Berlin bleibt deutsch, Wien wird wieder deutsch, und Europa wird niemals russisch.»

«Kind», sagte sie zu ihrer Tochter, «glaubst du etwa, der Mann lügt? Jetzt in dieser Stunde! Zu Führers Geburtstag! Nein, nein, jetzt kommen die Wunderwaffen!»

Aber es kamen die Russen.

KRIEGSENDE IM ROTEN OCHSEN

Im Frühjahr 1943 wird der Strafgefangene Zöger aus Waldheim in das sächsisch-anhaltinische Zuchthaus Halle, einen wuchtigen roten Ziegelbau, verlegt, den man bis heute Roter Ochse nennt. Vieles ist hier, wie es in Waldheim war. Die Kübel stinken, von den Decken fallen Wanzen, doch in den Werkstätten läuft die Kriegsproduktion auf vollen Touren. Die Tischler fertigen Kasernenschränke, Inneneinrichtungen für Luftschutzbunker und später Kisten für die Panzerfäuste. Die Weber weben Militärtuch, die Schneider schneidern Uniformen, die Schlosser produzieren Zündaggregate und Granatenteile.

Heinz setzt Stempel: Stempel hauptsächlich für Wehrmachtseinheiten, aber auch für Bürgermeisterämter, Polizeidienststellen, Gerichte und andere Justizbehörden; Amtssiegel, doch auch Aufdrucke, benutzt als Korrekturangaben bei neuen Dienstgraden oder Feldpostnummern, als Kennzeichnung von wehrmachtseigenem Gut, auf Wäschestücken, Zeltplanen und Decken – Stempel: Symbole des strengen Ordnungssinns von Deutschen, für die ein Stück beschriebenes Amtspapier ohne Stempel überhaupt nichts gilt.

In der Stempelwerkstatt arbeiten fast ausschließlich politische Gefangene: vier Tschechen und zwei Deutsche. Zwar wird die kleine Gruppe von einem wegen Mord zu lebenslänglicher Haft verurteilten Kalfaktor kontrolliert, der spitzelt, doch kann er nicht verhindern, daß sich die Häftlinge relativ ungezwungen bewegen und die beiden deutschen Kommunisten, Zöger und

Kotulla, mit Gleichgesinnten konspirieren: hauptsächlich mit Alois Pisnik, dem Hauselektriker des Roten Ochsen, und mit Walter Schlag, dem Kalfaktor der benachbarten Druckerei, wie Kotulla ein Hallenser.

Richard Kotulla, an den sich Zöger angeschlossen hat, ist ein knapp fünfzigjähriger, wesentlich älter aussehender Mann mit früh ergrautem Haar und der Blässe Langzeitinhaftierter. Wie auch Walter Schlag sitzt er schon fast ein Jahrzehnt im Roten Ochsen. Mit unruhigen flinken Augen, die unter buschigen Brauen liegen, blickt dieser intelligente und künstlerisch begabte Drechslermeister, dieser Pfiffikus, wach und freundlich in die Welt und weiß durch Common sense und Witz hartgesottene Beamte und mißtrauische Gefangene für sich einzunehmen. Kotulla findet sich überall zurecht. Neben Stempelgriffen fertigt er im Austausch gegen Kautabak und Zigaretten Holzteller, Tischchen und Schatullen mit Intarsien für ihm wohlgesonnene Hauptwachtmeister und überredet auch Beamte, gegen Schnaps von Frau Kotulla ein Paket mit Lebensmitteln einzuschmuggeln. Doch nutzt er seine Verbindungen, die gewisse Sonderstellung, auch, sooft er kann, zum Vorteil der Genossen aus. Kotulla ist ein väterlicher Mensch.

In Alois Pisnik, dem Hauselektriker und gelernten Ingenieur, sehen sowohl Kotulla, Schlag und Zöger wie auch andere Genossen ihren Vertrauensmann. Der erst Dreißigjährige mit dem dunkelbraunen Lockenschopf stammt aus Österreich und hat zuletzt als Illegaler in der Steiermark gelebt. Dies hier ist sein dritter Zuchthausaufenthalt. Er überzeugt durch Ruhe, Umsicht und Verläßlichkeit; seine Autorität erkennen auch die Älteren an. Später, in der DDR, wird er bis in den Staatsrat und das SED-Politbüro aufsteigen und dort noch seine Meinung sagen.

Als Hauselektriker hat Pisnik den unschätzbaren Vorteil, elektrische Maschinen und Anlagen in den verschiedenen anstaltseigenen Werkstätten und Betrieben reparieren zu müssen und dabei überall Informationen entgegennehmen und an andere politische Gefangene weitergeben zu können. Sooft das ohne aufzufallen möglich ist, führt entweder Kotulla oder einer von den Tschechen einen künstlichen Defekt herbei, den sie angesichts der längst erneuerungsbedürftigen Drehbänke und überalterten Maschinen leicht begreiflich machen können. Jedenfalls, Pisnik muß gerufen werden.

Zu zweit, wenn sich die seltene Möglichkeit ergibt, zu dritt, stehen Pisnik, Zöger und Kotulla an einer vorgeblich reparaturbedürftigen Maschine und diskutieren. Im Frühsommer 1943, Heinz sowie auch Pisnik sind noch ziemlich neu in Halle, bewegt sie, daß Stalin die Auflösung der Kommunistischen Internationale angeordnet hat. Kotulla hat es groß angekündigt in einer der Zeitungen gesehen, die ab und an mal ein Beamter absichtlich für ihn liegen läßt. Heinz mag das nicht glauben, er meint, es handele sich um eine Nazilüge. Doch Kotulla ist überzeugt, daß an den Meldungen «was dran» sein muß. Die Nazis sprechen zwar von Scheinauflösung, Schwindel und Betrug, sagt er, aber sie zitieren auch aus der Begründung. Die Komintern, so heiße es in dem entsprechenden Beschluß, habe «ihre Aufgabe erfüllt».

Mitten im Krieg gegen die Faschisten «ihre Aufgabe erfüllt»? Das kann doch gar nicht sein!

Doch Pisnik, der auch schon davon weiß, ist überzeugt, daß die Meldungen in den Zeitungen stimmen.

Aber was bedeutet das?

«Es muß etwas mit dem Kriegsbündnis mit den Amerikanern und Engländern zu tun haben», meint Pisnik, «und mit der Volksfrontpolitik. Das Ziel der Weltrevolution, verkörpert durch die Internationale, steht jetzt nicht auf der Tagesordnung und soll das breite Bündnis gegen die Faschisten nicht gefährden. So erkläre ich es mir.»

«Aber die Weltrevolution – sie wird doch wieder auf die Tagesordnung kommen!» beharrt Kotulla.

Heinz bleibt nachdenklich. Die Welt jenseits der Zuchthausmauern ist weit entfernt. Wer soll sich da zurechtfinden?

Am stärksten und heftigsten beschäftigt die Genossen: Wie sieht es an den einzelnen Kriegsschauplätzen aus? Wo stehen die Alliierten? Kommen sie voran? Kotulla reißt aus den Zeitungen, die er ergattert hat, Karten mit dem skizzierten Frontverlauf heraus und bringt sie heimlich mit. Heinz versucht aus seinen Aufträgen, aus den Korrekturwünschen für Stempel, etwas über den Kriegsverlauf zu lesen. Als die Standorte von Kommandanturen nicht länger russische und polnische, sondern wieder deutsche Städtenamen tragen, folgert er, daß die deutschen Armeen überall im Osten weiter auf dem Rückzug sind. Der Stempel, dieser Ordnungsfaktor, wird zum Seismographen der Niederlage.

Gibt es angesichts des Rückzugs an den Fronten und der schweren Luftangriffe auf deutsche Städte Anzeichen von Resignation oder gar Rebellion in Deutschland? fragen sich die Genossen. Kaum denkbar, daß es nicht so ist!

Jede, noch die kleinste Einzelheit versuchen die Gefangenen zu einem Bild zu fügen, und zugleich erörtern sie, was das, was sie von draußen wissen, für sie hier drinnen bedeutet. Viel zu früh, schon ab Sommer 1943, nach der alliierten Landung in Italien, erwarten sie den baldigen Zusammenbruch.

Monate vergehen; fast ein Jahr. Sie sind ungeduldig, unruhig und angespannt. Dann endlich: Unvergeßlich, dieser Junitag! Kotulla ist der Freudenbringer, ein Beamter hat es ihm gesagt: Engländer und Amerikaner sind in der Normandie gelandet! Jetzt, so meinen sie im Überschwang der Stunde, kann es nicht mehr lange dauern, jetzt ist das Kriegsende in Sicht. Wieder folgen bange Wochen. Einer fragt den anderen: «Weißt du was?» – «Kommen sie voran?» – «Warum hört man nichts?» In dieser Spannung leben sie an die hundert Tage, bis im September die befreiende Nachricht kommt: Paris ist frei! Amerikanische Truppen haben in der Nähe eines luxemburgischen Dorfes die deutsche Grenze überschritten! Die Alliierten stehen auf deutschem Boden! Einer der Tschechen rechnet aus, wieviel Kilometer Halle von Luxemburg entfernt liegt. Vorausgesetzt, sie kommen im Durchschnitt täglich soundsoviel Kilometer weiter – dann müßten sie dann und dann am Rhein, an dem Tag an der Elbe, an jenem an der Saale sein!

Jetzt spüren sie die Veränderungen draußen auch drinnen im Zuchthaus. Es gibt immer weniger zu essen; die Gefangenen hungern. Ihre Beine schwellen an: Wasser. Hungerödeme bilden sich am Körper. Alle sind unterernährt. Manche magern ab bis zur Unkenntlichkeit – verhungern regelrecht.

Mit dem Nahen der Niederlage ändert sich auch das Verhalten der Beamten. Die überzeugten Nazis geben sich unwirsch-barsch, offenbar, um auszudrücken: Denkt ja nicht, daß wir aufgegeben haben und ihr triumphieren könnt! Andere scheinen zugänglicher zu werden, sehen über so manches jetzt hinweg. Wollen sie sich rückversichern? Doch plötzlich kann sich Lässigkeit in Furcht verwandeln: Nur nicht der Nachlässigkeit verdächtigt werden und noch an die Front kommen! Im nächsten Augenblick wird ein Gefangener wegen einer Nichtigkeit rabiat bestraft. Furcht macht unberechenbar.

Gefangene, die tagsüber außerhalb des Zuchthauses beschäftigt sind und mit Heinz im gleichen Schlafsaal liegen, bringen im Sommer 1944 die Nachricht vom mißglückten Attentat auf Hitler mit. Hohe Offiziere putschen! Das ist der Zerfall! Wieder die Vorstellung vom schnellen Ende. Pisnik und seine Freunde versuchen Einzelheiten, etwas über das Ausmaß der Verschwörung zu erfahren – vergeblich. Die Beamten schweigen beharrlich und behalten ihre Zeitungen für sich.

Doch im Herbst und Winter 1944 erleben die Gefangenen die schauerlichen Folgen des mißglückten Putsches: In Halle haben die Henker Hoch-Zeit. Nach Verfahren vor Sondergerichten und dem Volksgerichtshof werden zahlreiche zum Tod Verurteilte in den Roten Ochsen zur Hinrichtung geschickt. Einmal sehen die Gefangenen in der Stempelwerkstatt etwa hundert junge Männer, alle gefesselt, in zwei großen Kreisen sich lautlos fortbewegend, im Gefängnishof. Norweger, weiß Kotulla. Wieviel Tage haben sie noch zu leben? Im Roten Ochsen angekommen, bleibt nur noch kurze Zeit.

Manchmal hört Heinz die Schreie derer, die draußen auf ihrem letzten Gang vorüberziehen und sich vor dem Sterben fürchten. Gleich wird der Henker einem nach dem anderen die Hände auf den Rücken drücken, die Hälse in die halbrunde Öffnung unterm Fallbeil legen. Ein Hebeldruck – das Fallbeil saust herunter, ein Kopf rollt in die Schale, Blut rinnt in ein Gefäß. Die nackten Körper, zwischen den Beinen die abgeschlagenen Köpfe, werden in Holzkisten geworfen. Mindestens fünfhundert Menschen haben die Henker in den letzten zweieinhalb Jahren des Krieges in Halle enthauptet oder aufgehängt. Die Beamten, die an den Hinrichtungen beteiligt sind, erhalten eine Schnapsration. Die Kalfaktoren holen aus den Todeszellen das zurückgelassene Essen; ausgehungerte Gefangene beißen gierig in die Brotkanten der Toten. Die Verwaltungsangestellten berechnen die durch die Inbetriebsetzung des Schafotts entstandenen Kosten und treiben sie bei den Hinterbliebenen ein. Die Kalfaktoren säubern den Hinrichtungsort sowie die Todeszellen und hängen die Fesseln für die nächsten auf. In der Schlosserei wird der schmale Stahlstreifen, das Beil, für die nächste Hinrichtung geschliffen. Im weiten Umkreis des Schafotts verrohen die Menschen.

Wie wird der junge Zöger damit fertig, in diesem Umkreis leben zu müssen? Er vergilt Haß mit Haß und sinnt auf Rache. Aber davon allein kann er nicht leben. Er braucht Trost. Doch woher kommt hier Trost? Bogen grünen, blauen, orangefarbenen Papiers, in der Druckerei aufgestapelt für den Lebensmittelkartendruck, trösten seine Augen – inmitten der Tristesse drei bunte Flecken –, und manchmal tut es auch ein Sonnenstrahl, der den Arbeitsraum in flirrendes Licht taucht und die schmutziggraue Wand erleuchtet.

Trost stiften die Dohlen, die sich an Sommertagen auf den Sims der offenen Werkstattfenster setzen. Und dann abends, bis in die Nacht hinein, trösten wie seit Kindertagen Bücher. Mit Hilfe eines Rasierspiegels holt sich Heinz das schwache Licht der Nachtbeleuchtung auf *‹Die Akten des Vogelsang›* oder *‹Die Chronik der Sperlingsgasse›*, liest in den Hallenser Zuchthausnächten wieder den geliebten Raabe und erhebt sich über dieses Jammerleben und meint, in einer anderen Welt zu sein.

Die Wirklichkeit zu überstehen hilft auch der gute Freund, den niemand außer Zöger kennt, der so wie Zöger denkt, fühlt, lacht und redet, doch ungleich erfahrener ist, souverän und weise. Der Freund ist frei, nein, kein Gefangener, und kommt, Mauern und Gitter überwindend, sooft ihn Zöger ruft.

Wie soll ich mit diesem allen fertig werden?

Damit kann ein Mensch nicht fertig werden, antwortet der Freund.

Liesel ist nach dem Ende ihrer Strafzeit freigekommen und hat sich zusammen mit Mutter Zöger gleich nach Halle aufgemacht. Bewacht von Beamten, getrennt durch Gitter – so sieht Heinz die beiden wieder. Darf der Gefangene ihnen die Hand geben? Liesel über die Haare streichen? Berühren ist verboten, und die Besuchszeit ist auch gleich vorbei! «Kommt nicht wieder», bittet Heinz. «Dies hier wollen wir uns ersparen.» In einem ihrer Briefe schreibt ihm Liesel, daß Mouche Dreyer nicht mehr lebt.

Im Winter 1944/45, als sich die Luftangriffe auf Halle und Umgebung, besonders auf die nahe gelegenen Leuna-Werke, häufen, werden zahlreiche Gefangene zum Aufräumen und Ausgraben von Blindgängern eingesetzt. An einem sonnigen, kalten Sonntagmorgen sieht sich Heinz auf dem einstigen Leunaer Industriegelände inmitten eines Trümmerfelds, aus dem bizarr verdrehte Röhren und Stangen sowie Eisenträger und verkohlte Bäume in den Himmel ragen. Hoch im Blau bewegen sich glitzernde Punkte, ziehen britische oder amerikanische Flugzeuge vorüber, Flakgeschütze in der Nähe schießen ihnen kleine weiße Wolken nach. Hier, auf diesem Riesenfeld aus Blech und Schutt, begreift Heinz, seit Jahren zum erstenmal für ein paar Stunden der Zuchthauswelt entronnen, was das heißt: der Krieg im eigenen Land, und er erkennt das Ausmaß der Zerstörung.

Vor allem die Kriminellen drängen sich, die Gefahr nicht achtend, zum Bombensuchen eingeteilt zu werden; sie wollen, wenigstens für Stunden, «draußen» sein, Ausschau halten, ob irgendwo Lebensmittel oder Zigaretten aufzutreiben sind, wollen Leben riechen, und sei es Rauch und Ruß. Erschreckend viele sterben bei diesem «Ausflug in das Leben»; unter ihren Händen explodieren die freigelegten Bomben. So kommt der heitere Heini aus Zögers Schlafsaal um, ein Einbrecher, ein Rückfalltäter, ein leichtsinniger, munterer großer Junge, der seit Wochen von nichts anderem träumte, als mit dabeizusein beim Bombenbuddeln, dem Abenteuer in Halle, Leuna oder Merseburg. Fast jeden Abend kommen die Außenkommandos mit einem Toten durch das Tor zurück.

Qualvoll stirbt Alois, Zögers Bettnachbar, ein gutmütiger Bursche von noch nicht mal zwanzig, der nicht der Versuchung widerstand, sich während der Arbeit abzusetzen. Schon längere Zeit im Außeneinsatz, war es ihm gelungen, seine Freundin, seine große Liebe aus Berlin, brieflich in die Nähe zu bestellen. Die beiden verfehlen sich jedoch, und als der Junge einsieht, keine reelle Chance zur Flucht zu haben, kehrt er freiwillig zurück. Die Beamten prügeln ihn halb tot, werfen ihn in den Karzer und bringen nur jeden dritten Tag ein Stückchen Brot. Das überlebt er nicht.

Im nahen Merseburg wird das Heeresversorgungslager bei einem der Angriffe beschädigt. Die Lagerhalter fordern noch mehr Männer aus dem Roten Ochsen an. Sie sollen die entstandenen Bombenschäden möglichst schnell beseitigen und unter den Trümmern liegende Fleischvorräte bergen. Ausgegraben, gereinigt und erneut geräuchert, können sie, so hofft man, noch verwendet werden. Auch Heinz wird nach Merseburg beordert und kommt dort in eine der Gefangenenbaracken.

Noch im Dunkeln stehen die Männer morgens auf und werfen sich Säcke über Kopf und Körper, die notdürftig gegen Schmutz und Kälte schützen. Weitgehend unbewacht gehen sie zur Arbeit; in dem unübersichtlichen Gelände können die wenigen Beamten unmöglich den Überblick behalten. Keiner dieser Schatzgräber auf dem Schlachthof hat in den letzten Jahren ein größeres Stückchen Fleisch gesehen. Jetzt stehen sie auf verschütteten Schinken, hacken, graben Fleischkonserven aus, transportieren halbe Zentner Kasseler auf dem Rücken. Hier verschwindet eine Wurst im Sack, dort bringt einer Speck beiseite. Wie auch andere schlendert Heinz, Beute vom Vortag unter seinen Säcken, vor Beginn der Arbeit manchmal in die Straßennähe, im Dunkeln nach Gestalten Ausschau haltend, die mit einer Aktentasche oder dem Rucksack auf dem Rücken in ihren Betrieb, zur Frühschicht eilen und schon mal auf dem Weg dorthin billig, nämlich gegen eine Schachtel Zigaretten, zu einem Batzen Fleisch kommen wollen. In Sekundenschnelle wechseln die Kostbarkeiten den Besitzer.

Was unterscheidet in solchen Augenblicken den Gefangenen von seinem Gegenüber? Der, der das Fleisch herüberreicht, und der, der es entgegennimmt – sie würden, jetzt entdeckt, beide hingerichtet werden – gleichgültig, ob der eine ein hungriger Kommunist und der andere ein hungriger kleiner Nazi ist. Wer Wehrmachtsgut entwendet oder das Gestohlene annimmt, gleichgültig, ob Stiefel, Treibriemen oder Fleisch, wird mit dem Tod bestraft, gleichgültig, ob er an Hitler oder Stalin glaubt. Der Terror hebt solche Unterschiede auf. Unter der Herrschaft des Schafotts existiert die Volksgemeinschaft.

Hier in Merseburg erlebt Heinz einen der schwersten Luftangriffe in der Gegend mit. Die Gefangenen sitzen in ihrer Holzbaracke, einige löffeln genüßlich in ausgegrabenen Büchsen, andere braten sich heimlich ein Stück Wehrmachtskasseler. Plötzlich gellendes Pfeifen und ein langgezogener Heulton. Das Licht geht aus; es tost, es kracht und Fenster splittern – eine Luftmine ist in der Nähe eingeschlagen. Der Druck drückt Wände und das Dach ein. Die Gefangenen retten sich ins Freie. Dort wirft sich der größte Rowdy auf die Knie und betet laut.

Jetzt sehen die Männer, daß das oberste Geschoß des großen Lagerhauses brennt. Feuerwehr trifft ein. In dem nächtlichen Durcheinander kann sich Heinz unbemerkt entfernen, schlendert bis zur Straße, stellt sich in eine Mauernische und zündet sich eine seiner eingetauschten Zigaretten an. In seiner Nähe stürzt das Gerüst eines Eisenfensters nieder. Auf der gegenüberliegenden Straßenseite brennen die Dachstühle der gesamten Häuserfront.

Einige der Bewohner liegen tot oder schwer verletzt auf den Gehsteigen und der Fahrbahn. Andere jammern laut oder sehen stumm vor Schrecken in die Flammen. Balken brechen, stürzen nieder, Rauch steigt in die Kehle, und es regnet Ruß; doch immer wieder laufen Menschen in die brennenden Häuser, um aus ihren Wohnungen irgendwas zu retten. Hier hat einer einen Stuhl gegriffen, einen Teppich, Betten – dort läuft einer, irre lachend, mit einem Nähkästchen aus dem brennenden Haus. Mein Gott, denkt Heinz in seiner Mauernische, das also ist der Krieg! Warum machen die Menschen das noch weiter mit? Warum machen die nicht Schluß?

In der Dämmerung des nächsten Morgens steigt er mit anderen Gefangenen in das ausgebrannte Lagerhaus. Der Himmel über Merseburg ist feuerrot, und über der ganzen Stadt liegt Rauch. Auf der anderen Straßenseite stehen nur noch Ruinen.

Zurück im Zuchthaus, kostet Waghalsigkeit Heinz fast das Leben, rettet ihn Kaltblütigkeit aus einer tödlichen Gefahr. Im Gänsemarsch unterwegs zu ihren Arbeitsplätzen, werden die Gefangenen aus den Schlafsälen im dritten Stock eines Tages auf dem Hof von einem Kommando überrascht: «In Dreierreihen angetreten!» Danach wieder ein Kommando: «Erste Reihe – zwei Schritt vor! Dritte Reihe – zwei zurück! Und jetzt alle seitlich drei Schritt auseinander!» Danach tritt der Direktor vor die Front: Ihm sei bekannt geworden, daß Häftlinge feindliche Flugblätter in das Zuchthaus eingeschmuggelt hätten. Wer sie habe, solle sich jetzt melden. Niemand reagiert. Nun beginnen die Beamten, jeden der Angetretenen abzutasten, zu durchsuchen.

Die Flugblätter – und zwar von jener Art, wie sie jetzt häufig von alliierten Flugzeugen abgeworfen werden und die durch Angabe des genauen Frontverlaufs die Deutschen zur Besinnung bringen sollen –, die Flugblätter befinden sich in Zögers Hosentasche. Am Vorabend hat sie ihm jemand durch die Zellentür geschoben, und jetzt wollte er sie eigentlich Kotulla zeigen. Unbemerkt von dem sich nähernden Beamten gelingt es ihm, die Blätter mit einem schnellen Griff aus seiner Tasche in die Mütze zu befördern und sie an deren Rand, da, wo er die Mütze mit der Rechten hält, einzurollen. Mit der Linken wirft er den Kamm, das Taschentuch, das Brillenfutteral, dem Gefangenen erlaubte Gegenstände, in das Innere der Mütze und hält diese nun mit nachdrücklicher, fast provokativ wirkender Gebärde vor die Nase des Beamten. Unwillig schiebt dieser den ausgestreckten Arm des Gefangenen zur Seite und durchsucht gründlich Zögers Jacke, Hose, Schuhwerk, auch das Unterzeug.

Als die Häftlinge mittags in die Zellen zurückkommen, erkennen sie auf den ersten Blick, daß die Beamten auch hier nach dem Feindesgut gefahndet haben: Schränke stehen offen, Sachen sind hinausgeworfen worden, Betten sind durchwühlt. Doch die Flugblätter bleiben verborgen; zwischen den Setzkästen in der Stempelwerkstatt hat Heinz einen sicheren Aufbewahrungsort gefunden.

Waren zu dieser Zeit die Frauen schon im Zuchthaus? Jene weiblichen Gefangenen, die nach der Zerstörung des Amtsgerichtsgefängnisses Halle in den Roten Ochsen eingewiesen wurden? Oder kamen die erst später? Jeweils zu viert hausen sie in den Einzelzellen der unteren Geschosse und dürsten wie die Männer nach Zärtlichkeit und Liebe. Zwischen Paul und Helga, Fritz und Evchen werden Briefverhältnisse begründet. Aus den höher gelegenen Schlafsälen lassen die Männer an langen Fäden befestigte Liebesbriefe herab und erhalten als Gegengabe von den Frauen in selbstgenähte Beutelchen verpackte, vom Mund abgesparte Teile ihrer Brotration und die Liebesantwort auf Papier.

Je länger die Verbindung anhält, um so dringender, ja übermächtig wird das Bedürfnis beider Seiten, ein Bild von dem geliebten unbekannten Wesen zu gewinnen, und in den Briefen wird nun zunehmend gefragt, wie alt der andere sei und wie man sich sein Haar, die Augen, bei den Frauen vor allem Busen, Beine, ihren Körper vorzustellen habe. Wenn die Männer morgens zu ihren Arbeitsplätzen gehen, wispert es von Flurböden und Treppen, wo jetzt Frauen schrubben: «Bist du Karl?» – «Ist Otto hier dabei?» Und aus dem Trupp der Männer flüstert es zurück: «Wie heißt du, schöne Frau?» – «Eberhard läßt Gretel grüßen!» – und auch, was Männer sagen, die seit Jahren eine Frau entbehren. Zögers Braut heißt Gerda.

Anfang März beginnen im Westen jene militärischen Operationen, in deren Verlauf auch Halle eingenommen werden wird.

Am 7. stößt die Vorausabteilung einer amerikanischen Panzerdivision von Euskirchen auf den Rhein vor. Plötzlich sehen die Soldaten zwei wuchtige Türme aus geschwärzten Ziegeln vor sich liegen: die Brücke von Remagen – unzerstört, befahrbar! Gefolgt von Infanterieverbänden, setzen die Panzer auf die Ostseite des Flusses über und bilden bei Erpel bis hin nach Kasbach einen Brückenkopf. Vergeblich versuchen die Verteidiger, die Brücke jetzt noch in die Luft zu sprengen; wegen «verbrecherischer Nachlässigkeit» werden mehrere Wehrmachtsoffiziere auf Befehl von Hitler hingerichtet. Nach einigen Tagen stürzt die Brücke unter der Last der schweren, dicht aufgefahrenen Panzer ein.

Bei Honnef, Hönningen, Waldbreitbach, Königswinter treffen die Angreifer auf heftigen deutschen Widerstand, und erst nach zehn Tagen blutiger Kämpfe erreichen sie im Westerwald die Autobahn nach Köln. Vom Rhein, vom Westen her, rückt nun die Erste Amerikanische Armee auf Mitteldeutschland vor, und vom Süden, vom Main und von der Mosel, nähert sich die Dritte Amerikanische Armee. Die Männer im Roten Ochsen haben nur erfahren, daß Frankfurt und Köln gefallen sind.

Anfang April besetzen die Amerikaner Kassel und ziehen in Thüringen ein. Halle, Leipzig und andere noch nicht eingenommene Städte werden weiter bombardiert. Bei Fliegeralarm werden die Gefangenen jetzt nachts aus ihren Zellen und Schlafsälen in den Keller der Strafanstalt gebracht; tagsüber, besonders sonntags, müssen sie Bombenschäden beseitigen helfen. Bei einem der Luftangriffe wird ein Friedhof schwer getroffen. Zwischen geborstenen Grabsteinen stehen senkrecht aus der Erde herausgerissene Särge mit aufgesprungenen Deckeln. Auf dem Boden der Bombentrichter liegen Leichenteile. In einer Buchsbaumhecke hängen Knochen, halbverweste Schädel. Gestank beklemmt den Atem. Gleichermaßen von Grauen und Übelkeit geschüttelt, stehen die Gefangenen und Gefangenenwärter auf dem Acker. Sie kippen gemeinsam in winzige Schnapsgläser gefüllten Korn herunter und sorgen sich gemeinsam, wie sie die Toten wieder in das Erdreich bringen.

Heinz, mehr denn je auf den Zusammenhalt mit den Genossen angewiesen, wird jetzt noch von ihnen getrennt. In den frühen Morgenstunden des 11. April beginnt die «Evakuierung» von vierhundert Gefangenen. Schlag, Kotulla, Pisnik und andere erhalten den Befehl, ihre Sachen einzupacken und sich fertig für den Abtransport zu machen. Aufgeregt und angstvoll wird gefragt: «Wer soll bleiben?» – «Wer muß fort?» – «Nach welchen Maßstäben wird entschieden?»

Fort sollen offenbar die Ausländer und politische Häftlinge mit hohen Strafen, Langzeitgefangene. Aber wohin werden sie gebracht? Von Bayern ist die Rede, jedenfalls von Süddeutschland als Ziel. Das Schlimmste muß befürchtet werden. Hat es Kotulla nicht immer wieder prophezeit: «Am Ende werden wir noch umgebracht!»

Teils in abgetragenen Zivilanzügen, teils in schwarz-gelber Zuchthauskleidung, ziehen die vierhundert Häftlinge ein paar Stunden später zu Fuß vom Roten Ochsen bis zum Bahnhof, am Ende des Zuges zum Tod Verurteilte in Fesseln. Sie werden in offene Güterwagen verladen und sollen in das KZ Flossenbürg in Oberbayern kommen. Dem ortskundigen Kotulla und Pisnik gelingt es, im Kugelhagel der SS-Bewacher aus dem Güterwagen zu fliehen. Die anderen werden erst Anfang Mai in der Gegend von Pilsen von der Roten Armee aus den Waggons befreit.

Am 13. April erreichen amerikanische Panzer die Gegend um Halle. Tagelang kommen die Bewohner nicht aus ihren Kellern; entweder wird Flieger- oder Panzeralarm gegeben. Zwischen zerstörten Häusern und blühenden Mandelbäumen in den Vorgärten laufen mit Panzerfäusten bewaffnete Halbwüchsige umher, die sich dem «Werwolf» angeschlossen haben. Führerbilder werden verbrannt.

Auch im Roten Ochsen stellen sich Bewacher und Bewachte auf den amerikanischen Einmarsch ein. Da die Saalebrücken gesprengt worden sind, können Beamte, die in der Umgebung wohnen, nicht mehr in ihre Wohnungen zurück und schlafen nun im Roten Ochsen. Andere kommen nicht mehr zum Zuchthaus durch.

Ihre Kollegen verbergen Unruhe und Angst hinter lebhafter Geschäftigkeit. Wollen sie den anrückenden GIs ein Bild vorbildlicher Sauberkeit in einer deutschen Strafvollzugsanstalt vermitteln? Meinen sie, es gehöre sich, alles ordentlich zu übergeben? Die Werkstätten, wird befohlen, seien gründlich aufzuräumen; Zellen, Treppen, Flure müssen gefegt, geschrubbt, gewienert werden, als sei der Rote Ochse ein zum Verkauf anstehendes Hotel und Hochglanz erhöhe den Kaufpreis für den alten Kasten.

Und das Fallbeil? Der Henker kommt nicht mehr. Die Todeskandidaten sind «evakuiert»; die Todeszellen stehen leer. Heimlich bauen Wachtmeister und Kalfaktoren das Schafott ab, zerlegen es in Einzelteile und verstecken es.

In der Nacht zum 17. April zieht sich der Kommandant von Halle mit etwa sechshundert Soldaten, den Resten der Besatzung, aus der Stadt zurück. Halle wird kampflos übergeben.

Von all dem, was in den Tagen vor der Übergabe vor sich geht, erfahren die Gefangenen so gut wie nichts. Doch der Zuchthausalltag ändert sich entscheidend. Sie werden nicht mehr in die Werkstätten geführt. Auch zum Hofspaziergang wird nun nicht mehr aufgerufen. Untätig sitzen sie in ihren Zellen und warten, was geschehen wird. Jeder begreift, und alle versichern es sich immer wieder: nur noch Tage, und der Krieg ist aus. Das Merkwürdige ist nur, daß diese lang ersehnte Wendung, das mögliche Ende des Gefangenendaseins, mit dieser ungewohnten, ja fast geheimnisvollen Stille im Roten Ochsen so gar nicht übereinstimmt.

In der Gemeinschaftszelle im dritten Stock, in der auch Zöger lebt, sind die Milchglasfenster jetzt am Tage weit geöffnet. Der Aufsichtsbeamte übersieht das. Gefangene drängen sich davor, suchen Zeichen der Veränderung draußen. Manche meinen, in der Ferne Geschützlärm zu vernehmen. Stunden vergehen und Tage. Morgens Aufschluß, abends Einschluß. Nichts geschieht.

Plötzlich, eines Nachmittags, sehen die Späher in einer Grünanlage dem Zuchthaus gegenüber einen Trupp Soldaten lagern: Knaben und alte Männer, offenbar ein Volkssturmaufgebot, womöglich zur Verteidigung des Zuchthauses bestellt? Jedenfalls sind dies die einzigen Verteidiger der Saalestadt, die die Gefangenen zu Gesicht bekommen. Am nächsten Morgen – es muß der 17. April gewesen sein – sind die Volkssturmmänner weg. Es ist ein sonniger Frühlingstag. Die Gefangenen hocken auf den Betten, müde vom Grübeln und vom Warten.

Und dann geschieht es: Von dem zum Hof gelegenen Fenstern wird gerufen: «Seht doch! Kommt schnell!» Auf dem gepflasterten Zugang zum Zuchthaushof rollt ein schwerer Panzer, gekennzeichnet mit einem weißen Stern, langsam in die Mitte des riesigen Karrees, wendet, richtet sein Geschützrohr auf das Zuchthaus und bleibt stehen.

Nach Sekunden atemloser Stille bricht ein Höllenlärm im Zuchthaus los. In allen Zellen schlagen die Gefangenen die eisernen Fensterrahmen auf und zu und entbieten den Befreiern so ihren Willkommensgruß. Irgendwo wird die ‹*Internationale*› angestimmt. Rufen und Schreien: «Laßt uns raus! Der Krieg ist doch zu Ende!»

Ja, denkt Heinz, und er merkt, wie ihm die Tränen kommen, jetzt endlich ist der Krieg zu Ende.

SIEGER UND BESIEGTE

Diese beiden Deutschen, den Mann aus Leipzig und das Mädchen von der Insel Usedom, verbindet 1945 nichts. Die gehören nicht zusammen; das sind Feinde. Er zählt, so würde sie es sehen, zu den Siegern: Sie ist eine der Besiegten inmitten eines an der Straße lagernden Flüchtlingstrupps in Mecklenburg. Als ein britischer Panzer angefahren kommt, erhebt sie sich zusammen mit den anderen, folgt furchtsam den geflüsterten Kommandos einer alten Frau, die Arme hochzuheben und ein weißes Taschentuch zu schwenken. Entweder können die Insassen dieses Panzers den Trupp mit den hocherhobenen Händen und den verängstigten Gesichtern gar nicht sehen, oder er schert sie einfach nicht. Das ist der Augenblick, in dem Eka sich ergibt. Dies hier ist ihre Kapitulation; jedenfalls empfindet sie das so. Doch wird ihr in dem gleichen Augenblick, in dem der Panzer an dem Trupp vorbeirollt, bewußt, daß der Feind zu dieser Unterwerfungsgeste gar nicht aufgefordert, sie nicht einmal beachtet hat. Sie gerät in Widerstreit mit sich. Es dünkt sie, sich gedemütigt zu haben, sie meint, in ihrem Stolz verletzt zu sein, und möchte Schmerz empfinden. Aber wer hat ihren Stolz verletzt? Statt eines tragisch-schicksalschweren Augenblicks, wie sie ihn zu erleben meinte, muß sie sich eingestehen, daß die Szene etwas Lächerliches hat und ungeeignet für großartige Gefühle ist.

Etwa zu der gleichen Zeit, da Eka die Welt ihrer Kindheit und Jugend endgültig verläßt, macht Heinz sich auf, in seine Welt zurückzukehren. Während ihre Flucht beginnt, kommt er nach

Hause. Alles, was er hört und sieht, bestätigt ihn. Er lebt in Übereinstimmung mit sich und jetzt auch mit der Zeit. Sie ist aus der Bahn geworfen.

Doch während Eka sich Jahrzehnte später der Tage damals lebhaft zu erinnern weiß, sagt er bedauernd: «Weiß ich nicht mehr! Tut mir leid, hab ich vergessen!» und wirkt dabei wie einer, der die Begeisterung der befreiten kommunistischen Gefangenen, das Glück des Neuanfangs in eine Folie eingefroren hat und daran nestelt, ohne sie zu öffnen. Sein Gedächtnis sträubt sich, die längst verlorene Hoffnung, die Begeisterung der Stunde Null wiederaufleben zu lassen.

Nachdem der amerikanische Panzer in den Zuchthaushof gerollt ist, erscheinen die Beamten beim nächsten Aufschluß ohne Gummiknüppel, Koppelzeug und Waffen in Begleitung eines amerikanischen Soldaten und fragen in den Zellen und den Sälen nach Gefangenen, die Englisch sprechen können. Dies ist eine Frage, auf die der Opernsänger in Heinz Zögers Zelle, von der Gestapo wegen Homosexualität ins Zuchthaus eingeliefert, seit jenem Tag gewartet hat, an dem die Alliierten in der Normandie gelandet sind. Jede freie Minute hat er im letzten Jahr die Sprache der Befreier eingeübt. Als sei ihm die Titelpartie in einer Oper übertragen worden, so erregt, so glücklich folgt er den Wärtern und Soldaten.

Am nächsten Vormittag, es mag der 19. oder 20. April sein, werden alle Gefangenen in die große Werkstätte geführt. Ein höherer Offizier, gedolmetscht von dem Opernsänger, eröffnet den unruhigen, erwartungsvollen Männern, daß sie von nun an zwar nicht mehr Gefangene seien, doch vorläufig im Zuchthaus bleiben müßten. Jeder Fall werde so schnell wie möglich überprüft.

Frei im Zuchthaus – das bedeutet weiter abgeschlossen sein vom Leben, immer noch nicht wissen, was da draußen vor sich geht, unruhig-gespannt auf Zeichen der Veränderung wartend, unablässig fragend: «Was wird werden?» – «Werden auch wir entlassen?» rätseln die Kriminellen. Die Lebenslänglichen können die Ungewißheit kaum ertragen. Von den Beamten ist nichts zu erfahren: Die haben nichts mehr zu sagen. Seitdem die

Amerikaner die Hinrichtungsstätte und verscharrte Leichen verhungerter Gefangener gefunden haben, dürfen die Beamten das Zuchthaus nicht verlassen und werden abends eingeschlossen.

Untätig stehen die Häftlinge auf dem Hof in einzelnen Gruppen beieinander oder sitzen auf den Schemeln in den Zellen.

«Mensch, Junge! Nicht mehr hungern müssen! Und wenn es nur Kartoffeln sind – einmal so viel essen, bis du nicht mehr kannst!» Satt sein und nicht frieren gilt als Lebensglück.

Und endlich wieder einen Anzug tragen! Raus aus diesen dreckigen Klamotten! Um sich feinzumachen, schlagen sich manche ihr Handtuch um den dürren Hals. Und dann stehen sie herum, legen sich auf ihre Betten, die Arme unterm Kopf verschränkt, und träumen ...

Die Politischen hoffen, daß sie bald entlassen werden, fragen sich, wie sie nach Hause kommen sollen, und rechnen sich Tippelstrecken bis in ihre Heimatorte aus. Besonders die Männer aus den großen Städten sorgen sich, was in den letzten Kriegswochen noch geschehen sein könnte. Lebt die Familie? Ist die Wohnung heil geblieben?

Die ersten, die entlassen werden, sind frühere Soldaten, die zum Beispiel wegen Selbstverstümmelung oder unerlaubter Entfernung von der Truppe von deutschen Militärgerichten verurteilt worden sind. Danach werden die anderen Politischen überprüft.

Ein Beamter bringt Heinz morgens in eine der Entlassungszellen. Nach einigen Stunden kommt er in das Büro eines etwa vierzigjährigen deutschsprechenden amerikanischen Offiziers – offensichtlich ein Jurist, der durch Aktenprüfungen die Entlassungen vorbereitet. Also, ein Genosse ist das nicht. So distanziert und kühl, wie der da hinter seinem Schreibtisch sitzt – der hat etwas gegen Kommunisten. Auch gut, so kommt keine Rührung auf.

«Da, sehen Sie, was mit Ihnen geschehen sollte!» Der Offizier reicht das Zögersche Dossier hinüber: «Nach Strafverbüßung Zurückverweisung an die Gestapo.»

«Sie verstehen: KZ!» sagt der Offizier, und nach einer Pause: «Sie sind frei!»

In der Effektenkammer quittiert Heinz den letzten Arbeitslohn und bekommt noch Streit mit einem der Beamten, der aus irgendwelchen Gründen seine Armbanduhr zurückbehalten will. Als er endlich auf die Straße tritt, geht schon die Sonne unter.

Er trägt den Anzug und den Mantel, mit denen er verhaftet worden ist. In seiner Brieftasche liegt der kostbare Entlassungsschein, und in den Seitentaschen seines Mantels stecken ein Bündel Briefe sowie Zahnbürste, Brillenetui und Kamm. Mehr besitzt er nicht. Wo soll er jetzt noch hin? Ab 18 Uhr darf keiner mehr auf der Straße sein. Obwohl er sich noch im Roten Ochsen den Kopf zerbrochen hat, ist ihm nicht eingefallen, wo Kotulla wohnt. Doch hat er sich erinnert, daß der Kalfaktor aus der Druckerei, der Hallenser Schlag, mal erwähnt hat, in welcher Straße er zu Hause ist. Dorthin fragt er sich durch. Auf sein Klopfen öffnen die zwei jüngeren Schwestern Walter Schlags. Der Bruder ist noch nicht zu Hause, er hat zu denjenigen gehört, die noch auf Transport gekommen sind. Die Schlags sind eine alte kommunistische Familie; Heinz wird herzlich eingeladen dazubleiben.

Die Mädchen zaubern eine Flasche Nordhäuser Schnaps hervor und legen ihre letzten Zigaretten auf den Tisch – ein Genosse, der es überstanden hat: er soll gefeiert werden. Auch ein Grammophon und Platten sind im Haus – sie tanzen und lachen bis weit in die Nacht hinein.

Am nächsten Morgen macht sich eine der beiden Schwestern auf die Suche nach Kotulla. Sowohl hier in Halle als auch in Leipzig leben die Kommunisten bis zum Sommer, bis die Sowjets kommen, weiter illegal. Halten sich kaum in ihren Wohnungen, sondern in irgendwelchen geheimen Quartieren auf, und die Parteileitungen, die sich neu gebildet haben, verkehren nur über Mittelsmänner mit der Außenwelt.

Noch ist Krieg, noch wird in anderen Gegenden gekämpft. Es herrscht die amerikanische Besatzungsmacht. Und da, wo – wie in Leipzig – Kommunisten noch während des letzten Kriegsjahrs illegale Organisationen, zum Beispiel ein Nationalkomitee Freies Deutschland, gegründet haben, werden diese von den

Amerikanern gleich verboten. Doch würden die Kommunisten ohnedies wie Illegale konspirieren. In den vergangenen zwölf Jahren sind ihnen die Regeln der Konspiration so in Fleisch und Blut gedrungen, daß sie auch dann noch danach leben, als das nicht mehr nötig ist.

Auch Kotulla, der im März mit Pisnik auf dem Hallenser Bahnhof aus dem Gefangenentransport geflüchtet ist, hält sich nicht zu Hause, sondern irgendwo am Stadtrand in einer Bauernwirtschaft auf, und dort trifft ihn Zöger wieder.

Heinz möchte so schnell es geht zurück nach Leipzig. Aber es fahren keine Züge, es gibt keinen Post- und Telefonverkehr, an den Ausfahrtstraßen in der Stadt, überall stehen Sperren, die Amerikaner lassen niemand durch.

«Also, solange du hier in Halle bleiben mußt, kümmern wir uns um dich, gehörst du hier zu den Genossen.»

Kotulla bringt Heinz in das Büro der Opfer des Faschismus. Dort erhält er Lebensmittel sowie Zigaretten und wird aus noch vorhandenen Beständen eines Warenhauses neu eingekleidet.

Kotulla lädt ihn auch zu einem Schlachtfest ein, das aus KZs und Zuchthäusern entlassene Genossen am 1. Mai zusammen feiern. Sie löffeln Wurstsuppe und langen nach frischen Blut- und Leberwürsten. Über ein Jahrzehnt haben sie die alten Lieder von den Partisanen vom Amur und der Roten Flotte nicht gesungen, des kleinen Trompeters nicht gedacht, der aus Halle stammte und im Mitteldeutschen Aufstand fiel. Ein Schlachte- und ein Singefest soll das hier werden! Doch während in großen Schüsseln gebratene Koteletts hereingetragen werden, übergeben sich draußen schon die ersten. Ihre entwöhnten Mägen nehmen das fette Fleisch nicht auf. Einige winden sich in Magenkrämpfen, andere kommen nicht mehr vom Klo herunter. Sattessen wird zum Alptraum.

Kotulla nimmt Heinz in jenes Haus mit, in dem die illegale Leitung der Partei in Halle tagt. Heinz sieht Alois Pisnik wieder; die anderen Genossen kennt er nicht. Jedenfalls wird ihm aufgetragen, sich als Kurier zur illegalen Leitung der KP in Leipzig durchzuschlagen und dort einen Brief zu übergeben. Den Inhalt kennt er nicht.

Kotullas Tochter muß für den Parteiauftrag ihr Rad ausleihen, und an einem der ersten Maitage macht sich Heinz auf den Weg zurück in seine Heimatstadt. Von Radwanderungen in früheren Jahren ist ihm die weitere Umgebung Leipzigs sehr vertraut; Ortschaften und große Straßen meidend, fährt er auf Nebenwegen, über Felder und entlang an Waldesrändern. Die Landschaft wirkt wie ausgestorben.

Es ist ein sonniger, warmer Maientag. Zum erstenmal seit Jahren sieht er wieder moosbewachsenen Waldboden und das erste helle Grün der Buchen. Er genießt den Frieden der weiten Ebene um das Elstertal, und einen Augenblick kommt es ihm so vor, als sei der Krieg weit fort, auf einen anderen Stern gezogen. Nach einigen Stunden Fahrt erreicht er eine von einem Birkenwald begrenzte Wiese, stellt sein Rad an einen Baum und setzt sich zur Rast auf einen Stoß gefällter Stämme. Wie wohltuend es ist, inmitten der Natur, beschienen von der sanften Frühlingssonne, ganz für sich allein zu sein. Aus einer von den Schwestern Schlag geliehenen Aktentasche nimmt er das Päckchen mit Liesels und mit Mutters Briefen, und während er darin liest, überwältigt ihn die Erinnerung an die vergangenen zwölf Jahre. Von der Wiese kommen Gestalten auf ihn zu; die einen in Soldatenuniformen oder Sträflingskleidern, Frauen in groben Nesselschürzen mit grauen Tüchern um den Kopf – es sind seine Toten. Er sieht die unerfüllte Lebenssehnsucht in den Zügen des abgestürzten Bordfunkers, der so gerne Globetrotter werden wollte: Zusammen mit Karl Gehrke hat er den Beginn des Schreckens, den 30. Januar, erlebt. Er erkennt Kurt Gittel, der im Karzer an Entkräftung starb, an der schwärmerischen und zugleich verbissenen Gläubigkeit, die in seinem Gesicht geschrieben steht. So ernst und so gefaßt wie damals, kurz nach der Verkündung seines Todesurteils: Schulze, der Dresdner Maler. Durchgehalten? Ja. Erstarrt im Todesschrecken sind die Augen Steins und Thomas, hingerichtet in Plötzensee, ermordet im Steinbruch von Mauthausen. Überirdisch heiter wirkt das Antlitz des heldenhaften Schreiter, auch in Waldheim noch im Widerstand.

Und nun kommt Hans Trepte auf ihn zu, der große Bruder,

den er so geliebt hat, der Hilfsbereite, der durch seine Hilfsbereitschaft starb. Bei der Bergung eines schwerverletzten Kameraden ist er im Krieg gefallen; irgendwo in Frankreich liegt sein Grab. So fürsorglich und liebevoll, wie er in seinem Leben war, hält Hans Trepte Ella Messerschmidt im Arm und Martha, Ellas Freundin, die die Qualen der Gestapohaft nicht überlebte. Heinz erinnert sich des Briefes, den er bei sich trägt: Ella, jetzt bin ich so wie du Kurier. In den Augen des großen Bruders, dieses gütigen Menschenfreundes, durch den er Kommunist geworden ist, und in Ellas Augen bestehen zu können, bedeutet ihm noch immer viel. Das Utopia, von dem der ältere Bruder träumte, die revolutionäre Welt des Sozialismus, wird der jüngere, glaubt er, nun erleben. Doch ist er sich nicht sicher, wieviel von der Menschenliebe Treptes in diese Welt eingehen wird, und daß sie keine Heimstatt für die Güte werden wird, das weiß er eigentlich schon.

Herbert Bochow sieht genauso aus, wie ihn Heinz vom Völkel-Kreis her kennt. Wie damals trägt er die dunkle Manchesterhose und ein offenes Hemd und wirkt so jugendlich bezwingend wie zu jener Zeit, die schon so lange her zu sein scheint, doch sind es nur sechs Jahre. Ruhelos scheint Bochow den reglosen Heinz Zöger und die Toten zum Aufbruch zu drängen, sie ermutigen, anfeuern, mitreißen zu wollen. Seiner Unrast scheint der Tod nicht Herr zu werden.

Sich mit ihrem linken Arm auf die Schulter Trude Maßloffs stützend und das eine Bein nachziehend, so bewegt sich hinter allen anderen zuletzt Mouche Dreyer auf Heinz Zöger zu. Sie scheint von der Versammlung auf der Wiese Auskunft zu erheischen. Könnt ihr erklären, warum ich sterben mußte? Ich, Ursula Dreyer, von ihren Freunden Mouche genannt, Tochter eines Justizamtmanns in Zarrentin, mit Ideologien und Politik nicht sonderlich beschäftigt, dem Klavierspiel hingegeben, aus auf den Erfolg, auf Ovationen im Konzertsaal, neugierig auf das Leben, gesellig, zärtlichkeitsbedürftig, begeisterungsfähig und verträumt, liebeshungrig, viel zu jung zum Sterben. Die Gefahr nicht ahnend, festgenommen mit Bochow in Berlin, gestorben in der Untersuchungshaft.

Wo liegst du begraben, Mouche? Wer bringt Blumen auf dein Grab und sorgt für die Inschrift auf dem Stein? In welcher Wohnung steht ein Bild von dir?

Was wissen Dreißigjährige heute schon vom Tod? Die damals Dreißigjährigen lebten schon in jungen Jahren, wie sonst nur alte Menschen leben: in der Zwiesprache mit ihren Toten, die ihnen zuweilen näher als die Lebenden waren.

In wieviel Nächten und in wieviel Träumen hatte Heinz sich vorgestellt, wie es sein würde, wenn er eines Tages, wenn alles überstanden wäre, zurück nach Leipzig kommen würde! Jetzt radelt er, immer noch auf Nebenwegen, in die Stadt hinein. Hat er gehofft, zurück in seine alte Welt zu kommen? Die wird er vergeblich suchen. Drei schwere Luftangriffe haben die Innenstadt fast vollständig zerstört. Seine einstige Arbeitsstätte, das Druckerviertel um den Täubchenweg, liegt in Schutt und Asche, ebenso der Hauptbahnhof. Von der Johanniskirche steht nur noch der halbe Turm. An Mauerresten und den Türen zerstörter Häuser hängen Zettel, Mitteilungen an Familienangehörige und Freunde, wo die Menschen, die hier wohnten, jetzt zu finden sind, auch Suchanzeigen: Wo seid ihr geblieben? Und: Wer weiß, wo Vater ist?

Ist dies die Stätte seiner Jugend, in der er einst mit den Junggardisten von der Antifa, die Faust erhoben zum Rot-Front-Gruß, durch die Straßen zog und für den Rednerschutz von Teddy Thälmann sorgte? Heimliche Schießübungen – Anleitungen für den Barrikadenbau – Straßenschlachten – Vorbereitung auf die proletarische Revolution ... Jetzt fahren amerikanische Militärpatrouillen durch die Stadt. Auch die schwarzen Uniformen der Junggardisten, ihre Koppel, Bereitschaftsriemen und Lammfellmützen liegen unter den Trümmern dieser Stadt begraben. Nichts wird wieder so sein, wie es damals war.

Liesel wohnt, das weiß er, bei ihren Tanten im Stadtteil Lindenau. Als Heinz endlich vor dem Mietshaus steht, kommt er nicht hinein. Aus Angst, von herumziehenden früheren Zwangsarbeitern oder flüchtenden Soldaten überfallen und ausgeraubt zu werden, haben die Bewohner die Haustür von innen verrammelt und müssen die Balken erst entfernen, um ihn einzulassen.

Schluchzend liegen sich Heinz und Liesel in den Armen. Vier Jahre sind sie jetzt verheiratet, und nicht länger als vier Monate haben sie in dieser Zeit zusammengelebt. «Liesel, jetzt beginnt das Leben! Jetzt kommt unsere Zeit!»

Die Tanten, die ihn mehrere Jahre nicht gesehen haben, sind entsetzt, in welchem Zustand Heinz zurückgekommen ist. Sein kräftiger Körper ist durch die Haft ermattet, sein Gesicht ist fahl geworden, er ist am Ende seiner Kraft. Zwei Tage schläft er sich unter den dicken Plumeaus der Tanten richtig aus, dann hat er keine Ruhe mehr. Der Brief!

Wie Verbindung zu einem vertrauenswürdigen Genossen finden, der etwas über die Parteileitung in Leipzig weiß? Liesel hört sich um, doch die, bei denen sie nachfragt, meinen, es sei schwer, auch nur einen Anhaltspunkt zu finden. Schließlich stellt ein Genosse, bei dem die Eltern Bosse ein Notquartier gefunden haben, die Verbindung zu Kurt Kühn her. Der scheint was zu wissen. Kühn lädt Heinz nach Hause ein, fragt ihn aus, geht weg, kommt wieder: «Na, denn komm mal mit, Genosse!» An einer Straßenecke stoßen sie wie zufällig auf Helmut Holzhauer, den Heinz schon aus der Zeit vor 1933 kennt und der einige Jahre später Vorsitzender der Kunstkommission der DDR sein wird. Holzhauer bittet, ihm den Brief zu übergeben: «Der kommt dahin, wo er hinkommen soll.»

Nachdem Heinz seinen ersten Parteiauftrag erledigt hat und bevor er noch einmal als Kurier nach Halle radelt, fährt er mit der Straßenbahn nach Sellerhausen. In der Bülowstraße drückt die vor Kummer alt gewordene Minna Zöger ihren Jungen an sich. Drei Jahre später ist sie tot. Als ihr Adoptivsohn so alt sein wird wie seine Mutter damals, wird ihm leid tun, daß er nicht freundlicher und nie liebevoll zu dieser Frau gewesen ist.

Am späten Abend des 28. April 1945 ruft der Generaloberst Heinrici bei Generalfeldmarschall Keitel an, um die Genehmigung zur Räumung Swinemündes zu erlangen. Keitel weigert sich; dem Führer sei nicht zuzumuten, den letzten Stützpunkt an der Oder aufzugeben. Nach einem heftigen Wortgefecht setzt Keitel den Generalobersten Heinrici ab. Zwei Tage später, als die Inseln Usedom-Wollin schon von jeder Verbindung mit dem Festland abgeschnitten sind, kann Keitel die Räumung über See nicht mehr verweigern. Dies berichten die Historiker.

Während zahlreiche Swinemünder auf Schiffen der Marine ihre Heimatstadt verlassen, flüchten Ella Assmus, Eka und ihr Vetter Hans über Land. Der Vetter trägt noch seine Uniform von der Nationalpolitischen Erziehungsanstalt, und als sie ihre mit Rucksäcken und Koffern beladenen beiden Handwagen die Lindenstraße entlang zum Bahnhof ziehen, ruft ihnen ein Mann entgegen: «Die Hundertfünfzigprozentigen hauen als erste ab!»

In den ersten beiden Tagen geht alles noch ganz gut. Sie kommen bis Stralsund, können bei Verwandten übernachten und setzen dann die Flucht in Richtung Westen fort.

Bloß nicht den Russen in die Hände fallen!

Nach stundenlangem Warten auf dem mit Menschen überfüllten Bahnhof Stralsund kommt ein Güterzug. In mit Stroh ausgelegten Wagen liegen schwerverletzte Soldaten, darunter kroatische Hiwis, Hilfsfreiwillige der Deutschen. Einige angehängte Personenwagen sind mit Offizieren sowie flüchtenden Frauen und Kindern voll belegt. Hans entdeckt jedoch ein leeres Bremserhäuschen, und die drei entschließen sich, die Handwagen stehenzulassen und sich samt Gepäck in dieses Bremserhäuschen hineinzuzwängen.

Es wird Mittag, bis der Zug weiterfährt. Immer wieder hält er stundenlang auf offener Strecke oder fährt so langsam, daß einer bequem daneben hergehen kann. Bewegt er sich ein Stückchen, sprüht die Lokomotive Braunkohlenfunken. Steht er still, dringt aus den Waggons das Stöhnen der Schwerverwundeten. Ihre Kameraden mit den leichteren Verletzungen wandern immer wieder den Zug entlang bis zu dem Wagen mit dem Proviant, in dem man durch die offenen Türen Würste und Speckseiten hängen sieht, und auf dem Boden stehen Säcke – wer weiß, vielleicht mit Zucker, Mehl und Erbsen. Wütend verlangen die hungrigen Männer nach etwas Eßbarem und machen Anstalten, den Wagen zu stürmen. Doch ein Feldwebel mit gezogener Pistole droht jeden zu erschießen, der zu nahe kommt. Unter einem Waggon versteckt hockt ein älterer Soldat, der sich, schwer an Durchfall leidend, Kot mit dem Löffel aus der Hose kratzt. Mitleidig wendet sich der Vetter ab. «Unsere stolze Wehrmacht in der Scheiße», sagt er traurig.

Am nächsten Vormittag bleibt der Zug in der Rostocker Bahnhofseinfahrt stehen. Es ist der 1. Mai. Die drei im Bremserhäuschen meinen, daß es an der Zeit sei, sich von Abzeichen, Ausweisen und einigen Papieren zu trennen. Ohne Gemütsbewegung reißt Eka ihren HJ-Ausweis in kleine Stücke und Hans irgendein Papier, das ihn als Jungmann der NAPOLA ausweist. Zusammen mit braunen und weißen Schnipseln fliegt Mutters blaues Band heraus, das zu einem Orden für treue Dienste an der Heimatfront gehört.

«Seht mal, Kinder, da drüben auf der Straße!» ruft die Mutter. «Oh, die vielen Panzer! Das ist gewiß ein deutscher Gegenschlag!» Gleich darauf erkennt auch sie, daß Menschen panikartig von der Straße in die Felder fliehen. Der Zug ruckt an. Maschinengewehrgeknatter. Der Zug bleibt stehen. «Die Lokomotive ist getroffen!» ruft aufgeregt ein Mann und ein anderer: «Die Russen kommen!»

Hastig klettern die Ahlbecker aus ihrem Häuschen und suchen Deckung hinter Zug und Bahndamm. Jeder, der sich fortbewegen kann, springt jetzt aus dem Wagen. Kinder schreien, ein alter Mann rutscht auf den Schottersteinen aus. Zwei beleibte Luftwaffenoffiziere, die er um Hilfe bittet, eilen wortlos an dem Mann vorbei. Ein Stückchen weiter setzen sie ihre schweren Koffer ab, um zitternd ihre Rangabzeichen zu entfernen. «Ich schäme mich für Sie», schreit ihnen der Vetter nach.

Ella Assmus besteht darauf, daß sie aus dem Bremserhäuschen wenigstens jene Tasche retten kann, in der sie die Sparbücher verwahrt. Auch einen selbstgenähten roten Rucksack mit Proviant zerren sie noch heraus. Nicht weit entfernt schlagen immer noch Geschosse ein.

«Junge, willst du, daß die Russen dich in dieser Uniform gefangennehmen?» schreit die Tante. «Schmeiß doch endlich diesen Mantel fort!»

Auf den Bahndamm fliegt ein Jungmann-Ausgehmantel; Hans setzt die Flucht in einem viel zu großen Anzug seines Vaters fort.

In Feuerpausen springen die Menschen aus ihrer Deckung hinterm Bahndamm und laufen über die Felder, um dem Bahngelände zu entfliehen. Eine Frau mit einem vor wenigen Tagen gefundenen Baby auf dem Arm wirft ihren letzten Koffer weg, um sich und das Kind zu retten. Ein Soldat weist mit ausgestrecktem Arm auf eine Straße, die um die Stadt herum nach Westen führen soll. Ein anderer will wissen, daß in Ludwigslust die Amis seien. Alle wollen nun nach Ludwigslust.

Bloß weg von den Russen!

Nur mit einem Rucksack und der Tasche kommen die drei schnell voran. Mutter meint, es sei am klügsten, sich Soldaten anzuschließen, um in Gefahr nicht ohne Schutz zu sein. Aber alle Versuche, sich wo anzuhängen oder gar auf einem Pferdewagen mitgenommen zu werden, scheitern. Am Nachmittag kommt ihnen ein Lastwagen mit Pimpfen entgegen, die Panzerfäuste in den Händen tragen und irgendwelche Hitlerlieder singen. Die Ahlbecker sind begeistert und winken ihnen lange nach. Die Leute in den Dörfern sagen, links und rechts und rundherum seien schon die Russen.

Gegen Abend klopfen die drei an ein Hoftor und bitten dort um etwas Brot. Offenbar haben sie kein Glück, jemand schließt das Tor gleich wieder. Doch als sie sich schon abwenden wollen, wird ihnen durch einen Spalt ein Stückchen Brot hinausgereicht. Dafür, daß sie das noch nie gemacht haben, schnorren sie schon ganz gut. Später schenkt ihnen ein Bauer einen Apfel und erlaubt, daß sie in seiner Scheune übernachten.

Während der Nacht werden sie durch das Knarren des Scheunentors geweckt. Was denn? Kommen die Russen? Nein, Russen sind das nicht, die sich erschöpft ins Stroh fallen lassen. Doch so, wie die reden, können das auch nicht Deutsche sein. Im Schein von Taschenlampen stellt der Vetter fest, daß sie von holländischen SS-Freiwilligen umgeben sind. Um Gottes willen! Wenn die Russen sie hier inmitten der SS entdecken! An Schlaf ist nun nicht mehr zu denken. In der Ferne bullern dumpf Kanonen, nicht weit weg wird stoßweise geschossen. Ein Soldat dicht neben ihr im Stroh tastet Eka wortlos das Gesicht ab, knöpft den Mantel und das Kleid auf und streichelt ihre Brüste. Vielleicht leben wir beide morgen schon nicht mehr, denkt das Mädchen. Vorher noch Männerhände auf der Haut zu spüren, das ist schön. Als die Sonne aufgeht, schleichen sich die drei hastig aus der Scheune. Nur weg von hier und weiter!

Sie mögen wohl zwei, drei Stunden wieder unterwegs gewesen sein, da holen sie zwei Soldaten ein:

«Der Führer ist gefallen!»

«Was?»

«Ja, gestern abend hat es der Sender Hamburg durchgegeben! Gefallen im Kampf um Berlin und die Reichskanzlei!»

Dem Vetter stürzen Tränen aus den Augen, und er murmelt etwas wie: Leben keinen Sinn mehr, alles aus ... Eka bleibt erstaunlich kühl. Obwohl sie von dem Selbstmord Hitlers erst in den nächsten Tagen hören wird, ist ihr doch schon klar, daß dieser «Gefallene» nicht mehr leben wollte. Also hat er sich davongestohlen, denkt sie und: So etwas tut man nicht. Zu weiteren Emotionen fehlt ihr auf diesem Fluchtstück Kraft.

Ella Assmus nestelt aus der Manteltasche eine Schachtel Zigaretten, reicht sie den beiden Männern und fragt, ob sie sich nicht mit ihnen dreien zusammentun wollten. Die Männer nehmen die Zigaretten und machen sich davon.

Eka juckt der Kopf, sie hat irgendwo Läuse aufgelesen. Dem Vetter kneift der Magen. Er hat am Vortag aus einem Garten rohen Rhabarber ausgerissen und in Zucker aus dem roten Rucksack eingetippt. Jetzt rennt er in ein offenstehendes Haus, um ein Klo zu finden, und ruft ein wenig später auch seine Tante und Cousine rein. In einem verlassenen Büroraum liegen Stapel mit Lebensmittelkarten für den Monat Mai. Ob die noch gültig sind? Hans stopft sich die bunten Karten als Abwischpapier für seinen Durchfall in die Tasche, und dann ziehen sie weiter. Die Straße steigt leicht an, und als sie den höchsten Punkt erreichen, sehen sie in der Frühlingssonne die Stadt Wismar mit ihren braunroten gotischen Backsteinkirchen vor sich liegen: den Turm der Marienkirche, den merkwürdigen Turmstumpf der

Georgenkirche und Sankt Nicolai. Wer wird in Wismar sein? Amis? Russen? Oder wer?

Am Stadtrand sind die Russen. Sie haben die Landstraße, die in die Stadt hineinführt, durch einen Schlagbaum gesperrt. Manche Flüchtlinge dürfen passieren, andere wieder nicht. Neben dem Schlagbaum stehen bedrohlich große Tanks. Ihre Besatzungen mit schwarzen Lederhauben auf den Köpfen rasten im Straßengraben und haben sich zum Essenkochen ein Feuerchen gemacht. Was tun? Sich seitwärts in die Felder schlagen und versuchen, irgendwo unkontrolliert in die Stadt hineinzukommen? Doch was geschieht, wenn die Russen sie dabei entdecken? Herzklopfend nähern sich die drei der Sperre und folgen dichtauf mehreren Flüchtlingstrecks. Im Graben erhebt sich ein Soldat, kommt auf sie zu – dem Vetter bricht der Angstschweiß aus, doch sie kommen zusammen mit den Wagen durch.

In der Nähe marschiert eine Kolonne alter Volkssturmmänner, bewacht von sowjetischen Soldaten, von denen einer auf dem Motorrad die Gefangenen umkreist. Doch immer wieder springen einzelne Männer schnell zur Seite und laufen wie die Hasen hakenschlagend durch Vor- und Schrebergärten fort.

Die drei wandern nun in die Stadt hinein. Sind sie durch ein altes Stadttor zu den prächtigen Renaissancebauten der alten Hansestadt gekommen und an mittelalterlichen Giebelreihen entlanggegangen? Eka erinnert sich nur, daß Bettlaken aus Fenstern hingen, daß weggeworfene Gewehre, Stahlhelme und anderes militärisches Zeug auf der Straße und im Rinnstein lagen und die ganze Stadt aufregend und aufgeregt, belebt wie eine Karawanserei von riesigem Ausmaß wirkte. Eine Gruppe befreiter französischer Kriegsgefangener, die Trikolore schwenkend, zieht vorüber. Amerikaner, ebenfalls aus der Gefangenschaft befreit, tragen die Stars and Stripes auf ihren Rücken, und an Straßenbäumen hängen aus Zeitungen ausgeschnittene Fotos des an den Beinen aufgehängten Duce und seiner Geliebten. Einige Tage später wird ebenfalls an einem solchen Straßenbaum eine Landkarte in Postkartengröße mit neuen Grenzen hängen. Erstaunt wird Eka registrieren, daß die Inseln Usedom-Wollin darauf den Schweden zugeschlagen worden sind.

Jetzt treffen die Ahlbecker auf einen Soldaten im braunen Affenjäckchen und mit weinrotem Barett, der an einige junge Polen Kekse verteilt. Hans wird vorgeschickt, um zu ergründen, ob ein Soldat mit einer roten Mütze etwas anderes als ein *Iwan* sein kann. «Royal Canadian Parachutes» steht auf dem Stoffschildchen am Arm. Der Kekse verteilende Soldat ist einer jener Fallschirmjäger, die am gleichen Tag zusammen mit britischen Truppen in Wismar eingezogen sind. Ein Kanadier, ein späterer Landsmann des vor ihm stehenden Jungen, der den Soldaten gut zehn Jahre später als Auswanderer aus Deutschland in seiner Liebe zu der neuen Heimat sicherlich weit übertreffen wird. Doch jetzt, an diesem 2. Mai, ruft der Junge erst einmal erleichtert: «Tante Ella, wir haben es geschafft! Hier in der Stadt sind die Kanadier!»

Zusammen mit anderen Flüchtlingen finden die Ahlbecker auf dem Heuboden einer Wismarer Schweinemästerei eine Schlafgelegenheit. Wem das Anwesen gehört und wer es bisher verwaltet hat, weiß keiner; die Flüchtlinge und die Schweine sind sich allein überlassen. Auf dem Hof stehen Bauernwagen mit hohen, von Planen und Teppichen überdeckten Holzgestellen. Die robusten ostpreußischen und pommerischen Bauersfrauen, die auf dem Hof das Sagen haben, schlafen mit ihren Kindern nachts auf Matratzen oder Stroh im Wageninnern, und tagsüber kochen und waschen sie in mitgebrachten Töpfen über kleinen, von Ziegelsteinen abgegrenzten Feuerstellen.

Ab und an kommen Soldaten auf den Hof, ein betrunkener Kanadier, der mit seiner Pistole fuchtelt, Rotarmisten, die mit dem Jeep rumsausen – dann verstecken sich die Frauen schnell. Doch nachts steigen manchmal befreite amerikanische GIs die Leiter zum Heuboden hinauf und stecken entsetzten Frauen gewaltsam ihren Penis in den Mund.

Mitunter fragen sich die drei inmitten all des Trubels, wie das alles geschehen konnte und was nun werden soll. Für Ella Assmus sind schlechte Berater in der Umgebung des Führers, Männer wie der versoffene Ley und dieser Streicher, der alles übertreiben mußte, an dem Ende schuld, und sie bleibt dabei, daß Hitler viel von dem, was nicht gut gewesen sei, überhaupt nicht wußte. Der Gedanke an Mitschuld kommt nicht auf. Der vierzehnjährige Junge hört stumm zu.

Eka ist in ihren Gefühlen hin und her gerissen. Sie möchte gerne treu sein und weiß nicht mehr, was das bedeutet. In Erinnerung an den großen Preußenkönig und die Kolonistensippe war sie immer überzeugt gewesen, es käme darauf an, Reich, Volk und Führer treu zu dienen – und «im Unglück nun erst recht». Aber warum waren preußische Offiziere, Männer mit Namen, die im Hause Schwandt hochgehalten und verehrt worden waren, denn nicht treu geblieben? Wollten sie etwas anderem als dem Führer Treue halten? Und was war das? Der 20. Juli 1944 hatte Eka und ihre Mutter nachhaltig verwirrt. Dann wieder fragt sie sich, ob eigentlich der Führer, von dessen Selbstmord sie nun weiß, treu geblieben ist.

Gleichzeitig mit dem Schmerz um jählings brüchige Tugenden und Werte spürt die erstaunte Eka, wie sich ihrer der kühle Geschäftssinn Ahlbecker Fischerfrauen bemächtigt, und sie beginnt, die Rechnung aufzumachen. Erinnert sich an das Versprechen auf hohe Rendite bei Einbringung des gesamten Kapitals, auf Macht und dauernden Einfluß bis zum Nordpol und nach Afrika. Die halbe Welt sollte den Gläubigern gehören. Und nun? Die Firma ist bankrott. Ihr Gründer hat sich davongemacht und sie im Dreck zurückgelassen. So hat sie nicht gespielt! Das war nicht die Geschäftsgrundlage! Unvermittelt verwandelt sich Trauer in Zynismus, die Ausdrucksform von Betrogenen und Hoffnungslosen.

Dann wieder scheint dem Mädchen auf dem Schweineboden alles gleichgültig zu sein. Nur das Nächstliegende ist wichtig: etwas zu essen finden, irgendwo auch ein paar Strümpfe, eine Bleibe ... sich durchschlagen, nicht aufgeben, überleben ... Man müßte einen englischen Soldaten angeln und mit ihm nach England gehen ...

Jetzt, da das Gehäuse, in dem sie und die meisten Deutschen bisher lebten, von außen gewaltsam aufgebrochen worden ist, erscheint ihr, plötzlich freigesetzt, die Welt neu und seltsam offen. Wieder erwacht ihre Abenteuerlust. Sie erleichtert ihr die

Flucht. Der Gedanke, endlich von zu Hause weg in «die Welt» zu kommen, macht fast glücklich. Inmitten des Schlamassels bleibt sie neugierig auf das Leben, wie es Menschen ihres Alters sind.

Gibt es irgendwo noch Sicherheit für diese drei? O ja, es gibt ihre Liebe zueinander. Diese Zuflucht, wissen sie, ist ihnen geblieben.

Aufgeschreckt fährt Eka aus dem Stroh.

«Was ist los, mein Mädchen?»

«Mutti, merkst du nichts? Unter uns – die Schweine schreien nicht mehr! Plötzlich sind sie ruhig!»

Wie ist das denn möglich? Die Schweine schreien, seit sie hier oben liegen. Als sie zusammen mit anderen von der Ruhe aufgeschreckten Flüchtlingen die Leiter hinunter in die Ställe steigen, sehen sie die Schweine zufrieden in den Trögen schmatzen. Der Vetter hat die Tiere mit irgendwo aufgetriebenem Fischmehl gefüttert. Wenn ihn zwanzig Jahre später seine Kinder fragen, wann er mit der Schweinezucht begonnen habe – denn in seinen Schweineställen stehen siebenhundert Eber, Sauen und Ferkel –, erzählt er von den Maitagen 1945 in einer Stadt, die Wismar heißt.

Manchmal träumt Eka in der Schweinemästerei vom Frieden. Wenn sie verlaust und nackt unter der gestohlenen Decke liegt, weil Mutter ihre Wäsche und das einzige Kleid in einem ausgeliehenen Topf zu reinigen versucht, dann stellt sie sich vor, wie Frieden ist. Die Schleppe einer türkisfarbenen Robe raffend, am Arm eines befrackten Kavaliers erscheint sie auf dem Opernball. Ein Strauß-Walzer erklingt ... Darf ich bitten, gnädige Frau! sagt der Kavalier, und sie wiegen sich im Walzerschritt, wandeln Sekt schlürfend und charmant parlierend zwischen rotem Samt und unter funkelnden Lüstern aus Kristall. Leise schlägt sie ihren bemalten Fächer auf eine der goldenen Balustraden. Alle Ballbesucher schauen bewundernd auf die Schöne in dem türkisfarbenen Abendkleid.

Hat sie sich später ihren Friedenstraum erfüllt und in türkisfarbener Robe auf dem Opernball getanzt? Dazu ist sie viel zu klug, ihre Träume läßt sie nicht zerstören, auf Bälle geht sie nicht.

Um vom Heuboden und den Schweinen wegzukommen, gehen Hans und Eka täglich in die Stadt und fragen von Haus zu Haus, an jeder Wohnungstür nach einer Bleibe. Eines Abends haben sie Erfolg. Ein großer hagerer Mann, so um die Vierzig, nimmt sie und Mutter auf. Aus Dankbarkeit wollen sie sich nützlich machen. Eka und der Vetter kaufen ein, und zwar mit jenen Lebensmittelkarten, die Hans als Notbehelf für seinen Durchfall mitgenommen hat, und sie besorgen an Stelle der zerrissenen und verlorenen Papiere auf dem Rathaus neue. Um die Amtsstuben zu betreten, muß der Besucher über vor den Rathaustüren ausgelegte und mit Stahlhelmen befestigte Hakenkreuzfahnen gehen. Doch diese beiden springen in langen Sätzen um die Fahnen herum und sind enttäuscht, daß niemand sie bestraft. Britische oder kanadische Soldaten, die, obgleich ihnen das verboten ist, mit Eka gern ein bißchen flirten würden, werden mit grobschlächtigem «go on» vertrieben. Das Mädchen hält das für die stolze Haltung von Besiegten. Abends, in der neuen Wohnung, nickt der Wirt wohlgefällig, wenn sie das erzählen; er selber geht so gut wie gar nicht aus dem Haus. Inmitten der Katastrophe legt er Wert darauf, zur Vermeidung von Wasserstein, den Wasserkessel bis zum Rand zu füllen, und hält seine Gäste an, jeden ihrer abgewetzten Schuhe dreißigmal zu wichsen. Auf dem Flur, vor der Etagentür, steht eine Axt.

Eines Tages kommt Mutter der Gedanke, im Balkonkasten Petersilie zu pflanzen. In der Blumenerde grabend, stößt sie auf Uniformspiegel und Achselstücke. «Mensch, SS!» murmelt Hans. Der Gastgeber, stellt sich heraus, war ein Gestapomann in Wismar. Wenn er abgeholt werden wird, sollen sich die drei um seine Wohnung kümmern.

Wieder sind sie unter die SS gefallen. Während andere endlich befreit von der Gestapo sind, haben sie, die Nazis, sie nun auf dem Hals. Wieder haben sie Angst, für andere mitverantwortlich gemacht zu werden. Wieder beschließen sie, sich aus dem Staub zu machen.

Als der Vetter auf einem Gutshof außerhalb der Stadt Arbeit

und auch eine leerstehende Baracke findet, in der sie wohnen können, packen sie wieder ihren Rucksack und lassen den unheimlichen Gastgeber allein.

In der zweiten Junihälfte mehren sich die Gerüchte, die Briten und Kanadier würden Wismar wieder räumen, und die Russen kämen. Wird das irgendwann offiziell bekanntgemacht? Jedenfalls müssen die drei erfahren haben, daß Menschen, die nicht in der Stadt bleiben wollen, mit Hilfe der britischen Besatzungsmacht nach Westdeutschland befördert werden. An einem der letzten Junitage besteigen sie einen Lastwagen, der nach Göttingen fährt. Von dort aus wollen sie sich weiter nach Thüringen durchschlagen.

Bloß weg von den Russen!

Schon bald nach dem Einmarsch der Amerikaner fordert die neugegründete Leipziger Unterbezirksleitung der noch illegalen KPD alle Kommunisten auf, so schnell wie möglich Stadtteilleitungen, Parteiaktivs in wiedereröffneten Betrieben und als Kaderkerne späterer Massenorganisationen sogenannte Fünfergruppen zu bilden. Da die Partei noch im Untergrund agieren muß, verbirgt sie ihre Aktivitäten hinter allen möglichen von ihr gegründeten karitativen Komitees für Opfer des Faschismus, Häftlinge aus Buchenwald und zur Beratung Leipziger Antinazis.

Jenen Weisungen entsprechend, die die aus der Moskauer Emigration nach Berlin zurückgekehrte Gruppe Ulbricht mitgebracht hat, gründen die Leipziger Kommunisten Ende Mai einen von den Amerikanern geduldeten und von ihrem früheren Vorsitzenden Fritz Selbmann geleiteten Antifaschistischen Block, für den sie auch Sozialdemokraten, bürgerliche Demokraten, Arbeiter sowie Handwerker und Hausfrauen, Pastoren und Professoren gewinnen, denn es überzeugt ja alle, daß man jetzt zusammenstehen muß. Doch die Politik des Blocks bestimmen die Kommunisten ganz allein.

Heinz wird dem Arbeitsgebiet Nordwest des Antifaschistischen Blocks zugeteilt, dessen Vorsitzender zugleich die illegale Parteiorganisation in diesem Stadtteil leitet. Das entspricht der

Praxis, unter dem Deckmantel des Blocks die KPD neu aufzubauen. In geheimen Zusammenkünften werden die kommunistischen Parteimitglieder informiert, was sie im Block zu tun haben und worauf sie achten müssen: besonders wichtig ist natürlich der Partei, daß in möglichst viele Schlüsselstellungen der Behörden Menschen ihres Vertrauens kommen. Doch werden Forderungen sowie auch Personalvorschläge der Kommunisten stets als Blockbeschlüsse ausgegeben.

Heinz ist in den ersten Wochen nach seiner Rückkehr voll damit beschäftigt, am Lindenauer Markt ein Büro des Blocks einzurichten. In früheren NSDAP- und NS-Dienststellen requiriert er Möbel, Büromaterial und Schreibmaschinen, und es gelingt ihm, Graphiker zu überreden, Plakate mit Aufschriften wie «Alle Kräfte für den Neuaufbau» zu malen.

Eines Tages begegnet Heinz einem seiner früheren Kollegen von der Firma August Priess GmbH. Zusammen mit einigen anderen hat er aus den Trümmern der zerbombten Druckerei alles das herausgebuddelt, was noch brauchbar ist, und eine kleine Druckerei-Genossenschaft gegründet. Wäre das etwas für Heinz? Der winkt ab; der träumt immer noch den Traum in den Räumen der Drogistenzeitung. Bei alten Genossen fragt Heinz an, wer wohl Werke von Karl Marx und Lenin über die Nazizeit gerettet habe. Wie einst als Junge sitzt er abends und studiert bei Kerzenschein, denn der Strom wird oft gesperrt, Marx/Engels' *‹Die heilige Familie›* oder Lenins *‹Staat und Revolution›* und meint, daß es keine bessere Vorbereitung als diese auf den Journalismus gebe. Ein Jahr später wird er in Leipzig Redakteur beim Mitteldeutschen Rundfunk sein.

Zwar bekommen er und Liesel als OdF, als Opfer des Faschismus, zusätzlich zu ihren Lebensmittelkarten mal eine Tüte Erbsen oder Hirse, aber zum Sattwerden reicht das nicht. Auf Karten gibt es 50 g Fett und 100 g Fleisch pro Woche. So wie viele andere Leipziger fahren auch sie zum Hamstern über Land. Am schwierigsten erweist sich, eine Wohnung zu bekommen. Doch mag das Leben auch anstrengend und voller Widrigkeiten sein – für die beiden ist der Neuanfang beglükkend.

Im Lauf des Juni kündigt sich in Leipzig ähnlich wie in Wismar die entscheidende Veränderung an. Die Amerikaner, heißt es, ziehen wieder ab, und es kommen die Russen. Auch Liesels Bruder zieht mit ab. Sein Professor, bei dem er während des Krieges das Studium der Chemie begonnen habe, so erklärt er, sei entschlossen, nach Westdeutschland zu gehen, und da die Amerikaner für alle in der Stadt, die vor dem Russeneinmarsch weggehen wollten, Lastwagen zur Verfügung stellten, die sie in die US-Besatzungszone brächten, wolle auch er die Möglichkeit benutzen wegzugehen. Die Schwester und der Schwager sind davon nicht sonderlich berührt. Sie haben Verständnis für den Wunsch des jungen Mannes, sich seinem Lehrer anzuschließen, und sie sind überzeugt, daß man sich nach einiger Zeit besuchen kann. Noch gelten auch für Kommunisten, jedenfalls für solche wie die Zögers, die Amerikaner nicht als US-Imperialisten und Weltfeind Nr. 1, sondern als Befreier. Noch denkt niemand an die Teilung.

Am 2. Juli kommen die Freunde, wie man sie unter Kommunisten nennt. Der Antifaschistische Block hat Plakate mit der Aufschrift «Wir grüßen die Rote Armee» in der Stadt anbringen lassen; besonders für die KPD-Mitglieder ist dies ein großer Tag. Nun werden sie den Befreiern vom Faschismus, die dafür die schwersten Opfer bringen mußten, endlich ihren Dank abstatten können! Nun werden sie die ruhmreichen Repräsentanten des Vaterlandes der Werktätigen, jene neuen sozialistischen Menschen erleben, über die sie vor 1933 so viel Wunderbares erfahren haben! Und nun werden die Leipziger Bürger durch eigene Erfahrung überzeugt werden können, wie verlogen das Nazibild vom Sowjetmenschen war!

Zusammen mit anderen Genossen stehen auch Heinz und Liesel mit am Straßenrand, als die sowjetischen Streitkräfte in die Stadt einziehen. Hinter den Fußtruppen traben Panjepferdchen, die kümmerliche Karren und mit Säcken beladene kleine Wagen ziehen. Fast vermag man sich nicht vorzustellen, daß die Freunde mit diesen alten Waffen, die sie mit sich führen, mit Panjepferdchen und Panzerwagen, die noch aus dem Ersten Weltkrieg stammen könnten, ihre großen Siege errungen haben. Von den sagenumwobenen neuen Panzern, den T 34, scheint keiner in Leipzig stationiert zu werden.

Noch während des Einmarsches beobachten die Zögers, wie ein sowjetischer Soldat auf ein Mädchen von vielleicht sechzehn Jahren zuläuft, um ihr das Fahrrad wegzunehmen. Ängstlich hält es die Lenkstange umfaßt, während der Rotarmist sie ihr entwinden will. Als sich Leute nähern, verdrückt er sich. Andere Bürger haben weniger Glück; die Freunde sind sowohl auf Räder wie auf Uhren aus.

Zögers und auch anderen Kommunisten ist das peinlich. Sie wissen, in wieviel Köpfen die von den Nazis genährte Vorstellung vom Russenschreck noch nistet, und fürchten, daß diese Vorstellungen durch solches Verhalten Nahrung finden. «Da haben wir das Pech gehabt, auch ein paar Dutzend sibirische Hinterwäldler in die Stadt bekommen zu haben», sagen sie sich, fügen jedoch sogleich hinzu, daß man ja schließlich nicht vergessen dürfe, wie die Deutschen «in der SU» gewütet haben. Da kann man schon Verständnis dafür haben, wenn ein Rotarmist, dessen Dorf vielleicht von Deutschen abgebrannt worden ist, irgend jemand ein Fahrrad oder eine Uhr abnehmen will.

Als Heinz hört, daß ein Rotarmist die Schwester Erhard Reicherts vergewaltigt hat, der mit ihm verurteilt worden war, will er es zuerst nicht glauben. Und so ergeht es ihm auch später, als er nach Markkleeberg kommt und ihm vertrauenswürdige Genossen sagen, die GPU in diesem Stadtteil lasse sich von ehemaligen Nazis Schnaps, Fleisch und Frauen besorgen und decke deshalb diese Leute. Wieder schämt sich Heinz für seine Freunde, wieder sagt er sich, daß dies untypische, bedauerliche Ausnahmen seien.

Manchmal denkt er zurück an die Begeisterung im Trepte-Kreis. Wie sie zusammen mit Kuddel von den Erbauern der Wüstenstädte und des Riesenhüttenwerks am Ural schwärmten. Wie hatten sie die erste Arbeiter- und Bauernmacht bewundert! Jene Kommunisten, die die Schneefelder Sibiriens erschlossen, die ungenützten Energien der riesigen Flüsse gebändigt und in Elektrizität verwandelt, die in Wüsten Hochöfen errichtet und im Ural Städte aus dem Boden gestampft hatten ... Helden wie diese hatten auch in diesem Krieg gesiegt. Heinz nahm sich vor, sein Bild von den Freunden nicht durch die gewiß untypischen und noch kriegsbedingten Einzelerfahrungen weniger Tage beeinflussen zu lassen.

Gleich nachdem die Russen eingezogen sind, erhalten Heinz und Liesel die Einladung zum Parteiappell der KPD am 5. Juli im Leipziger «Capitol». Diese erste legale kommunistische Versammlung nach zwölf Jahren wird zur unvergeßlichen Wiedersehensfeier der Leipziger Kommunisten. Verschollene stehen sich plötzlich gegenüber, Totgeglaubte fallen einander in die Arme, können es nicht fassen: «Du lebst, Genosse!» Viele sind in den vergangenen Jahren grau geworden, um Jahrzehnte älter. Aus ihren eingefallenen Gesichtern mit den tiefen Falten stechen die Augäpfel hervor. Einige haben noch einmal ihre blau-weiß gestreiften KZ-Jacken angezogen und die dazugehörige Mütze aufgesetzt. Anderen hängen zu groß gewordene Anzüge um die mageren Schultern.

Heinz und Liesel treffen Zimmermanns und Martin Helas, sie sehen Selbmann und den Maler Krause, begegnen den Leidensgenossen aus der Untersuchungshaft und den Zuchthausjahren wieder. Da ist keiner, der nicht Tränen in den Augen hat. Manch einer, der stoisch Folterungen ertragen hat, wird jetzt von der Erinnerung übermannt. Klagend flüstert er den Namen eines Freundes, den er durch sein Schweigen doch nicht retten konnte.

Bruno Apitz spricht: «Sie haben uns durch Schlamm und Tod getrieben / sie haben uns zertreten und bespien! / Sie haben uns zermahlen und zerrieben / im Eis des Winters, in der Sonne Glühn ...»

Was für ein Triumph, diese Stunde zu erleben! Sie stehen da und drücken sich die Hände, um viel zu sprechen, sind sie zu bewegt.

Während die Sowjets in den ersten Julitagen ihre Besatzungszone bis an die in Jalta vereinbarte Werra-Linie ausdehnen, erreichen die drei Flüchtlinge aus Ahlbeck nordöstlich von Göttingen die thüringische Grenze und hoffen, noch am gleichen Tag auf das Eichsfeld, in jenes Dorf zu kommen, in das Onkel Hans mitsamt Familie von Peenemünde umgesiedelt worden ist.

Müde hocken sie in den Ecken eines schmalen Eisenbahnabteils, als alle Reisenden plötzlich aussteigen und, bewacht von britischen Soldaten, stundenlang auf einem Bahnhof warten müssen. Eine der nächsten Stationen auf der Strecke, heißt es, werde gerade von sowjetischen Streitkräften besetzt, irgendwo in der Nähe verlaufe von diesem Tage an die Zonengrenze.

Verzweifelt legen Eka und die Mutter ihre Köpfe auf einen der Holztische im Wartesaal. Was soll werden? Zurück nach Wismar oder gar nach Hause können sie nicht; die gesamte Zonengrenze, sagt man, sei gesperrt. Aber in Westdeutschland kennen sie niemand. Wo sollen sie bloß hin? Tagelang sind sie erst mit dem Lastwagen, dann zu Fuß unterwegs gewesen, bis sie endlich am Morgen diesen Zug gefunden haben. Und nun dies.

Nachmittags werden sie zurück nach Göttingen transportiert und kommen von dort noch bis Hannover. Dort legen sie sich, eingehüllt in ihre Decken, auf einen Bahnsteig, bis am frühen Morgen ein Zug in Richtung Nienburg an der Weser fährt. Mutter ist eingefallen, daß Mariechen Meissner, ihre Base, irgendwann dahin gezogen ist. Mariechen nimmt die drei für ein paar Wochen auf. Doch noch im Laufe des Sommers schleichen sie sich in der Gegend zwischen Duderstadt und Worbis über die grüne Grenze in die sowjetische Besatzungszone und vereinen sich auf dem Eichsfeld, und zwar in Rüdigershagen, mit der Familie des Vetters. Der Wunsch, in diesen Zeiten zusammenzusein und sich beizustehen, ist stärker als die Russenfurcht.

In unterschiedlichster Gestalt lernt Eka Russen kennen: Bauernjungen, die Landarbeiter auf dem Eichsfeld kontrollieren, Ingenieure, Spezialisten, die zusammen mit Deutschen Raketen konstruieren, Offiziersfrauen, die frappierend ihren Tanten gleichen, und außerdem *die* Russen, eine mit Furcht und Haß belegte Sammelbezeichnung der Besatzer.

Angekommen in Rüdigershagen, meldet sich Eka auf dem

von Russen übernommenen Gut: Außer dem Arbeitslohn gibt es hier jede Woche Deputat, ein bestimmtes Quantum Mehl und Zucker. Zusammen mit Dörflern und anderen nach hier verschlagenen Flüchtlingen bringt sie, beaufsichtigt von Rotarmisten, das Getreide ein, später auch die Rüben und Kartoffeln. Meistens inspiziert Pjotr die Feldarbeit. Übermütig galoppiert er übers Stoppelfeld, fuchtelt näher kommend mit dem Weidenstöckchen, denn er ist verlegen, und gibt Weisungen, die, obwohl herausgeschrien, unverständlich bleiben. Er kann kein Deutsch, die Arbeitenden verstehen kein Russisch und täuschen nur Gehorsam vor: «Characho, towarisch! Doswidanja, Pjotr!» – was soviel heißen soll wie: Jetzt hau ab!

Die Rüdigershagener sehen in den Russen Kinder, vor deren Unvernunft und Wildheit man sich zwar in acht nehmen muß, aber die man nicht für böse hält. Abends im Gasthof erzählen sie sich lachend, wie kindlich-dumm die Russen seien: haben noch niemals Wasserklosetts gesehen und verdrehen verzückt die Augen, wenn sie auf verkratzten Platten *‹La Paloma›* hören. Für ebenbürtig hält die Sowjetmenschen niemand; Bewunderung oder Freundschaft empfindet keiner.

In der nahen Kreisstadt Bleicherode, sagen die Leute, haben die Russen einen geheimnisvollen Betrieb gegründet, in dem man Arbeit finden kann, wenn man etwas von V-Waffen versteht. Solche Kenntnis hat Eka zwar nicht vorzuweisen, doch sie fährt mal hin, erkundigt sich. In der Personalabteilung sagt ihr einer: Ja, Abiturientinnen würden als technische Rechnerinnen gebraucht.

«Aber was soll man denn berechnen?»

«Flugbahnen.»

«Dann stimmt es also, daß man hier wieder V-Waffen entwirft?»

«Raketen für den Frieden!»

«Wozu denn im Frieden Raketen?»

Nun gerät der Mann ins Schwärmen. Er erzählt, wie wichtig es jetzt sei, Flugkörper zu entwickeln, die auch landen könnten, um sie zunächst zur Postbeförderung über den Atlantik zu benutzen.

«Aha, zunächst zur Postbeförderung ... und dann?»

«Na, dann fliegen wir alle eines Tages mit den Dingern nach Amerika!»

Wer möchte für 350 Mark Gehalt und freien Mittagstisch daran nicht beteiligt sein? Beschwören kann es Eka nicht, daß sie geglaubt hat, was ihr da erzählt worden ist. Aber sie wollte es gern glauben. So hat sie miterlebt, und zwar als Bibliotheksverwalterin, wie sowjetische Spezialisten in Bleicherode, Nordhausen und einigen anderen Orten mit jenen Technikern und Ingenieuren der einstigen Heeresversuchsanstalt Peenemünde, die nicht mit den Amerikanern nach Westdeutschland gegangen sind, Forschung und Produktion der A-4-Rakete wieder in Gang gebracht haben, die zur Vorläuferin der sowjetischen S 2, S 8, S 11 geworden ist.

Im «Institut Rabe», dem Decknamen für das Unternehmen, gibt es ein paar große Nazis, jedenfalls dem früheren Rang nach, und eine Schar von kleinen. Die großen, einstige hohe Offiziere der SS, hatten die Russen zunächst in eines der KZs gebracht. Doch als sie erfuhren, daß die Herren Spezialisten waren, schickten sie Autos an die Lagertore, um sie wieder abzuholen. Schon einige Tage später erhielten die bisherigen KZ-Insassen requirierte Wohnungen in Bleicherode, wurden reichlich mit Pajoks versorgt und speisten abgesondert von weniger wichtigem Personal mit anderen Ingenieuren und Konstrukteuren.

Wie können sich Kommunisten mit SS-Führern zusammentun? fragt Eka sich. Überhaupt widerspricht fast alles, was sie an ihrem neuen Arbeitsplatz erlebt, ihren Vorstellungen von Kommunisten. Auf der Jungmädel-Führerinnenschule war ihr eingetrichtert worden, im Kommunismus werde Leistung überhaupt nicht anerkannt; Gleichmacherei, das sei es, was die Kommunisten wollten. In Bleicherode erlebt sie genau das Gegenteil: extreme Hierarchie. Arbeiter, doch angeblich die Herrschenden im Kommunismus, haben wenig zu erwarten, ihr Essen ist das schlechteste. Eine «Diktatur des Proletariats» findet hier nicht statt. Auch hält keiner der sowjetischen Offiziere irgendwelche politischen Reden. So etwas wie Schulungsabende gibt es nicht, und eine Betriebsgruppe der KPD ist offenbar verboten. Die Russen interessieren sich ausschließlich dafür, wie die Deutschen ihre Arbeit machen. Und jeder arbeitet so gut er kann, denn er wird gut bezahlt und mit allerlei versorgt.

Während von manchen kleinen Angestellten noch dummes Nazizeug zusammengeredet wird, entwickelt sich unter den deutschen Wissenschaftlern so eine Art Tauroggen-Geist. «Nur im Bunde mit den Russen haben wir eine Zukunft», bemerken Physiker, Mathematiker und Ingenieure, «nur die Russen brauchen uns.» Einige aus dieser zweiten und dritten Garnitur deutscher Raketenspezialisten waren zunächst den Amerikanern nach Westdeutschland gefolgt und in irgendwelchen Lagern offenbar vergessen worden. Die Amis hatten sich an Spitzenleute wie Wernher von Braun gehalten und die anderen nicht gebraucht. Dafür hatten die Sowjets sie umwerben lassen und samt Familie und Habe heimlich über die Grenze ins Bleicheroder Institut gebracht.

Ein gutes Jahr nach dessen Gründung laden die Arbeitgeber aus dem Osten ihre wichtigen deutschen Mitarbeiter zu einem Abendessen mit viel Wodka ein. Dann schicken sie im Morgengrauen Lastwagen und Soldaten: Keinen Augenblick unbewacht, müssen die Deutschen ihren gesamten Besitz auf den Wagen verstauen. Am Abend fährt ein langer Zug in Richtung Osten. Das «Institut Rabe» samt seinen deutschen Spezialisten wird nach Rußland transportiert. Erst Jahre später werden die Deutschen in die DDR entlassen.

Weihnachten 1945 fährt Eka zum erstenmal nach Hause. Mit einem russischen Lastwagen kommt sie bis Berlin. Mit dem bei den Russen verdienten Geld bezahlt sie die Eisenbahnfahrkarte. Mit russischem Machorka-Tabak erhandelt sie die Zulassung für einen D-Zug Richtung Norden. So erreicht sie schließlich die in dem geteilten Land noch einmal geteilte Insel und ihr Dorf, das einstige Seebad, hinter dessen letzten Häusern nun Polen mit seiner Grenzstadt Świnoujście liegt.

In Ahlbeck ist nichts von der Gleichmütigkeit Rüdigershagener Feldarbeiter und auch nichts vom Tauroggen-Geist Bleicheroder Techniker zu spüren; hier herrscht der Russenhaß. Männer sind verschleppt, Frauen vergewaltigt worden. Es gibt keine

Arbeit und fast nichts zu essen; die Menschen, die hier ausharren, sind verzweifelt. Abends sitzen Einheimische und Vertriebene in Decken eingehüllt um eine Kerze – denn auch Strom gibt es nicht mehr – und reiben ihre angespannten Nerven an Gerüchten auf. Einer flüstert, daß die Russen abziehen und die Amerikaner kommen werden. Ein anderer will erfahren haben, daß die ganze Insel polnisch werde. «Mein Kind, hier gibt es keine Zukunft mehr», sagt Ella Assmus.

Sie ist schon im Herbst zurückgekehrt. Jedes Opfer will sie bringen, wenn es nur gelingt, das so schwer erworbene Schwandtsche Erbe zu bewahren. Klaglos geht sie morgens aus dem Haus, schippt Bunker zu, fegt Straßen, scheuert Rotarmistenunterkünfte und erhält pro Stunde 40 Pfennig Lohn. An Wochenenden zieht sie über Land, um Geschirr und auch ihr gutes Sofa gegen Kartoffeln einzutauschen. Später übernimmt sie die Aufwartung bei einem sowjetischen Offizier, der sie gut behandelt. In dieser Zeit erhält Ella Assmus den Bescheid, daß ihr Anteil an dem Schwandtschen Erbe, die Hälfte des Hauses in der früheren Prinzenstraße, enteignet worden ist.

Ein gut Teil ihres Lebensinhalts, die Sorge um das Schwandtsche Erbe, ist dahin. Ella Assmus ist nun eine bettelarme Frau. Die schwere Arbeit zehrt an ihren Kräften. In ihrem Körper wuchert schon der Krebs, an dem sie qualvoll sterben wird. Doch in den Nächten, in denen der Schmerz der Übermüdeten den Schlaf verwehrt, entwirft sie für Eka und die Familie ihrer Schwester eine Überlebensstrategie, aus der noch einmal der Geist der Kolonistensippe spricht. Den tiefen Bruch in ihrem Leben, ein *Davor* und ein *Danach* will sie nicht sehen.

Noch einmal werden preußische Tugenden beschworen: Der Wille, auch das Schwerste durchzustehen, Stöwhases Tapferkeit, Wills Pflichtbewußtsein, der Mut der Fischer, das Zupakkende, die Zähigkeit der Heesters. Mag auch der Besitz verloren sein, *diese* Erbschaft soll erhalten bleiben.

Und die Politik? Es geht nicht mehr um Politik. Es geht ums Überleben, um die lebensausfüllende Beschaffung von Mehl und Salz, von Süßstoff, Teetabletten und Kartoffeln, um Nähgarn, Kienäpfel zum Heizen und ein Laken, aus dem man eine

Bluse machen kann. Später auch um Morphium gegen Mutters Schmerz. Bis zu ihrem frühen Tod bleibt Ella Assmus überzeugt, daß sie und all die anderen «Kleinen» nicht schuldig sind.

Bis zuletzt lebt sie für Ottos Tochter, ihre Eka, das geliebte Mädchen: eine liebevolle Mutter, unermüdlich sorgend, von verhaltener Zärtlichkeit, fast spröde, aufopfernd Zuflucht bietend und doch sehr allein, befangen in der Welt der Kolonistensippe und zuletzt so stark, wie Heesters sind.

Die Ausgangsposition ist schlecht: Nach der Verlagerung des Instituts ist Eka in Bleicherode als Hausgehilfin tätig. Der Traum, Kunstgeschichte und Theaterwissenschaften zu studieren, wird begraben. Sie muß versuchen, irgendwo eine schnelle Ausbildung zu finden, vielleicht als Sekretärin, Kindergärtnerin oder Hilfskraft in einer Bibliothek. Von ihrer Kleinstadt aus versucht sie Verbindungen aufzunehmen, schreibt Bewerbungen, sieht Annoncenseiten durch. Durch einen Zufall bietet sich die Möglichkeit, Lehrerin zu werden. Diese Chance muß sie ergreifen! Das bedeutet finanzielle Sicherheit und am Ende eine kleine Wohnung in irgendeinem Ort, wo Eka unterrichtet und die Mutter mit ihr lebt.

Auf einem früheren Schloß in der Mark Brandenburg werden Geschichtslehrer ausgebildet; unpolitische und unparteiische soll es unter ihnen nicht mehr geben. So kommt Eka wieder in die Politik. Was sie bisher freiwillig getan hat, tut sie nun gezwungenermaßen: Sie paßt sich an, sie organisiert sich wieder und kommt dabei in eine ihr bisher ganz unbekannte neue Welt. Einstige sozialdemokratische Schulreformer berichten von einleuchtenden pädagogischen Experimenten in den zwanziger Jahren, die Lernschule zu überwinden. Ein verehrungswürdiger Studienrat, der zum väterlichen Freund der Vaterlosen wird, ein konsequenter Hitlergegner, lehrt Geschichte nach den Grundsätzen des Historischen Materialismus. So hat Eka historische Abläufe noch nie gesehen! Mit den Augen von Mischkowski sieht sie Preußen und ihren bisher großen Friedrich neu, sieht den Revolutionen umwälzende wirtschaftliche Veränderungen vorausgehen und die Rolle der Persönlichkeit in der Geschichte wie Plechanow, der russische Marxist. Und da sie all dem wieder nichts oder doch nichts Ausreichendes entgegensetzen kann und auch nicht entgegensetzen will, gewöhnt sie sich an die neuen Kategorien. Während an Stellwänden neue Losungen aufleuchten, verblassen gleichzeitig die alten, werden abgetan, vergessen und verdrängt. Treibt Beelzebub den Teufel aus?

Ekas Lerneifer beeindruckt, sie wird gefördert und macht Karriere. Doch ihre bisherige Geschichte wiederholt sich nicht. Nicht noch einmal schwört sie blindlings Treue, ersetzt Vernunft durch Glauben, tötet Zweifel durch Unterwerfung.

Nach dem Tod der Mutter, zu Beginn der fünfziger Jahre, geht Eka in den Westen.

Jahrzehnte später liest sie die Lebenserinnerungen einer Jüdin aus Kasan, die achtzehn Jahre im Archipel Gulag zubringen mußte, und findet darin die wichtigste Einsicht ihres eigenen Lebens formuliert. Über die Zeit, in der Jewgenia Ginsburg eine gläubige Kommunistin war, schrieb sie in ihren Memoiren jene Sätze, die von so vielen gläubigen Nationalsozialisten bis heute nicht gesagt worden sind:

«In schlaflosen Nächten tröstet das Bewußtsein nicht, daß man nicht unmittelbar an Mord und Verrat beteiligt war. Denn nicht nur der hat getötet, der zugeschlagen hat, sondern auch jene, die das Böse zugelassen haben, ganz gleich wodurch: durch das gedankenlose Wiederholen gefährlicher Theorien; das wortlose Heben der rechten Hand, das halbherzige Schreiben von Halbwahrheiten. Mea culpa ...»

KÖLN – EIN EPILOG

Der Sommer war verregnet, und früher als in anderen Jahren legte sich der Nebel auf die nahen Mais- und Rübenfelder. Als alle schon die Hoffnung aufgegeben hatten, kam die Sonne wenigstens für zwei, drei Tage. Die Zögers bestiegen ihre Räder und fuhren den Grüngürtel zum Rhein hinunter, vorbei an der Wohnwagenkolonie, dem Kanuklub, den von Pappeln und Strauchwerk umsäumten Pfad am Strom entlang bis zu der Bank am Weisser Bogen. Von dort sahen sie die letzten weißen Ausflugsdampfer auf dem Rhein, Lastkähne, Boote der nahen Ruderklubs und schauten einem Surfer mit seinem leuchtendroten Segel nach, den der Herbstwind schnell ans andere Ufer trieb.

Fünfundzwanzig Jahre nach ihrer ersten Begegnung in Kasbach leben Heinz und Eka nun als Pensionäre in einem der am Rhein gelegenen Vororte von Köln. An sonnigen Herbsttagen ist es hier am schönsten. Im nahen Forstbotanischen Garten duftet dann der Kuchenbaum, an Bäumen und hohen Hecken hängen dicke rote Beerenbüschel, Blätter färben sich gelbbraun und ocker, andere in Altrosa und dunkles Zinnober. Über den Strom ziehen Vogelschwärme auf das Siebengebirge zu.

Doch dies ist auch die Jahreszeit, wo die beiden die Melancholie Altgewordener überfällt. In schmerzenden Gliedern spüren sie schon Wind und Regen aufziehen, stützen sich auf Stöcke, schützen sich durch Leibbinden und wollene Westen. Was sie gut aufgelegt an Sommertagen die Beschaulichkeit des Alters nennen, erscheint ihnen jetzt als Schwinden der Erwartungen, schrumpfende Empfindsamkeit, Versiegen ihrer Phantasie und Träume. Im Fernsehen treten Idole ihrer Kindheit mit Doppelkinn, Tränensäcken und Toupet als Zeugen des Jahrhunderts auf.

Erheitert bemerken sie in ihren Gesprächen über die Vergangenheit, wie sie Verbindendes, Gemeinsamkeiten suchen. Das beginnt bei Gegenständen, die ihnen in Erinnerung blieben. Sie kennen sich beide aus in früheren Marken, Preisen, Schachtelfarben der Orient und der Virginia und zählen mit kindischem Vergnügen auf: dreieindrittel Golddollar, die Greiling und die Grüne Sorte, Senoussi, Nil und Overstolz! Sie kennen beide die Werbesprüche, die in aller Munde waren, die Namen von Kanalschwimmerinnen, Bergsteigern und Boxern. *‹Auerbachs Deutscher Kinder-Kalender›* im roten Einband mit der schwarzen Schrift und im Innern Scherenschnitte, Rätsel, ulkige Geschichten, lag in Ahlbeck wie in Leipzig unterm Weihnachtsbaum. Und hier wie dort standen die Mütter in langen weißen Schürzen in der Küche, sämten Saucen und Gemüse mit viel Mehl, sorgten sich um ihre kleinen Pensionen und drehten jeden Pfennig dreimal um. Sich-einschränken-Müssen bleibt als gemeinsame Erinnerung an die Kleinbürgerwelt, in der sie beide aufgewachsen sind und der sie beide früh entfliehen wollten.

Rieben sie sich an der Enge, der Obrigkeitsgläubigkeit und Dürftigkeit? Hätten sie in einem gutsituierten Bürgerhaushalt leben mögen? Die Welt des Bildungsbürgertums hat sie beeindruckt durch die Bücherschränke in den Arbeitszimmern der Väter, Familiengespräche über Literatur, Musik, Museen, durch Reisen womöglich nach Italien und Paris. Alt geworden, blikken sie noch immer neidisch auf Paten- und Kollegenkinder, die durch ihre Eltern jene Anregung und Förderung erfahren, nach denen sie sich in ihrer Kindheit sehnten.

Doch stießen sie sich bei den seltenen Berührungen mit den Provinzerzeugnissen des Bildungsbürgertums oft an Standesdünkel, der als Jovialität daherkam, an Etikette, Distanz, zur Schau gestellter Überlegenheit, an Sicherheit, herrührend aus Kenntnissen, die sie nicht besaßen, und an einer Sprache, die nicht die ihre war.

Sozialer Aufstieg? Sie wollten beide wohl auf etwas anderes hinaus. Hätten sie sich ganz allein die Eintrittskarten lösen können, sie hätten sich an den Schaltern zu der begehrenswerten Welt der schönen Künste, der Literatur und Wissenschaften angestellt. Doch sie haben immer nur davor gestanden. Um hineinzukommen, fehlten Begabung, Energie, auch Protektion – und es stand die Politik davor.

Verwundert, ungläubig hört das Ehepaar Gleichaltrige von einem Leben scheinbar ohne Politik erzählen, über Jugend, ausgefüllt mit Elternzwist, pekuniären Verwicklungen des Vaters, Sport und Flirts. Obgleich damals einer der Todfeind des anderen sein sollte, verbindet Heinz und Eka jetzt, ihre Jugend, ja ihr ganzes Leben mit der Politik verbracht zu haben.

Oft fragen sich beide, ob es für sie nach 1933 die Möglichkeit gegeben hätte, eine grundsätzlich andere politische Richtung einzuschlagen. Und worin hätte die bestehen können? Könnte man sich den achtzehnjährigen Heinz auch als kritischen, für Ideologien unempfänglichen Demokraten denken? Hätten sie sich früher aus den totalitären Zwängen befreien können? War vermeidbar, was geschah?

Die frühe Entscheidung des Schriftsetzerlehrlings für den Kommunismus erscheint ihnen angesichts der damaligen Verhältnisse und des starken Einflusses des Bruders und der Freunde unausweichlich. Verfolgt und im Gefängnis wechseln nur wenige die Überzeugung. Und auch Eka, die ja damals noch ein Kind war, meint, eingebunden in Zeitumstände und Familientradition, zunächst keine andere Möglichkeit gehabt zu haben. Doch schmerzt sie beide, daß ihnen so lange keine Zweifel kamen; Eka nicht, als der Terror von den Nazis, Heinz nicht, als der Terror von den Kommunisten kam. Daß sie so stur und so empfindungslos für Unrecht blieben. Alle Antworten auf die Frage, wie das möglich war, erscheinen ihnen unzureichend: Es bleibt ein Rest von Unerklärlichem.

Es bleibt Unheilbares: Erinnerung ist für Heinz mit Schmerz verbunden. Es bleiben Beschädigungen zurück: Lebenslang schwankt Ekas Verhältnis zu Preußen und dem Preußentum zwischen Vorwurf und Bewunderung, tiefer Bindung und Verwerfung. Und es gelingt ihr nicht mehr, ein unbefangenes Verhältnis zu den Begriffen Patriotismus und Nation zu finden. Eine neurotische Furcht vor neuem Nationalismus hindert sie an jeglicher Anerkennung patriotischer Handlungen und Gefühle. Beide müssen mit den Bruchstellen ihres Lebens existieren, und sowohl Heinz wie Eka wissen, daß es für sie keine Rückkehr an den Ort gibt, in dem sie einmal heimisch waren: Kindheit und Jugend bieten keine Heimstatt, in die der Mensch nach vielen Irrwegen zurückfinden kann.

Doch heißt das nicht, sie seien, befreit von den Verstrickungen, völlig neue Menschen. Auch im Alter erkennt sich Eka wieder: in der kleinen Tänzerin, die sich so gerne selbst darstellte, in dem verführten Kind, das nach Idealen suchte, in dem unsicheren Mädchen, das sich von Obrigkeitsrepräsentanten, von respekterheischenden Amtspersonen ins Boxhorn jagen ließ. Das kann ihr heute noch passieren. Auch der siebzigjährige Heinz braucht für den Antrieb die hochherzigsten Gefühle, und er hat sich eine impulsive, hochfahrende Parteilichkeit erhalten, die Eka, wenn sie sie nicht teilt, kopfschüttelnd unbesonnen nennt.

Doch gegen jede Art von Heilsversprechen sind sie immun geworden. Auf Ideologen reagieren sie empfindlich. Sie wissen, ein Rezept, um alle Übel aus der Welt zu schaffen, gibt es nicht. Aber sie wissen auch, daß der Kampf gegen das Übel selbst zum Übel werden kann. Der Kommunismus liegt hinter ihnen, aber ebenso der Antikommunismus. Sie halten nichts mehr von Revolution; sie wollen *das System*, welches auch immer, nicht mehr abschaffen, sie setzen auf schrittweise Veränderungen, herbeigeführt durch bewußt gewordene Zwänge, Einsicht der Handelnden und Druck von unten.

Nach ihren Erfahrungen in der Republik von Weimar, dem NS-Staat und der DDR halten sie die Bundesrepublik für den bisher besten deutschen Staat. Jede Art von Vergleich der Bundesrepublik mit dem Faschismus, sei es als Kritik von Radikalen an den Regierenden, sei es als Kritik Regierender an Radikalen, erscheint ihnen frevelhaft. Wie wenig müssen Menschen, die zu solchem Vorwurf greifen, vom Faschismus wissen?

Stärker als auf die Gemeinschaft oder Kollektive setzen sie im Alter auf den einzelnen Menschen. Toleranz, Anstand und Freundschaft haben einen hohen Wert für sie. Während andere schon antibürgerlich-alternativ oder mit Computern leben, sind sie immer noch dabei, sich bürgerliche Tugenden anzueignen.

Wie ihre Jugend politisch war, so bleibt es auch ihr Alter. Glauben und Glaubenssehnsucht liegen hinter ihnen, aber noch immer lebt das Bedürfnis, sich in der Politik identifizieren zu können. Abgeklärte Menschen sind sie nicht geworden, und sie sind auch ganz zufrieden, daß ihnen die Empörung zuweilen noch die Überlegung raubt.

Nach den letzten Sonnentagen schlug das Wetter jählings um. Die Zögers flüchteten sich in ihre Leseecken in dem großen Raum mit ihren Büchern. Dort sitzen sie lesend, diskutierend bis in die Nacht hinein. Heinz, der meinte, das Leben hinter sich zu haben, als er in den Westen kam, bemerkt, immer noch erstaunt darüber, daß erst dann der glücklichste Abschnitt seines Lebens begann. Und das gilt auch für sie und jene Jahre, die sie mit ihm zusammenlebt.

«Gibt es so etwas wie ein Fazit für dich?» fragt sie ihn.

«Es gibt», erwidert er, «die immer wiederkehrende Erinnerung daran, wie viele Menschen durch die Politik um ihr Leben betrogen worden sind. Wie viele zu unseren Lebzeiten geopfert wurden. Wie viele sich geopfert haben. Fragst du mich heute nach einem Maßstab für politisches Handeln, so ist es, antwortete ich dir, die Achtung vor dem Menschen. Du kannst es auch mit dem Grundgesetz sagen: Die Würde des Menschen bleibt das erste Gebot aller Politik. Jenseits dessen beginnt die Barbarei.»